Die verfassungsändernde Volksgesetzgebung in Bayern

STUDIEN UND MATERIALIEN ZUM ÖFFENTLICHEN RECHT

Herausgegeben von Herbert Bethge

Band 29

PETER LANG
Frankfurt am Main · Berlin · Bern · Bruxelles · New York · Oxford · Wien

Christoph Schultes

Die verfassungsändernde Volksgesetzgebung in Bayern

Eine Untersuchung zur Revision der Bayerischen Verfassung durch Volksbegehren und Volksentscheid

PETER LANG
Europäischer Verlag der Wissenschaften

Bibliografische Information Der Deutschen Bibliothek
Die Deutsche Bibliothek verzeichnet diese Publikation in der Deutschen Nationalbibliografie; detaillierte bibliografische Daten sind im Internet über <http://dnb.ddb.de> abrufbar.

Zugl.: Passau, Univ., Diss., 2006

D 739
ISSN 1433-1500
ISBN 3-631-55721-3

www.peterlang.de

Vorwort

Diese Arbeit lag im Sommersemester 2006 der Juristischen Fakultät der Universität Passau als Dissertation vor.

Mein besonderer Dank gilt meinem Doktorvater, Herrn Prof. Dr. Herbert Bethge für die stets wohlwollende und hilfreiche Bertreuung der Arbeit und für die Aufnahme in die Reihe "Studien und Materialien zum Öffentlichen Recht". Für die zügige Erstellung des Zweitgutachtens bedanke ich mich herzlich bei Herrn Privatdozenten Dr. Christian v.Coelln.

Des Weiteren möchte ich meiner Mutter und Herrn Manfred Leitl dafür danken, dass sie die Arbeit des Korrekturlesens auf sich genommen haben.

Moosthenning, im Juli 2006 Christoph Schultes

Inhaltsübersicht

Inhaltsverzeichnis

Kapitel 6:
Die Lückenschließung 195

Abkürzungsverzeichnis

a.A. .... andere Ansicht
Abs. .... Absatz
a.F. .... alte Fassung
Anm. .... Anmerkung
AöR .... Archiv für öffentliches Recht
Art. .... Artikel
Aufl. .... Auflage

BambV .... Bamberger Verfassung
BayVBl. .... Bayerische Verwaltungsblätter
BayVerfGH .... Bayerischer Verfassungsgerichtshof
Bd. .... Band
BerlinV .... Verfassung des Landes Berlin
BbgV .... Verfassung des Landes Brandenburg
BremStGH .... Staatsgerichtshof des Landes Bremen
BremV .... Verfassung des Landes Bremen
BV .... Bayerische Verfassung
BVerfG .... Bundesverfassungsgericht
BVP .... Bayerische Volkspartei
bzgl. .... bezüglich
BW-V .... Verfassung des Landes Baden - Württemberg

ca. .... circa
CSU .... Christlich Soziale Union

DGB .... Deutscher Gewerkschaftsbund
DJZ .... Deutsche Juristenzeitung
DÖV .... Die Öffentliche Verwaltung
DRZ .... Deutsche Richterzeitung
DVBl. .... Deutsches Verwaltungsblatt

e.V. .... eingetragener Verein

Fn. .... Fußnote
FDP .... Frei Demokratische Partei

GG .... Grundgesetz
GO .... Gemeindeordnung
GVBl. .... Gesetz- und Verordnungsblatt des Freistaates Bayern

HambV .... Verfassung des Landes Hamburg
Herg .... Haushaltsgrundsätzegesetz
h.M. .... herrschende Meinung
h.L. .... herrschende Lehre
Hrsg. .... Herausgeber
HV .... Hessische Verfassung

i.V.m. .... in Verbindung mit

JöR .... Jahrbuch des öffentlichen Rechts
JR .... Juristische Rundschau
Jura .... Juristische Ausbildung
JW .... Juristische Wochenschrift
JZ .... Juristenzeitung

KPD .... Kommunistische Partei Deutschlands
KritV .... Kritische Vierteljahresschrift

LWG .... Landeswahlgesetz
LKrO .... Landkreisordnung
LKV .... Landes- und Kommunalverwaltung
LVerfG .... Landesverfassungsgericht

m.w.N. .... mit weiteren Nachweisen
MV-V .... Verfassung des Landes Mecklenburg - Vorpommern

n.F. .... neue Folge
NdsächsV .... Niedersächsische Verfassung
NJW .... Neu Juristische Wochenschrift
Nr. .... Nummer
NRW-V .... Verfassung des Landes Nordrhein - Westfalen
NVwZ .... Neue Zeitschrift für Verwaltungsrecht

ÖDP .... Ökologisch - Demokratische Partei

Prof. .... Professor

RhpflV .... Verfassung des Landes Rheinland - Pfalz
Rn. .... Randnummer

S. .... Seite
SaarlV .... Saarländische Verfassung
SächsV .... Sächsische Verfassung
SächsVerfGH .... Sächsischer Verfassungsgerichtshof
SA-V .... Verfassung des Landes Sachsen - Anhalt
SH-V .... Verfassung des Landes Schleswig - Holstein
Sp. .... Spalte
SPD .... Sozialdemokratische Partei Deutschlands
StB .... Stenographischer Bericht

ThürV .... Thüringische Verfassung
ThürVerfGH .... Verfassungsgerichtshof des Landes Thüringen

VerfA .... Verfassungsausschuss
Verf-E .... Verfassungsentwurf
VerfLV .... Verfassunggebende Landesversammlung
VerwArch .... Verwaltungsarchiv
VfGBbg .... Verfassungsgericht des Landes Brandenburg
VfGHG .... Verfassungsgerichtshofgesetz
VVDStRL .... Veröffentlichung der Vereinigung der deutschen Staatsrechtslehrer

WAV .... Wirtschaftliche Aufbauvereinigung
WRV .... Weimarer Reichsverfassung

z.B. .... zum Beispiel
ZfP .... Zeitschrift für Politik
ZParl .... Zeitschrift für Parlamentsfragen
ZPol .... Zeitschrift für Politikwissenschaft
ZRP .... Zeitschrift für Rechtspolitik

Kapitel 1:
Einführung

I. Die Volksgesetzgebung als Streitgegenstand in Wissenschaft und Politik

"Die gesetzgebende Gewalt steht ausschließlich dem Volk und der Volksvertretung zu". Mit diesen knappen Worten beschreibt Art. 5 Abs. 1 BV die Aufteilung der bayerischen Legislative in eine parlamentarische und eine plebiszitäre Gesetzgebung. Vor allem die Volksgesetzgebung hat von Anfang an das Interesse der Staatsrechts- und Politikwissenschaft geweckt. Stellt sie doch einen ganz gravierenden Unterschied gegenüber dem Grundgesetz dar, dem solche direktdemokratischen Elemente fehlen und das bisweilen sogar als "prononciert antiplebiszitär" bezeichnet wird[1].

Die Literatur streitet sich bis heute über den politischen Nutzen von Volksbegehren und Volksentscheiden. Die einen prophezeien eine "Prämie für Demagogen"[2] oder einen "Minderheitenoktroi"[3]; die anderen erhoffen sich eine Stärkung des Rechtsstaates und eine Wiederherstellung des Vertrauens der Bürger in die politische Moral[4]. Das Thema polarisiert Wissenschaft und Politik, die ausgetauschten Argumente sind nicht selten emotional und beanspruchen jeweils für sich absolute Geltung und Richtigkeit. Eine besondere Qualität gewinnt die Diskussion, wenn es nicht um die einfache, sondern um die verfassungsändernde Volksgesetzgebung geht, das Volk also über die Grundlagen des ganzen Staatsbaus entscheidet[5].

II. Die verfassungsrechtliche Problematik in Bayern

In den meisten Bundesländern befassen sich fast ausschließlich die Politikwissenschaftler mit den Formen der direkten Demokratie. Die Autoren beleuchten vornehmlich die Vor- und Nachteile, die die Volksgesetzgebung in der Praxis

---

[1] Vgl. *K. Stern*, Das Staatsrecht der Bundesrepublik Deutschland, Bd. 1, 2. Aufl., 1984, S.608.
[2] Dieser Ausdruck wurde von *Theodor Heuss* im Parlamentarischen Rat erstmals gebraucht, u.a. zitiert bei *H. Schneider*, in: Forschungen und Berichte aus dem öffentlichen Recht, 1955, S. 155f.
[3] *O. Funk*, Grenzen unmittelbarer Demokratie, 1999, S. 168.
[4] Siehe *C. Pestalozza*, Der Popularvorbehalt, 1981, S. 10.
[5] *Nawiasky/Leusser*, Die Verfassung des Freistaates Bayern, 1948, S. 33.

mit sich bringt. Angesichts klarer Vorgaben der Landesverfassungen tauchen gewöhnlich keine verfassungsrechtlichen Fragen zu diesem Thema auf. In Bayern stellt sich die Lage dagegen anders dar. Hier regelt Artikel 75 BV das Verfahren bei Verfassungsänderungen mit folgenden Worten:

Artikel 75

(1) Die Verfassung kann im Wege der Gesetzgebung geändert werden. Anträge auf Verfassungsänderungen, die dem demokratischen Grundgedanken der Verfassung widersprechen, sind unzulässig.

(2) Beschlüsse des Landtags auf Änderung der Verfassung bedürfen einer Zweidrittelmehrheit der Mitgliederzahl. Sie müssen dem Volk zur Entscheidung vorgelegt werden.

(3) Meinungsverschiedenheiten darüber, ob durch ein Gesetz die Verfassung geändert wird oder ob ein Antrag auf unzulässige Verfassungsänderung vorliegt, entscheidet der Bayerische Verfassungsgerichtshof.

(4) Änderungen der Verfassung sind im Text der Verfassung oder in einem Anhang aufzunehmen.

Diese Norm behandelt zwar in Abs. 2 die parlamentarische Verfassungsänderung, von einem verfassungsändernden Volksentscheid, der durch ein Volksbegehren in Gang gesetzt wird, spricht sie nicht.

Seit dem Inkrafttreten der Bayerischen Verfassung am 8. Dezember 1946 haben sich sowohl die staatsrechtliche Literatur als auch der Bayerische Verfassungsgerichtshof mehrfach mit dem Thema der Plebiszite befasst. Besonders umstritten war die Zulässigkeit von Verfassungsänderungen, die unmittelbar vom Volk gegen den Willen des Landtages mit einfacher Abstimmungsmehrheit beschlossen wurden. Auftrieb erhielt dieser Streit über die verfassungsändernde Volksgesetzgebung nach dem Volksentscheid vom 8. Februar 1998, als die Stimmberechtigten den Bayerischen Senat und damit ein traditionelles Verfassungsorgan abschafften[6].

Obwohl die Diskussion mittlerweile durch zwei Urteile des Bayerischen Verfassungsgerichtshofes[7] zumindest vorübergehend verfassungsgerichtlich abgeschlossen ist, wird in der Literatur weiter gestritten. Ständig tauchen neue Dis-

---

[6] Zum Ergebnis des Volksentscheides vgl. *O. Jung*, ZPol 9 (1999), S. 869.

[7] BayVerfGH BayVBl. 1999, S.719 und BayVerfGH BayVBl. 2000, S. 397.

kussionsbeiträge auf[8] und die beiden Urteile des Verfassungsgerichtshofes erfahren zum Teil auffällig scharfe Kritik[9].

Ziel der vorliegenden Arbeit ist es, zu untersuchen, ob und unter welchen Voraussetzungen in Bayern eine Verfassungsänderung mit Hilfe eines Volksbegehrens initiiert und am Landtag vorbei durch Volksentscheid beschlossen werden kann. Dabei sollen auch die in Literatur und Rechtsprechung vertretenen Ansichten und vorgetragenen Argumente zusammengefasst und chronologisch dargestellt werden. Die Frage nach der Zweckmäßigkeit plebiszitärer Verfassungsänderungen ist nicht Gegenstand der Untersuchung, jedoch wird man solche verfassungspolitische Erwägungen bei der Auslegung der einschlägigen Verfassungsnormen nie ganz ausblenden dürfen.

---

[8] Zuletzt *K. Engelken*, BayVBl. 2005, S. 270f und *K. Schweiger*, BayVBl. 2005, S. 321-332.
[9] Vgl. *C. Pestalozza*, JöR n.F. 51 (2003), S.129f und *J. Lege*, DÖV 2000, S.285ff.

Kapitel 2:
Terminologische Grundlagen

Die in der Literatur auf dem Gebiet der direkten Demokratie verwendete Terminologie ist keineswegs einheitlich. In den einzelnen Abhandlungen wird ein und demselben Ausdruck oft ein unterschiedlicher Inhalt beigemessen. Was genau gemeint ist, ergibt sich oft erst aus dem Kontext. Um eine derartige "Begriffskonfusion"[10] in dieser Untersuchung zu vermeiden, sollen im Folgenden einige wichtige Fachausdrücke näher umschrieben werden.

I. Die direkte und die repräsentative Demokratie

Von einer direkten Demokratie spricht man, wenn die Bürger selbst die Staatsgewalt unmittelbar ausüben[11]. Im Gegensatz dazu wird bei der repräsentativen Demokratie die staatliche Gewalt vom Volk zwar abgeleitet, aber (gewählten) Vertretern übertragen; es findet eine Mediatisierung staatlicher Entscheidungen statt[12]. Insoweit trifft der Ausdruck "indirekte Demokratie" ebenfalls zu. Die direkte Demokratie, die auch als unmittelbare Demokratie bezeichnet wird, ist in ihrer Reinform in großen modernen Flächenstaaten schon aus praktischen Gründen nicht durchführbar[13], selbst in den kleineren Landsgemeindekantonen der Schweiz existiert sie nur in modifizierter Form[14]. Das Repräsentativsystem hat sich durchgesetzt, allerdings kann es durch direktdemokratische Elemente ergänzt werden.

---

[10] Vgl. *C. Stelzenmüller*, Direkte Demokratie in den Vereinigten Staaten von Amerika, 1994, S. 31.

[11] Siehe *R. Bocklet*, in: Das Regierungssystem des Freistaates Bayern, Bd. 2, 1979, S. 296; ähnlich *G. Hüllen*, Rechtsschutzprobleme beim Bürgerbegehren, 1999, S. 11, der von unmittelbarer Herrschaftskompetenz des Volkes spricht.

[12] So *C. Stelzenmüller*, Direkte Demokratie in den Vereinigten Staaten von Amerika, 1994, S. 30.

[13] Vgl. *G. Hüllen*, Rechtsschutzprobleme beim Bürgerbegehren, 1999, S. 12.

[14] Zutreffend *R. Bocklet*, in: Das Regierungssystem des Freistaates Bayern, Bd. 2, 1979, S. 296.

II. Das Plebiszit

Der Begriff "Plebiszit" wird in der Literatur im Wesentlichen wertneutral behandelt[15]. Alle Beteiligungsformen des Volkes an der Staatswillensbildung sollen hierunter fallen, auch Wahlen[16]. In den deutschen Lexika findet man eine andere Definition. Demnach versteht man unter dem Plebiszit "eine Abstimmung der stimmberechtigten Staatsbürger über Sachfragen, im Unterschied zur Wahl, die sich auf Personalentscheidungen bezieht"[17]. Etymologisch geht dieses Wort auf das lateinische plebis scitum zurück. Es versteht darunter einen im alten Rom von der Versammlung der Plebejer gefassten Beschluss, der nur für sie verbindlich war[18]. Das plebis scitum stellte also einen einzelnen Beschluss dar, aber keine Wahl. Angesichts dieser Tatsache sind die lexikalischen Umschreibungen zutreffend[19]. Sie entsprechen auch am ehesten dem Sprachgebrauch des Durchschnittsbürgers, der insbesondere die Wahl als eine eigene Kategorie von Mitwirkungsrechten auffasst und das Plebiszit der unmittelbaren Demokratie zuordnet.

III. Der Volksentscheid

Von einem Volksentscheid spricht man bei der Vornahme oder Bestätigung von Gesetzgebungsakten oder sonstigen Parlamentsbeschlüssen durch das Volk[20]. Anders als beim Plebiszit bestehen hier keine Definitionsschwierigkeiten: Gegenstand des Volksentscheides ist eine Sachfrage, keine Personalfrage[21]. Dem-

---

[15] Diese Feststellung trifft *B. Weixner*, Direkte Demokratie in den Bundesländern, 2002, S.83 in einer sehr ausführlichen Darstellung.

[16] Vgl. *K. Stern*, Das Staatsrecht der Bundesrepublik Deutschland, Bd. 1, 2. Aufl., 1984, S. 607; *R. Bocklet*, in: Das Regierungssystem des Freistaates Bayern, Bd. 2, 1979, S. 299 und *M. Abelein*, ZParl 2 (1971), S. 188.

[17] Meyers Großes Taschenlexikon, Bd. 17, 8. Aufl., 2001, S. 219 (zu „Plebiszit") und Bd. 24, 8. Aufl., 2001, S. 154 (zu „Volksabstimmung/Plebiszit"), ganz ähnlich Brockhaus Wahrig, Bd. 5, 1983, S. 154 und auch schon *H. Schulz/O. Basler*, Deutsches Fremdwörterbuch, Bd. 2, 1983, S. 561.

[18] Vgl. *B. Weixner*, Direkte Demokratie in den Bundesländern, 2002, S. 82 und *H. Schulz/O. Basler*, Deutsches Fremdwörterbuch, Bd. 2, 1983, S. 561.

[19] So wohl auch *A. Mittenberger-Huber*, Das Plebiszit in Bayern, 1999, S. 3.

[20] Ausführlich *R. Bocklet*, in: Das Regierungssystem des Freistaates Bayern, Bd. 2, 1979, S. 296.

[21] Vgl. *C. Stelzenmüller*, Direkte Demokratie in den Vereinigten Staaten von Amerika, 1994, S. 31.

nach sind die Begriffe "Volksentscheid" und "Plebiszit" deckungsgleich; häufig werden sie auch durch den Ausdruck "Volksabstimmung" ersetzt[22].

Die durch Volksentscheid gefassten Beschlüsse sind rechtlich verbindlich. Fehlt es an dieser rechtlichen Verbindlichkeit, so liegt eine bloße "Volksbefragung" vor[23].

IV. Das Referendum

Das Referendum stellt nach ganz überwiegender Auffassung einen Volksentscheid dar, der nicht von den Stimmberechtigten selbst (sondern vom Parlament oder von der Regierung) initiiert wird[24]. Das Volk übernimmt in diesem Fall die Rolle des "politischen Schiedsrichters"[25]. Ein solches (Verfassungs-) Referendum ordnet beispielsweise Artikel 75 Abs. 2 Satz 2 BV an.

V. Das Volksbegehren

Unter einem Volksbegehren oder einer Volksinitiative versteht man die Befugnis einer bestimmten Anzahl von Stimmberechtigten, Anträge an ein Staatsorgan, insbesondere an die Volksvertretung zu stellen[26]. Anträge, die eine Verfassungsänderung beinhalten, nennt man auch verfassungsändernde Volksbegehren oder Verfassungsinitiativen[27].

---

[22] Vgl. *R. Bocklet*, in: Das Regierungssystem des Freistaates Bayern, Bd. 2, 1979, S. 297.

[23] Siehe *C. Stelzenmüller*, Direkte Demokratie in den Vereinigten Staaten von Amerika, 1994, S. 33.

[24] Vgl. *A. Mittenberger-Huber*, Das Plebiszit in Bayern, 1999, S. 6 Fn. 18; *H. Heußner*, Volksgesetzgebung in den USA und in Deutschland, 1994, S. 13; *U. Berlit*, KritV 76 (1993), S. 33; *C. Stelzenmüller*, Direkte Demokratie Direkte Demokratie in den Vereinigten Staaten von Amerika, 1994, S. 32; a.A. *R. Bocklet*, in: Das Regierungssystem des Freistaates Bayern, Bd. 2, 1979, S. 297, der die Begriffe Volksentscheid, Volksabstimmung und Referendum absolut synonym verwendet.

[25] Zutreffend *U. Berlit*, KritV 76 (1993), S. 33.

[26] *R. Bocklet*, in: Das Regierungssystem des Freistaates Bayern, Bd. 2, 1979, S. 298; siehe auch *M. Abelein*, ZParl 2 (1971), S. 187.

[27] So z.B. *K. Fell*, Plebiszitäre Einrichtungen im gegenwärtigen deutschen Staatsrecht, 1964, S. 71 Fn. 1.

VI. Das Quorum

Der Begriff des Quorums hat sowohl beim Volksbegehren als auch beim Volksentscheid eine eigene Bedeutung. So bezeichnet man die Anzahl von Stimmberechtigten, die ein Volksbegehren unterstützen müssen, damit dieses überhaupt zustande kommt, als (Unterstützungs-) Quorum[28]. Im Zusammenhang mit Volksentscheiden spricht man hauptsächlich von Beteiligungs- und Zustimmungsquoren[29]. Das Beteiligungsquorum (auch Teilnahmequorum) macht die Rechtswirksamkeit des gesamten Volksentscheides von der Höhe der Stimmbeteiligung abhängig[30]. Ein Zustimmungsquorum liegt vor, wenn für die Annahme einer unterbreiteten Vorlage durch Volksentscheid nicht nur die Mehrheit der Abstimmenden, sondern auch noch das Erreichen einer bestimmten Mindeststimmenzahl erforderlich ist[31].

VII. Die Volksgesetzgebung

Die Volksgesetzgebung stellt ein besonderes Verfahren der Gesetzgebung dar, das von einer bestimmten Zahl von Stimmberechtigten in Gang gesetzt wird und in dessen Verlauf Gesetze auch gegen den Willen der Volksvertretung vom Volk beschlossen, geändert oder aufgehoben werden können[32]. Dasselbe drücken auch die Formulierungen "plebiszitäre Gesetzgebung" und "plebiszitäre Rechtsetzung" aus.

In den deutschen Bundesländern existiert sowohl eine zweistufige als auch eine dreistufige Volksgesetzgebung. Die klassische zweistufige Volksgesetzgebung, die schon die Weimarer Reichsverfassung auf Reichsebene vorsah, setzt sich

---

[28] In diesem Sinne *R. Bocklet*, in: Das Regierungssystem des Freistaates Bayern, Bd. 2, 1979, S. 298.

[29] Es haben sich in der Literatur noch eine ganze Reihe weitere Bezeichnungen und Untergliederungen für die verschieden ausgestalteten Quoren herausgebildet, siehe hierzu den Überblick bei *H.-D. Horn*, Der Staat 38 (1999), S. 406-409; für die vorliegende Untersuchung sind jedoch nur die beiden genannten Quoren von Relevanz.

[30] Vgl. *D. Schaal/G. Habermann*, in: Mehr direkte Demokratie wagen, 1999, S. 334; ein klassisches Beteiligungsquorum fand sich in Art. 75 WRV, der folgenden Wortlaut aufwies: „Durch den Volksentscheid kann ein Beschluss des Reichstags nur dann außer Kraft gesetzt werden, wenn sich die Mehrheit der Stimmberechtigten an der Abstimmung beteiligt".

[31] Siehe auch die ähnliche Definition bei *H.-D. Horn*, Der Staat 38 (1999), S. 406f.

[32] Vgl. *U. Berlit*, KritV 76 (1993), S. 330 und *H.-D.* Horn, Die politische Meinung, 2001 Nr. 379, S. 60.

aus dem Volksbegehren und dem Volksentscheid zusammen. Für dieses Modell hat sich auch die Bayerische Verfassung entschieden. Die dreistufige Volksgesetzgebung findet sich vor allem in den neueren Landesverfassungen. Sie setzt sich aus drei Verfahrensschritten zusammen: der Volksinitiative, dem Volksbegehren und dem Volksentscheid[33].

[33] Zu den verschiedenen Arten der Volksgesetzgebung auf Landesebene und insbesondere zu den einzelnen Stufen siehe *O. Jung*, JöR n.F. 48 (2000), S. 39ff.

Kapitel 3:
Die historische Entwicklung des juristischen Meinungsstreits vor dem Hintergrund der plebiszitären Verfassungsänderungen in Bayern

Über die verfassungsändernde Volksgesetzgebung wird in Bayern beinahe seit dem Inkrafttreten der Landesverfassung von 1946 diskutiert. Dabei haben sich die einzelnen Streitgegenstände erst im Laufe der Zeit herauskristallisiert und zumeist waren politische Ereignisse die Ursache für das Aufflammen der Meinungsverschiedenheiten. Im Folgenden wird deshalb die Entwicklung des juristischen Meinungsstreits chronologisch dargestellt.

I. Die Entstehung der Bayerischen Verfassung

Nach dem Zusammenbruch des Deutschen Reiches und dem Ende der nationalsozialistischen Diktatur 1945 beherrschte in Bayern die amerikanische Militärregierung den Prozess der Verfassunggebung. Sie setzte den Vorbereitenden Verfassungsausschuss ein, der eine neue Verfassung entwerfen sollte. In diesem Gremium übernahm der Bayerische Ministerpräsident Wilhelm Hoegner (SPD) eine aktive Rolle, hatte er doch bereits im Schweizer Exil den Entwurf einer neuen deutschen (Reichs-) Verfassung skizziert[34], auf den er zurückgreifen konnte. Die Vorlage, die der Vorbereitende Verfassungsausschuss am 11. Juli 1946 endgültig fertig stellte[35], wurde der am 30. Juni 1946 gewählten Verfassunggebenden Landesversammlung vorgelegt. Die detaillierte Ausarbeitung der Verfassung erfolgte im Verfassungsausschuss der Landesversammlung[36]. Am 26. Oktober 1946 nahm die Verfassunggebende Landesversammlung die neue Bayerische Verfassung an[37] und auf Anordnung der amerikanischen Militärverwaltung[38] fand am 1. Dezember 1946 (zusammen mit der ersten Landtagswahl)

---

[34] Vgl. *W. Hoegner*, BayVBl. 1963, S. 97; der Entwurf, den Hoegner dem Vorbereitenden Verfassungsausschuss vorlegte, ist abgedruckt bei *F. Pfetsch*, Verfassungsreden und Verfassungsentwürfe, Bd. 1, 1986, S. 333ff.

[35] Zur Arbeit des Vorbereitenden Verfassungsausschusses vgl. *E. Schmidt*, Staatsgründung und Verfassungsgebung in Bayern, 1993, S. 98f; *W. Hoegner*, BayVBl. 1963, S. 97f und *G. Lauer*, BayVBl. 1990, S. 739.

[36] Vgl. *E. Schmidt*, Staatsgründung und Verfassungsgebung in Bayern, 1993, S. 99-108.

[37] Siehe hierzu *O. Jung*, Grundgesetz und Volksentscheid, 1994, S. 42 und *G. Lauer*, BayVBl. 1990, S. 740.

[38] Vgl. *W. Hoegner*, BayVBl 1956, S. 354; siehe auch das als Reaktion auf die amerikanische Anordnung erlassene Gesetz betreffend den Volksentscheid über die Bayerische Verfassung

eine Volksabstimmung über das Regelwerk statt. Bei einer Abstimmungsbeteiligung von 75,7% entfielen auf die Verfassung 70,6% der gültig abgegebenen Stimmen. Dies entsprach einer Quote von 49,6% der insgesamt Stimmberechtigten[39]. Am 8. Dezember 1946 trat die neue Verfassung in Kraft und schon knapp zwei Jahre später befasste sich mit Hans Nawiasky[40] der erste bedeutende Staatsrechtslehrer mit der verfassungsändernden Volksgesetzgebung in Bayern.

II. Die erste Kommentierung durch Hans Nawiasky

Ende 1948 erschien der von Hans Nawiasky und Claus Leusser angefertigte Kommentar "Die Verfassung des Freistaates Bayern". In diesem Werk ging Nawiasky ganz selbstverständlich davon aus, dass die Landesverfassung auch gegen den Willen des Landtags durch Volksentscheid geändert werden könne[41]. Da weder in Artikel 74 noch in Artikel 75 Abs. 2 Satz 2 BV etwas über die beim Volksentscheid erforderliche Mehrheit stehe, klaffe in der Bayerischen Verfassung diesbezüglich eine Lücke, die der einfache Gesetzgeber nach eigenem Ermessen auszufüllen habe[42]. Nach seiner Ansicht hätte somit der Landtag sowohl bei einem verfassungsändernden Volksentscheid auf Grund eines Volksbegehrens als auch beim Verfassungsreferendum nach Artikel 75 Abs. 2 Satz 2 BV das Erfordernis eines Quorums festschreiben dürfen. Diese Auffassung machte sich noch im gleichen Jahr die Staatsregierung des Freistaates anlässlich der Verabschiedung des Landeswahlgesetzes zu Eigen und die politischen Dimensionen dieses an und für sich juristischen Themas wurden erstmals deutlich.

---

und die Wahl des Bayerischen Landtags, GVBl. 1945/46, S. 309ff (3.10.1946).

[39] Siehe *O. Jung*, Grundgesetz und Volksentscheid, 1994, S. 42; eine genaue Darstellung des Ergebnisses der Volksabstimmung findet sich bei *E. Schmidt*, Staatsgründung und Verfassungsgebung in Bayern, 1993, S. 108f und bei *Nawiasky/Leusser*, Die Verfassung des Freistaates Bayern, 1948, S. 25.

[40] Zur Person *Hans Nawiasky* siehe *H. Zacher*, in: Verfassung und Verfassungsrechtsprechung, 1972, S. 307ff.

[41] Vgl. *Nawiasky/Leusser*, Die Verfassung des Freistaates Bayern, 1948, S. 44f.

[42] Vgl. *Nawiasky/Leusser*, Die Verfassung des Freistaates Bayern, 1948, S. 154 zu Art. 74 BV und S. 156 zu Art. 75 BV.

III. Die Diskussionen um das Landeswahlgesetz

A) Die Beratungen des Landtags

Vom 23. August 1948 bis zum 3. Januar 1949 verhandelte der Verfassungsausschuss über den von der Staatsregierung eingebrachten Entwurf eines Gesetzes "über Landtagswahl, Volksbegehren und Volksentscheid (Landeswahlgesetz)". Die Regierung wollte damit nicht nur Details über das Verfahren der Volksgesetzgebung regeln, sondern auch bestimmte Quoren beim Volksentscheid festlegen. Über diesen Punkt kam es bereits im Ausschuss zum Streit[43]. Wie Nawiasky[44] gingen aber alle Beteiligten davon aus, dass die verfassungsändernde Volksgesetzgebung zulässig sei.

In der Landtagsdebatte bezweifelte vor allem Wilhelm Hoegner die Verfassungskonformität der geplanten Regelungen[45]. Dennoch passierte der von der CSU-Mehrheit getragene Entwurf am 26. Januar 1949 den Landtag[46], Einwendungen des Senats wurden am 16. März 1949 zurückgewiesen[47].

In seiner endgültigen Fassung ordnete das Landeswahlgesetz[48] für den Volksentscheid über ein verfassungsänderndes Volksbegehren das Erfordernis einer Mindestbeteiligung von 50% der Stimmberechtigten an. Bei der Abstimmung sollte die einfache Stimmenmehrheit den Ausschlag geben, sofern diese Mehrheit wenigstens zwei Fünftel der insgesamt Stimmberechtigten umfasste (Artikel 86 Abs. 1 LWG). Das Gesetz sah also sowohl ein Beteiligungs- als auch ein Zustimmungsquorum vor. Beim Referendum über verfassungsändernde Beschlüsse des Landtags gemäß Artikel 75 Abs. 2 Satz 2 BV war nach dem Landeswahlgesetz die einfache Mehrheit der Abstimmenden ausreichend (Artikel 94 Abs. 2 LWG)[49].

---

[43] Siehe den Vortrag *W. Hoegners* als Berichterstatter des Verfassungsausschusses im Landtag, StB Landtag, Nr. 97, S. 452 bis 460 (12. 1. 1949).

[44] Siehe S. 38 .

[45] StB Landtag, Nr. 97, S. 465f (12. 1. 1949).

[46] StB Landtag, Nr. 99, S. 552-555, 561 (26.1. 1949).

[47] StB Landtag, Nr. 104, S. 768-790 (16. 3. 1949).

[48] Vgl. GVBl. 1949 S. 69 (14. 4. 1949).

[49] Vgl. dazu auch *M. Deubert*, BayVBl. 1998, S. 717.

B) Das Urteil der Verfassungsgerichtshofes vom 2. Dezember 1949

Die Oppositionsparteien SPD und FDP blieben bei der Einschätzung, dass das neue Gesetz verfassungswidrig sei, und riefen gemäß Artikel 75 Abs. 3 BV den Bayerischen Verfassungsgerichtshof an. In seinem Urteil vom 2. Dezember 1949[50] gab das Gericht den Klägern Recht. Die Bayerische Verfassung regle das Volksgesetzgebungsverfahren abschließend[51], aus Artikel 2 Abs. 2 Satz 2 BV könne man entnehmen, dass bei allen Volksentscheiden, auch bei verfassungsändernden, die einfache Mehrheit der abgegebenen Stimmen ausreiche[52]. Dieser Urteilsspruch war die eigentliche Geburtsstunde der über Jahrzehnte hinweg in Literatur und Rechtsprechung herrschenden Meinung zu der Frage, welche plebiszitäre Mehrheit für die Revision der Bayerischen Verfassung ausreiche.

C) Die Auswirkungen des Urteils in Politik und Wissenschaft

Die Politik reagierte auf den Spruch des Verfassungsgerichtshofes mit einer Änderung des Landeswahlgesetzes[53]. Artikel 86 LWG beinhaltete in seiner neuen Fassung[54] kein Quorum mehr und verlangte für die Annahme einer Verfassungsinitiative durch Volksentscheid die bloße Stimmenmehrheit.

Nawiasky zitierte die wichtigsten Aussagen des Urteils im Ergänzungsband zu seinem Kommentar[55]. Anzeichen dafür, dass er seine ursprünglich vertretene Ansicht[56] aufgab, existieren nicht, dennoch geriet Nawiaskys Meinung im Laufe der Jahre in Vergessenheit[57]. Diejenigen Autoren, die sich in der Folgezeit mit den verfassungsändernden Volksinitiativen und Volksentscheiden befassten, schlossen sich fast ausschließlich dem Bayerischen Verfassungsgerichtshof an[58].

---

[50] BayVerfGHE 2, 181.
[51] BayVerfGHE 2, 181 (217).
[52] BayVerfGHE 2, 181 (218).
[53] Siehe §2 des Gesetzes zur Änderung des Gesetzes über Landtagswahl, Volksbegehren und Volksentscheid (Landeswahlgesetz) vom 29. 5. 1950, GVBl. 1950 S. 127 (29. 5. 1950).
[54] Siehe GVBl. 1950, S. 136 (27. 9. 1950).
[55] Vgl. *Nawiasky/Leusser/Lechner*, Die Verfassung des Freistaates Bayern, Ergänzungsband, 1953, S. 29 zu Art. 2 BV.
[56] Siehe S. 38.
[57] So die zutreffende Feststellung bei *J. Isensee*, Verfassungsreferendum mit einfacher Mehrheit, 1999, S. 49.
[58] Siehe *W. Hoegner*, Lehrbuch des Bayerischen Verfassungsrechts, 1949, S. 68, 112; *W. Schürmann*, Die unmittelbare Demokratie in Bayern und im Bund im Vergleich zur Schweiz,

Obwohl also schon unmittelbar nach Entstehung der Bayerischen Verfassung intensiv über die verfassungsändernde Volksgesetzgebung diskutiert worden war, dauerte es über 15 Jahre, bis der erste Anlauf unternommen wurde, mit Hilfe eines Volksbegehrens eine Verfassungsänderung zu erreichen.

IV. Die ersten Ansätze der verfassungsändernden Volksgesetzgebung in Bayern[59]

A) Die Änderung des Schulartikels

Ende der sechziger Jahre geriet 135 a.F. BV[60] immer mehr ins Zentrum politischer Diskussionen. Die Vorschrift sah für den Normalfall die Bekenntnisschule als staatliche Volksschule vor. Die Gemeinschaftsschule stellte nur den Ausnahmefall dar. Mit der zunehmenden konfessionellen Durchmischung der bayerischen Bevölkerung war die Umsetzung des "Schulartikels" mit erheblichen praktischen Schwierigkeiten verbunden[61].

Im Januar 1967 scheiterte ein von der FDP in Gang gesetztes Volksbegehren[62], das eine Reform des Artikels 135 a.F. BV anstrebte, am Unterstützungsquorum von zehn Prozent der Stimmberechtigten. Daraufhin stellten SPD und FDP gemeinsam einen Antrag auf Zulassung eines Volksbegehrens, das den Schulartikel dahingehend ändern sollte, die Gemeinschaftsschule zum Regel- und die Bekenntnisschule zum Ausnahmefall zu erklären. Die CSU startete ihrerseits eine Volksinitiative, die die Gemeinschaftsschule als alleinigen öffentlichen

1961, S. 79f; *K. Fell*, Plebiszitäre Einrichtungen im gegenwärtigen deutschen Staatsrecht, 1964, S. 71 Fn. 1 und S. 72; *U. Steiner*, BayVBl. 1969, S. 333 Fn. 6 und S. 336f; *K. Kruis*, BayVBl. 1973, S. 512f; *K. Kruis/H. Kalkbrenner*, BayVBl. 1975, S. 355; *O. Hanning*, Die Stelung des Bayerischen Landtags in dem durch Volksbegehren eingeleiteten Gesetzgebungsverfahren, 1975, S. 72; *W. Berger*, Volksbegehren und Volksentscheid, 1978, S. 110.

59 Im Folgenden werden nur solche Volksbegehren und Volksentscheide angesprochen, denen ein verfassungsändernder Gesetzentwurf zu Grunde lag; Anträge auf Volksbegehren, die der BayVerfGH gemäß Artikel 64 LWG für unzulässig erklärte, werden nur berücksichtigt, soweit sie für den vorliegenden Untersuchungsgegenstand von Relevanz sind.

60 Verfassung des Freistaates Bayern, GVBl. 1946, S. 333/342 (8. 12. 1946).

61 Die z.T. untragbaren Zustände, die sich für Schüler der jeweiligen Bekenntnisminderheit ergaben, beschreibt *A. Mittenberger-Huber*, Das Plebiszit in Bayern, 1999, S. 131f.

62 Siehe *K. Schweiger*, in: Nawiasky/Schweiger/Knöpfle, Die Verfassung des Freistaates Bayern, Art. 74 Rn. 10 (Nr. 1a).

Schultypus vorsah, aber die Möglichkeit beinhaltete, Klassen mit bekenntnisgleichen Schülern zu bilden. Beide Begehren erzielten im Herbst 1967 jeweils die Unterstützung von deutlich mehr als einem Zehntel der Stimmberechtigten[63].

Als die Volksbegehren anschließend gemäß Artikel 74 Abs. 3 BV dem Landtag unterbreitet wurden, kam es zu einem Kompromiss zwischen CSU und SPD. Der Landtag machte von seinem Recht nach Artikel 74 Abs. 4 BV Gebrauch und beschloss einen eigenen Gesetzentwurf zur Änderung des Artikels 135 a.F. BV. Am 7. Juli 1968 stimmten 76,3% der Abstimmenden für den Entwurf des Landtags. Für das Volksbegehren von SPD und FDP votierten 13,5% und für das der CSU 8,5%. Die Stimmbeteiligung lag bei 40,7%. Somit erhielt Artikel 135 BV seine heutige Fassung und erstmals war die Bayerische Verfassung im Wege der Volksgesetzgebung geändert worden[64].

Nach diesem Volksentscheid setzte in der Literatur ein Streit ein über die Frage, ob der Landtag im Falle eines auf Verfassungsänderung gerichteten Volksbegehrens einen Gegenentwurf nach Artikel 74 Abs. 4 BV mit einfacher Mehrheit beschließen könne, oder ob hierfür (gemäß Artikel 75 Abs.2 Satz 1 BV) die Zweidrittelmehrheit notwendig sei[65] [66]. Die Tatsache, dass die Verfassung durch einen Volksentscheid mit einer Stimmbeteiligung von nur gut 40% geändert worden war, störte aber niemanden, hatte doch letztendlich ein Vorschlag obsiegt, hinter dem auch die große Mehrheit des Landtags stand.

---

[63] Vgl. zu diesem Vorgang *A. Mittenberger-Huber*, Das Plebiszit in Bayern, 1999, S. 133f und *K. Troitzsch*, Volksbegehren und Volksentscheid, 1979, S. 84ff.

[64] Es handelte sich gerade nicht um eine parlamentarische Verfassungsänderung nach Artikel 75 Abs. 2 BV, auch wenn letztendlich ein Vorschlag des Landtags die Mehrheit fand; dieser Landtagsentwurf war gemäß Artikel 74 Abs. 4 BV zum Volksentscheid gebracht worden, vgl. STB Landtag, Nr. 43, S. 2134 (29. 4. 1968).

[65] Eben diese Unsicherheit war Anfang 1967 aufgekommen und veranlasste die CSU, die zwar die Landesregierung stellte, aber keine parlamentarische Zweidrittelmehrheit inne hatte, selbst ein Volksbegehren zur Änderung des Artikels 135 a.F. BV zu initiieren; siehe dazu *K. Kruis*, BayVBl. 1973, S. 509f.

[66] Zu diesem Meinungsstreit siehe einerseits *K. Kruis*, BayVBl. 1973, S. 509ff und *K. Kruis/H. Kalkbrenner*, BayVBl. 1975, S.354f und andererseits *O. Hanning*, Die Stellung des Bayerischen Landtags in dem durch Volksbegehren eingeleiteten Gesetzgebungsverfahren, 1975, S. 36 bis 74 und *F. Meinzolt*, BayVBl. 1974, S. 41ff.

B) Das Volksbegehren "Demokratische Gebietsreform"

Die nächste Verfassungsinitiative wurde in erster Linie nicht von im Landtag vertretenen politischen Parteien, sondern von Kommunen gestartet. Die Staatsregierung plante, gemäß Artikel 9 Abs. 2 Satz 2 BV eine Rechtsverordnung zur Neugliederung des Staatsgebietes in Landkreise und kreisfreie Städte zu erlassen. Die angekündigte Gebietsreform stieß bei etlichen Gemeinden, die mit ihrem Anschluss an den neuen Landkreis nicht einverstanden waren, und bei Städten, die ihre Kreisfreiheit zu verlieren drohten, auf Kritik. Diese Kommunen schlossen sich zur "Arbeitsgemeinschaft für die Gebietsreform von Landkreisen und Gemeinden Bayerns" zusammen und beantragten ein Volksbegehren, das auf eine Änderung des Artikels 9 Abs. 2 Satz 2 BV zielte. Eine Gebietsreform sollte nur noch durch ein vom Landtag mit Zweidrittelmehrheit zu beschließendes Gesetz möglich sein.

Die Eintragungsfrist für die Initiative wurde auf die Zeit vom 10. bis 23. November 1971 festgesetzt. Aber nur 3,7% der Stimmberechtigten unterstützten das Volksbegehren durch ihre Unterschrift[67], das damit gescheitert war. Am 27. Dezember 1971 erließ die Staatsregierung die umstrittene Neugliederungsverordnung[68].

C) Das Volksbegehren über die Rundfunkfreiheit

Bereits im Juli 1972 wurde das nächste verfassungsändernde Volksbegehren durchgeführt. Dem ging die Verabschiedung eines neuen Rundfunkgesetzes im Landtag voraus. Dieses von der CSU getragene und in der Bevölkerung hoch umstrittene Gesetz räumte dem Parlament einen erheblich größeren Einfluss im Rundfunkrat ein. Zugleich interpretierte man Äußerungen aus der Regierungspartei dahingehend, dass alsbald auch die rechtlichen Grundlagen für die Zulassung privater Rundfunkanstalten geschaffen werden sollten[69]. Dagegen formierte sich ein formell parteiunabhängiges, in Wirklichkeit aber von SPD, FDP und DGB forciertes Bürgerkomitee, das ein Volksbegehren organisierte, mit dem Ziel, einen Artikel 111a in die Verfassung neu aufzunehmen. Damit wären die

---

[67] Zum Volksbegehren „Demokratische Gebietsreform" siehe *A. Mittenberger-Huber*, Das Plebiszit in Bayern, 1999, S. 191f.

[68] BayRS 1012-3-1-I.

[69] Vgl. *C. Pestalozza*, JöR n.F. 37 (1988), S. 389f.

öffentlich-rechtliche Anstaltsstruktur des Rundfunks und die Begrenzung des Einflusses staatlicher Organe im Rundfunkrat festgeschrieben worden.

Vom 27. Juni bis zum 10. Juli 1972 trugen sich 13,9% der Stimmberechtigten für die Initiative ein[70], die die Staatsregierung anschließend gemäß Artikel 74 Abs. 3 BV dem Landtag unterbreitete. Dieser erklärte das Begehren jedoch für rechtsungültig. Gleichzeitig nahm die CSU Gespräche mit dem Bürgerkomitee auf und schon bald zeichnete sich ein Kompromiss über die Ausgestaltung der Rundfunkfreiheit ab. Gegen den Beschluss des Landtags wurden daher keine rechtlichen Schritte unternommen; das Volksbegehren blieb rechtsungültig und erledigte sich somit[71].

Die verfassungsrechtliche Literatur nahm von den Initiativen "Demokratische Gebietsreform" und "Rundfunkfreiheit" kaum Notiz. Dagegen sorgte 1977 allein schon der beim Bayerischen Innenministerium gestellte Antrag auf Zulassung eines Volksbegehrens für erhebliche Diskussionen unter den Staatsrechtlern.

D) Das Volksbegehren über die Lernmittelfreiheit

Ziel der neuen Volksinitiative war die Festschreibung der Lernmittelfreiheit in Artikel 132 BV[72]. Hätte sich dieses Begehren in einem Volksentscheid durchgesetzt, dann wäre auf Grund seiner finanziellen Folgen auch der Staatshaushaltsplan betroffen gewesen. Artikel 73 BV untersagt Volksbegehren und Volksentscheide über den Staatshaushalt[73], wobei der Begriff des Staatshaushalts von der bis heute herrschenden Meinung in Literatur und Rechtsprechung weit

---

[70] Siehe *A. Mittenberger-Huber*, Das Plebiszit, 1999, S. 143.

[71] Zu den Vorgängen um die Einfügung des Art.111a BV siehe *C. Pestalozza*, JöR n.F. 37 (1988), S. 389ff.

[72] Des Weiteren sollten neue Regelungen bzgl. der Ausbildungsförderung und der Schulwegkostenfreiheit getroffen werden. Da sich dieses Vorhaben auf die Änderung des einfachen Landesrechts bezog, ist es für die vorliegende Untersuchung nicht relevant. Zu dem vollständigen Gesetzentwurf, der dem Volksbegehren zu Grunde lag, siehe *U. Engels*, BayVBl. 1976, S. 201.

[73] Zwar verbietet Artikel 73 BV ausdrücklich nur den Volksentscheid, die ganz h.M. folgert aus dieser Vorschrift aber zugleich die Unzulässigkeit eines Volksbegehrens über den Staatshaushalt, vgl. *T. Meder*, Die Verfassung des Freistaates Bayern, 4. Aufl., 1992, Art. 73 Rn. 1; *K. Schweiger*, in: Nawiasky/Schweiger/Knöpfle, Die Verfassung des Freistaates Bayern, Art. 73 Rn. 3; *C. Leusser*, JöR n.F. 3 (1954), S. 157; BayVerfGH BayVBl. 1977, S. 148.

ausgelegt wird. Nach dieser Ansicht "sind Volksbegehren bereits dann mit Artikel 73 BV unvereinbar, wenn sie auf den Gesamtbestand des Haushalts Einfluss nehmen würden, demnach das Gleichgewicht des gesamten Haushalts stören und damit zu einer wesentlichen Beeinträchtigung des Budgetrechts des Parlaments führen könnten"[74].

Noch bevor das Volksbegehren "Lernmittelfreiheit" überhaupt vom Innenministerium zugelassen worden war, vertrat Engels die These, dass sich auch eine Verfassungsinitiative an Artikel 73 BV messen lassen müsse. Der Bayerische Verfassungsgerichtshof[75] und die meisten Autoren[76] schlossen sich dieser Auffassung an. Für die verfassungsändernde Volksgesetzgebung bedeutete dies eine erhebliche Einschränkung ihres Anwendungsbereiches. Nach Engels' Theorie scheiterte jedes verfassungsändernde Volksbegehren an Artikel 73 BV, sobald der Haushalt nicht ganz unerheblich berührt wurde[77].

Der vom Innenministerium des Freistaates angerufene Verfassungsgerichtshof erklärte die Volksinitiative "Lernmittelfreiheit" für vereinbar mit Artikel 73 BV; der finanzielle Umfang der drohenden Mehrausgaben beeinflusse den Staatshaushalt nicht wesentlich[78]. Das Volksbegehren wurde vom 13. bis zum 26. Oktober 1977 durchgeführt, erreichte aber das erforderliche Unterstützungsquorum nicht[79]. Auf Grund der politischen und wissenschaftlichen Diskus-

---

[74] BayVerfGH BayVBl. 1977, S. 150. I. W. ebenso *U. Engels*, BayVBl. 1976, S. 203; *F. Giehl/G. v.Scheurl*, BayVBl. 1976, S. 489f; *Boettcher/Hoegner*, Landeswahlgesetz, 14. Aufl., 1994, Art.63 Rn. 8; *T. Meder*, Die Verfassung des Freistaates Bayern, 4. Aufl., 1992, Art. 73 Rn. 1. Diese herrschende Meinung ist aber nicht unbestritten, siehe *I. Fessmann*, BayVBl. 1976, S. 392f; *K. Schweiger,* in: Nawiasky/Schweiger/Knöpfle, Die Verfassung des Freistaates Bayern, Art. 73 Rn. 8 und *K. Schweiger,* NVwZ 2002, S. 1474f.

[75] BayVerfGH BayVBl. 1976, S. 148.

[76] Siehe *F. Giehl/G. v.Scheurl*, BayVBl. 1976, S. 489 und *K. Schweiger,* in: Nawiasky/Schweiger/Knöpfle, Die Verfassung des Freistaates Bayern, Art. 73 Rn. 8; a.A. *I. Fessmann*, BayVBl. 1976, S. 393-395 und *H. Siekmann*, in: Die verfassungsrechtliche Ausgestaltung der Volksgesetzgebung, 1999, S. 204f.

[77] *U. Engels* wurde von einigen Autoren dahingehend missverstanden, er halte die verfassungsändernde Volksgesetzgebung grundsätzlich für unzulässig, vgl. *I. Fessmann* BayVBl. 1976, S. 394 und *G. Jürgens,* Direkte Demokratie in den Bundesländern, 1993, S. 58 Fn. 48. Diese Interpretation ist aber nicht haltbar; *U. Engels* bezog sich ausdrücklich nur auf verfassungsändernde Volksbegehren, die den Staatshaushalt beeinflussen, vgl. *U. Engels,* BayVBl. 1976, S. 204.

[78] BayVerfGH BayVBl. 1977, S. 150.

[79] Siehe *A. Mittenberger-Huber*, Das Plebiszit in Bayern, 1999, S. 194.

sionen über diese Initiative blieb ein beinahe zeitgleich stattfindendes Volksbegehren, das den Bayerischen Senat zum Gegenstand hatte, geradezu unbemerkt.

E) Das Volksbegehren zur Senatserweiterung

Die Verfassungsinitiative zur Senatserweiterung beabsichtigte, mit der Revision des Artikels 35 BV die Zusammensetzung des Bayerischen Senats zu ändern. Sie war von Sport-, Behinderten- und Naturschutzorganisationen ins Leben gerufen worden, die sich in diesem bayerischen Verfassungsorgan nicht ausreichend repräsentiert fühlten. Das Begehren fand aber vom 29. November bis 5. Dezember 1977 nur die Unterstützung von 5,9% der Stimmberechtigten und ein Volksentscheid kam somit nicht zustande[80].

V. Die ersten kritischen Stimmen aus der Literatur

Angesichts der steigenden Zahl von Verfassungsinitiativen in Bayern begann sich die Staatsrechtswissenschaft Ende der siebziger Jahre verstärkt für die verfassungsändernde Volksgesetzgebung zu interessieren. In zunehmendem Maß wurden das Urteil des Bayerischen Verfassungsgerichtshofes vom 2. Dezember 1949[81] und die Auslegung des in Artikel 2 Abs. 2 Satz 2 BV festgesetzten Mehrheitsbegriffs in Frage gestellt.

A) Meders Quorumstheorie

Einer der ersten Autoren, die sich mit der bislang herrschenden Meinung nicht mehr abfinden wollten, war Theodor Meder. In der zweiten Auflage seines Handkommentars zur Bayerischen Verfassung äußerte er schwere verfassungsrechtliche Bedenken gegen die Ansicht des Verfassungsgerichtshofes[82]. Zwar bejahte auch er die generelle Zulässigkeit einer Verfassungsinitiative; das Problem sah Meder vielmehr in der Annahme, dass beim anschließenden verfassungsändernden Volksentscheid keine Mindestbeteiligung erforderlich

---

[80] Siehe *A. Mittenberger-Huber*, Das Plebiszit in Bayern, 1999, S. 195.

[81] BayVerfGHE 2, 181.

[82] In der ersten Auflage seines Kommentars hatte *T. Meder* das Urteil der BayVerfGH vom 2. Dezember 1949 noch kritiklos zitiert, siehe *T. Meder*, Handkommentar zur Verfassung des Freistaates Bayern, 1971, Art. 74 Rn. 8.

sein sollte. Dadurch bestünde die Gefahr, dass eine kleine Gruppe von Bürgern (die nicht "das Volk" darstellten), ihre Partikularinteressen zu leicht durchsetzen könnten. Das (Landeswahl-) Gesetz müsse beim verfassungsändernden Volksentscheid eine Mindestbeteiligung festschreiben[83].
Ab der dritten Auflage ging Meder noch weiter und bezeichnete das Urteil des Bayerischen Verfassungsgerichtshofes vom 2. Dezember 1949 als unvereinbar mit der Verfassung[84].

Ob Meder mit seiner geforderten Mindestbeteiligung ein Beteiligungs- oder Zustimmungsquorum meinte, ist nicht ganz klar. Er kann aber durchaus als "Vater" jener Ansicht gelten, die die verfassungsändernde Volksgesetzgebung zwar grundsätzlich bejaht, die einfache Stimmenmehrheit beim Volksentscheid jedoch nicht ausreichen lässt.

B) Die Ansicht Bocklets

In seinem 1979 erschienen Aufsatz "Volksbegehren und Volksentscheid in Bayern"[85] zweifelte Reinhold Bocklet die demokratische Legitimität von Verfassungsänderungen an, die auf Grund eines Volksbegehrens gegen den Willen des Parlaments und unter Verzicht auf ein Quorum zustande gekommen waren[86]. Wie schon Meder wies auch er auf die Gefahr der Verfassungsänderungen durch "zufällige Minderheiten"[87] hin.

C) Die Reaktion des Bayerischen Verfassungsgerichtshofes

Der Bayerische Verfassungsgerichtshof blieb von der aufkommenden Kritik in der Literatur unbeeindruckt. Bereits vor Meders und Bocklets Veröffentlichungen hatte er seine ursprünglichen Ansichten zur verfassungsändernden Volksgesetzgebung bestätigt[88] und auch danach hielt er an seiner Meinung fest[89].

---

[83] *T. Meder*, Die Verfassung des Freistaates Bayern, 2. Aufl., 1978, Art. 74 Rn. 9.
[84] *T. Meder*, Die Verfassung des Freistaates Bayern, 4. Aufl., 1992, Art. 74 Rn. 9.
[85] *R. Bocklet*, in: Das Regierungssystem des Freistaates Bayern, Bd. 2, 1979, S. 295ff.
[86] Vgl. *R. Bocklet*, in: Das Regierungssystem des Freistaates Bayern, Bd. 2, 1979, S. 419.
[87] *R. Bocklet*, in: Das Regierungssystem des Freistaates Bayern, Bd. 2, 1979, S. 418.
[88] Siehe BayVerfGHE 21, 110 (117f) und BayVerfGHE 27, 153 (162).
[89] Siehe BayVerfGHE 47, 265 (271).

VI. Busharts Unvereinbarkeitstheorie

Völlig in Frage gestellt wurde die verfassungsändernde Volksgesetzgebung in Bayern in der von Christoph Bushart 1989 vorgelegten Dissertation. Im Wege der Verfassungsauslegung kam der Autor zu dem Ergebnis, dass Artikel 75 Abs. 2 BV das einzig zulässige Verfahren sei, mit dem die Verfassung des Freistaates geändert werden könne[90]. Die Bayerische Verfassung habe der parlamentarischen Gesetzgebung eindeutig den Vorrang eingeräumt und dieser Vorrang würde überspielt werden, wenn man Verfassungsänderungen am Landtag vorbei zuließe[91]. Zwar hielt Bushart eine Verfassungsinitiative für zulässig, ein solches Volksbegehren würde aber nur dann zum Volksentscheid führen, wenn es der Landtag gemäß Artikel 75 Abs. 2 Satz 1 BV mit Zweidrittelmehrheit annehme[92].

Mit seiner Ansicht über die Unvereinbarkeit der verfassungsändernden Volksgesetzgebung mit der Bayerischen Verfassung blieb Bushart lange Zeit allein. Erst 2004 schloss sich mit Klaus Herrmann ein weiterer Autor der Unvereinbarkeitstheorie an[93]. Herrmann überprüfte die "außerparlamentarische Verfassungsänderung"[94] nicht nur anhand der Bayerischen Verfassung, sondern auch am Maßstab des Bundesrechts und kam zu dem Ergebnis, dass die bayerische Praxis gegen Artikel 28 Abs. 1 Satz 1 GG verstoße[95].

Eine Verfassungsänderung gegen den Willen des Landtags, die Bushart so vehement kritisierte, war bis dahin aber noch nicht eingetreten[96]. Dies änderte sich in den 90er Jahren, als die Volksabstimmungen über den Bürgerentscheid und die Abschaffung des Senats durchgeführt wurden.

---

[90] Vgl. *C. Bushart*, Verfassungsänderungen in Bund und Ländern, 1989, S. 119.
[91] Vgl. *C. Bushart*, Verfassungsänderungen in Bund und Ländern, 1989, S.120.
[92] Vgl. *C. Bushart*, Verfassungsänderungen in Bund und Ländern, 1989, S. 120f.
[93] *K. Herrmann*, BayVBl. 2004, S. 513ff.
[94] Dieser von *K. Herrmann* (siehe Fn. 93) gebrauchte Begriff ist nicht ganz korrekt, deutet er doch auf eine Verfassungsänderung ohne jede Beteiligung des Parlaments hin; bei der in Bayern praktizierten verfassungsändernden Volksgesetzgebung wirkt der Landtag jedoch durchaus mit (vgl. Artikel 74 Abs. 3 bis 5 BV), er kann nur die Verfassungsänderung als solche nicht verhindern (siehe auch S. 34f).
[95] So *K. Herrmann*, BayVBl. 2004, S. 519f.
[96] Selbst beim Volksentscheid über die Gemeinschaftsschule war letztendlich der Entwurf des Landtags angenommen worden (siehe S. 41f).

VII. Der Volksentscheid zum Bürgerbegehren und zum Bürgerentscheid

A) Der politische Ablauf

Das Volksbegehren zur Einführung des kommunalen Bürgerentscheids war Ende 1994[97] vom Verein "Mehr Demokratie in Bayern e.V." ins Leben gerufen worden. Der Gesetzentwurf, der der Initiative zu Grunde lag, beinhaltete sowohl eine Revision der Gemeinde- und der Landkreisordnung als auch eine Änderung der Artikel 7 und 12 BV. Letztere sollte die neuen Institute Bürgerbegehren und Bürgerentscheid verfassungsrechtlich absichern.

Während der Eintragungsfrist vom 6. bis zum 19. Februar 1995 konnte der Verein 13,7% der Stimmberechtigten für das Volksbegehren mobilisieren[98]. Der Landtag legte dem Volk einen Gegenentwurf zur Entscheidung mit vor. Dieser Entwurf sah neben einfachrechtlichen Vorschriften ebenfalls eine Ergänzung des Artikels 12 BV vor. Allerdings sollte der Gesetzgeber nur ermächtigt werden, Formen unmittelbarer Mitwirkung der Bürger in den Kommunen einzuführen. Insgesamt ging die Vorlage von "Mehr Demokratie e.V." wesentlich weiter als die des Landtags[99].

Der Volksentscheid erfolgte am 1. Oktober 1995. Bei einer Stimmbeteiligung von 36,8% votierten 57,8% der Abstimmenden für den Gesetzentwurf des Volksbegehrens, 38,7% stimmten für die Vorlage des Landtags. Insgesamt hatten also 21,18% der Stimmberechtigten die Verfassungsänderung mitgetragen[100]. Zum ersten Mal seit 1946 konnte sich der Bayerische Landtag in einem Volksentscheid nicht durchsetzen.

B) Die Reaktionen in der Literatur

In der Literatur löste die Einführung von Bürgerbegehren und Bürgerentscheiden ein nachhaltiges Echo aus. Jedoch beschäftigten sich die allermeisten Autoren mit der Änderung der Gemeinde- und der Landkreisordnung[101]. Beson-

---

[97] Antrag vom 21. Oktober 1994.
[98] Vgl. *A. Mittenberger-Huber*, Das Plebiszit in Bayern, 1999, S. 159f.
[99] So auch *A. Mittenberger-Huber*, Das Plebiszit in Bayern, 1999, S. 160f.
[100] Vgl. *C. Pestalozza*, JöR n.F. 51 (2003), S. 174f.
[101] Vgl. *F.L. Knemeyer*, in: Alternativen - Bürgerbegehren und Bürgerentscheid vor der Neu-

ders heftig gestritten wurde über die Tatsache, dass beim Bürgerentscheid die einfache Mehrheit der Abstimmenden ausschlaggebend war und dass der gefasste Beschluss innerhalb von drei Jahren vom Gemeinderat nicht abgeändert werden durfte. Nur wenige Wissenschaftler hinterfragten dagegen die Zulässigkeit der Änderung der Verfassung, der nur gut ein Fünftel der Stimmberechtigten zugestimmt hatte[102].

C) Das verfassungsgerichtliche Nachspiel

Trotz oder vielleicht sogar wegen der großen Beliebtheit, derer sich Bürgerbegehren und Bürgerentscheid in den Kommunen erfreuten[103], wurde der Bayerische Verfassungsgerichtshof mit den neuen direktdemokratischen Instrumenten befasst. In seinem Urteil vom 29. August 1997[104] erklärte das Gericht wesentliche, durch den Volksentscheid vom 1. Oktober 1995 beschlossene Änderungen der Gemeinde- und der Landkreisordnung für verfassungswidrig. Vor allem der Verzicht des Gesetzgebers auf ein Beteiligungs- oder Zustimmungsquorum beim Bürgerentscheid führe im Zusammenhang mit der dreijährigen Bindungswirkung des Beschlusses zu einer Beeinträchtigung des Selbstverwaltungsrechts der Gemeinden und Landkreise[105]. Die Revision der Artikel 7 und 12 BV wurde vom Gericht nicht thematisiert. Der Gesetzgeber reagierte auf den Urteilsspruch mit einer erneuten Änderung der Landkreisordnung[106]. Die Bindungswirkung der Bürgerentscheide wurde auf ein Jahr verkürzt und es erfolgte die Einführung von Zustimmungsquoren.

Stimmen aus der Literatur kritisierten, dass der Verfassungsgerichtshof trotz des angeblich klaren Wortlauts des Artikels 2 Abs. 2 Satz 2 BV beim Bürgerentscheid die Festlegung eines Quorums verlangt hatte[107].

---

fassung, 1998, S. 9ff; *C. Thum*, BayVBl. 1997, S. 225ff und die Dissertation von *G. Hüllen*, Rechtsschutzprobleme beim Bürgerbegehren, 1999, S. 1ff.

[102] So zum Beispiel *W. Schmitt Glaeser*, DÖV 1998, S. 829, der wie *T. Meder* und *R.. Bocklet* (siehe S. 46f) davon ausging, dass der bayerische Gesetzgeber ein Quorum bei verfassungsändernden Volksentscheiden festzusetzen habe.

[103] Vgl. *A. Mittenberger-Huber*, Das Plebiszit in Bayern, 1999, S. 163f.

[104] BayVerfGH BayVBl. 1997, S. 622; Urteilsanmerkung u.a. bei *J. Scheder*, BayVBl. 1997, S. 240f.

[105] BayVerfGH BayVBl. 1997, S. 626f.

[106] Vgl. GVBl. 1999, S. 86 (26. 3. 1999).

[107] So insbesondere *K. Hahnzog*, in: Alternativen - Bürgerbegehren und Bürgerentscheid vor der Neufassung, 1998, S. 44f.

Der Verein “Mehr Demokratie in Bayern e.V.” versuchte im Jahr 2000 die Entscheidung des höchsten bayerischen Gerichts mit Hilfe einer weiteren Verfassungsinitiative zu korrigieren. Unter anderem sollten die Bindungswirkung des Bürgerentscheides und das Ausreichen der einfachen Abstimmungsmehrheit in die Verfassung aufgenommen werden. Das Bayerische Innenministerium versagte dem Antrag des Vereins auf Durchführung des Volksbegehrens die Zulassung und rief den Verfassungsgerichtshof an. Dieser erklärte am 13. April 2000 die Gesetzesvorlage, die der geplanten Volksinitiative zu Grunde lag, für unvereinbar mit Artikel 75 Abs. 1 Satz 2 BV[108]. Damit war das Thema Bürgerbegehren und Bürgerentscheide zumindest verfassungsgerichtlich endgültig abgeschlossen.

VIII. Die Abschaffung des Senats

A) Der politische Ablauf

Am 14. März 1997 ging beim Innenministerium des Freistaats ein von der ÖDP gestellter Antrag auf Zulassung eines Volksbegehrens zur Abschaffung des Bayerischen Senats ein. Die Initiative “Schlanker Staat ohne Senat” hatte eine Streichung der Artikel 34 bis 42 BV und eine Änderung der Artikel 68 Abs. 3 Satz 2, 71 und 179 Satz 1 BV zum Ziel.

Die Eintragungsfrist für das von ÖDP, SPD, FDP und Bündnis 90/Die Grünen unterstützte Begehren wurde auf den Zeitraum vom 10. bis 23. Juni 1997 festgelegt. Insgesamt unterschrieben 10,5% der Stimmberechtigten die Verfassungsinitiative[109].

Der Landtag lehnte die Gesetzesvorlage des Volksbegehrens ab und beschloss seinerseits einen Gegenentwurf, der eine Reform des Senats vorsah. Zukünftig sollten mehr kulturelle und soziale Körperschaften in diesem Gremium vertreten sein. Zudem war eine Erweiterung der Befugnisse des Senats geplant.

Der am 8. Februar 1998 stattfindende Volksentscheid brachte ein eindeutiges Ergebnis. 69,2% der Abstimmungsteilnehmer votierten für die Vorlage des Volksbegehrens, nur 23,6% für den Entwurf des Landtags. Die Stimmbeteili-

---

[108] BayVerfGHE 53, 81.

[109] Vgl. *A. Mittenberger-Huber*, Das Plebiszit in Bayern, 1999, S. 186f.

gung lag bei 39,9%[110]. Insgesamt hatten sich somit 27,32% der Stimmberechtigten für die Verfassungsänderung ausgesprochen[111]. Das so beschlossene Gesetz sah den 1. Januar 2000 als Zeitpunkt seines Inkrafttretens vor.

B) Die Reaktionen in der Literatur

Der Senat wollte seine Abschaffung nicht hinnehmen und beauftragte den Staatsrechtler Josef Isensee mit der Erstellung eines Gutachtens über die Zulässigkeit des beschlossenen verfassungsändernden Gesetzes. In seiner Abhandlung kam Isensee zu dem Schluss, dass eine Verfassungsrevision zwar Gegenstand eines Volksbegehrens sein könne[112], beim anschließenden Volksentscheid aber nicht die einfache Mehrheit den Ausschlag geben dürfe. Vielmehr erfordere der Bestandsschutz der Verfassung, dass der Gesetzgeber für verfassungsändernde Volksabstimmungen ein Quorum festzulegen habe[113].
Im Wesentlichen bestätigte Isensee damit die Ansicht Meders[114]. Das Gutachten stieß in der Literatur überwiegend auf Kritik[115] und die bisher herrschende Meinung erhielt etliche neue Verfechter.

Auf der Grundlage der Schlussfolgerungen Isensees erhob der Bayerische Senat gemäß Artikel 75 Abs. 3 BV Beschwerde beim Verfassungsgerichtshof gegen die vom Volk am 8. Februar vorgenommene Verfassungsänderung.

C) Das Urteil des Bayerischen Verfassungsgerichtshofes vom 17. September 1999

Das am 17. September 1999 ergangene Urteil des Verfassungsgerichtshofes[116] stellte eine völlige Kehrtwendung des obersten bayerischen Gerichts dar. Die bisherige Rechtsprechung[117] wurde aufgegeben. Der Verfassungsgerichtshof

---

[110] Zu den Zahlen siehe *O. Jung*, ZPol 9 (1999), S. 869.
[111] Siehe *C. Pestalozza*, JöR n.F. 51 (2003), S. 191.
[112] Vgl. *J. Isensee*, Verfassungsreferendum mit einfacher Mehrheit, 1999, S. 68f.
[113] Vgl. *J. Isensee*, Verfassungsreferendum mit einfacher Mehrheit, 1999, S. 69.
[114] Siehe S. 46.
[115] Siehe *H. Dreier*, BayVBl. 1999, S. 523; *O. Jung*, BayVBl. 1999, S. 429f; *H. Schulze-Fielitz*, DÖV 1999, S.658f; zustimmend dagegen *H.-D. Horn*, BayVBl. 1999, S. 430ff.
[116] BayVerfGH BayVBl. 1999, S. 719. Siehe auch die Urteilsanmerkungen von *H.-D. Horn*, BayVBl. 1999, S. 727f und *M. Sachs*, JuS 2000, S. 705ff.
[117] BayVerfGHE 2, 181; BayVerfGHE 21, 110 (117f); BayVerfGHE 27, 153 (162) und

schloss sich den Argumenten Isensees an und erklärte, Artikel 2 Abs. 2 Satz 2 BV schreibe gerade nicht zwingend die einfache Mehrheit vor[118]. Vielmehr ergebe die Auslegung der Bayerischen Verfassung, dass beim Volksentscheid, der auf eine Verfassungsinitiative hin erfolge, ein Quorum erforderlich sei, das vom einfachen Gesetzgeber normiert werden müsse[119]. Bis zum Erlass einer solchen Vorschrift ordnete das Gericht vorübergehend ein Zustimmungsquorum von 25% für verfassungsändernde Volksentscheide an[120].

Dieses "neue" Quorum hatte der Gesetzentwurf zur Abschaffung des Bayerischen Senats am 8. Februar 1998 aber übersprungen[121]; die Verfassungsrevision konnte wie vorgesehen am 1. Januar 2000 in Kraft treten.

Der Urteilsspruch löste in der Wissenschaft mehrheitlich ablehnende Reaktionen aus[122]. Der Landtag beschloss eine Änderung des Landeswahlgesetzes und übernahm das vom Verfassungsgerichtshof für verfassungskonform erachtete Zustimmungsquorum von 25%[123].

D) Die neue Rechtsprechung als Bestandteil der Ewigkeitsklausel

Etwa ein halbes Jahr nach seinem Grundsatzurteil musste sich der Bayerische Verfassungsgerichtshof erneut mit der verfassungsändernden Volksgesetzgebung beschäftigen. Eine Bürgeraktion hatte am 11. Januar 2000 den Antrag auf Zulassung eines Volksbegehrens mit dem Titel "Faire Volksrechte im Land" gestellt. Die Artikel 7, 71 und 72 bis 74 BV sollten dahingehend geändert werden, Quoren bei Volksentscheiden generell zu verbieten. Außerdem wollten die Initiatoren die Unterstützungshürde beim Volksbegehren von zehn auf fünf Prozent der Stimmberechtigten senken und die freie Unterschriftensammlung

---

BayVerfGHE 47, 265 (271).

[118] Siehe BayVerfGH BayVBl. 1999, S. 723.

[119] Vgl. BayVerfGH BayVBl. 1999, S. 724f.

[120] Vgl. BayVerfGH BayVBl. 1999, S. 725.

[121] Siehe S. 51f.

[122] Vgl. *C. Pestalozza*, JöR n.F. 51 (2003), S. 127-129; *W. Kahl*, BayVBl. 2003, S. 734; *C. Thum*, BayVBl. 2000, S. 78f; *K. Schweiger*, BayVBl. 2000, S.195f und *K. Schweiger*, NVwZ 2002, S. 1474; zustimmend dagegen *K. Engelken*, DÖV 2000, S. 894f und *C. Gebhardt*, Direkte Demokratie im parlamentarischen System, 2000, S. 152f.

[123] GVBl. 2000, S. 365 (28. 7. 2000).

einführen[124]. Zudem war beabsichtigt, die strenge Auslegung des Artikels 73 BV[125] zu korrigieren und das dreistufige Volksgesetzgebungsverfahren[126] einzuführen.

Das Staatsministerium des Innern versagte die Zustimmung und rief den Verfassungsgerichtshof an. In seinem Urteil vom 21. März 2000[127] erklärte dieser alle Ziele der Volksinitiative für unvereinbar mit Artikel 75 Abs. 1 Satz 2 BV. Das Erfordernis eines Quorums beim verfassungsändernden Volksentscheid, die Eingangshürde von 10% beim Volksbegehren, die öffentliche Unterschriftensammlung, der Inhalt des Artikels 73 BV und die zweistufige Volksgesetzgebung seien Bestandteile des demokratischen Grundgedankens der Verfassung und damit Bestandteil der Ewigkeitsgarantie, die diesbezüglich eine Verfassungsrevision verbiete[128].
Binnen sieben Monaten hatte das oberste bayerische Gericht somit seine über 50 Jahre alte Rechtsprechung völlig revidiert und seine neue Interpretation noch dazu zum unabänderbaren Bestandteil der Verfassung deklariert.

IX. Das Volksbegehren zur Reform des Verfassungsgerichtshofes

Den letzten Anlauf zu einer Verfassungsinitiative stellte das Volksbegehren "Für ein unabhängiges Verfassungsgericht" dar. Das Begehren beinhaltete eine Änderung des Artikels 68 BV. Zukünftig sollten die Mitglieder des Bayerischen Verfassungsgerichtshofes vom Landtag nur noch mit Zweidrittelmehrheit gewählt werden können[129]. Ursprünglich lag dem Antrag auf Zulassung der Initiative auch eine Revision des Artikels 87 Abs. 2 BV zu Grunde, der die Anstellung der bayerischen Richter regelt. Die Koppelung dieser beiden Materien befand der Verfassungsgerichtshof am 24. Februar 2000 aber für verfassungswidrig und ordnete eine Trennung der Gegenstände an, so dass zwei Volksbegehren erforderlich geworden wären[130]. Die Initiatoren verzichteten daraufhin auf die

[124] Die Unterschriften für das Volksbegehren können in Bayern nur in den Räumen der örtlichen Gemeinde gesammelt werden, vgl. Art. 68 LWG.
[125] Siehe S. 44f.
[126] Siehe dazu S. 34f.
[127] BayVerfGH BayVBl. 2000, S. 397.
[128] Siehe BayVerfGH BayVBl. 2000, S. 402.
[129] Nach Art. 23 Abs. 1 BV, Art. 4 und 6 VfGHG werden die berufsrichterlichen Mitglieder des Verfassungsgerichtshofes vom Landtag mit einfacher Mehrheit gewählt.
[130] Siehe BayVerfGHE 53, 23 (34ff).

Änderung des Artikels 87 Abs. 2 BV und verfolgten nur noch die Revision des Artikels 68 BV[131].

Während des Eintragungszeitraums vom 9. bis zum 22. Mai 2000 konnten nur 3% der Stimmberechtigten mobilisiert werden; die Initiative war gescheitert[132].

X. Einschub: Die Verfassungsreferenden seit 1946

Seit dem Inkrafttreten der Bayerischen Verfassung 1946 fanden im Freistaat insgesamt sechs Verfassungsreferenden gemäß Artikel 75 Abs. 2 Satz 2 BV statt. Ihnen ging kein Volksbegehren, sondern ein Landtagsbeschluss gemäß Artikel 75 Abs. 2 Satz 1 BV voraus. Diese Referenden können damit nicht zur verfassungsändernden Volksgesetzgebung gerechnet werden, sie geben aber Aufschluss über das Abstimmungsverhalten und vor allem über die Stimmbeteiligung der bayerischen Bevölkerung und sollen deshalb im Folgenden kurz aufgeführt werden[133].

- Am 24. 5. 1970 stimmten 54,8% der Abstimmenden für die Herabsetzung des aktiven Wahlalters von 21 auf 18 Jahre (Artikel 7 Abs.1 BV) und des passiven Wahlalters von 25 auf 21 Jahre (Artikel 14 Abs. 2 BV). 45,2% der Abstimmenden lehnten die Reform ab. Die Stimmbeteiligung betrug 38,3%[134].

- Die Einführung des Artikels 111a BV durch den Bayerischen Landtag wurde am 1. 7. 1973 durch Volksentscheid bestätigt[135]. Bei einer Beteiligung von nur 23,3% stimmten 87,1% der Abstimmenden für und 12,9% gegen die Verfassungsrevision[136].

---

[131] Vgl. *K. Schweiger,* in: Nawiasky/Schweiger/Knöpfle, Die Verfassung des Freistaates Bayern, Art. 74 Rn. 10 (Nr. 1k).

[132] Vgl. *C. Pestalozza*, JöR n.F. 51 (2003), S. 165 Fn. 217.

[133] Einen ausführlicheren Überblick über diese Abstimmungen liefern *A. Mittenberger-Huber*, Das Plebiszit in Bayern, 1999, S. 135-156, 174-177; *C. Pestalozza*, JöR n.F. 37 (1988), S. 384-401 und *C. Pestalozza*, JöR n.F. 51 (2003), S. 171-189.

[134] Vgl. *K. Schweiger,* in: Nawiasky/Schweiger/Knöpfle, Die Verfassung des Freistaates Bayern, Art. 74 Rn.10 (Nr. 3b).

[135] Dieser Art. 111a BV war das Ergebnis der Verhandlungen zwischen der CSU und dem Bürgerkomitee, das 1972 das Volksbegehren über die Rundfunkfreiheit gestartet hatte (siehe S. 43f).

[136] Vgl. *K. Schweiger,* in: Nawiasky/Schweiger/Knöpfle, Die Verfassung des Freistaates Bay-

- Am 1. 7. 1973 standen ebenfalls Änderungen der Stimmkreiseinteilung und der Sperrklausel bei der Landtagswahl (Artikel 14 Abs. 1 Satz 2-4 und Abs. 4 BV) zur Abstimmung. Sie wurden mit 84,8% zu 15,2% angenommen[137].

- Die Staatszielbestimmung Umweltschutz, die eine Änderung der Artikel 3 Abs. 2, 131 Abs. 2 und 141 BV mit sich brachte, wurde am 17. Juni 1984 von 94% der Abstimmungsteilnehmer bestätigt. Lediglich 6% der abgegebenen gültigen Stimmen lauteten auf "Nein"[138]. Die hohe Stimmbeteiligung von 46% war insbesondere auf die Tatsache zurückzuführen, dass am selben Tag die Wahlen zum Europäischen Parlament durchgeführt wurden[139].

- Zeitgleich mit der Volksabstimmung über die Abschaffung des Senats am 8. Februar 1998 fanden zwei Verfassungsreferenden statt. Einmal sollten Grundrechte und Staatszielbestimmungen reformiert werden[140]. Für diese Vorhaben fand sich eine Mehrheit von 75% zu 25%[141]. Dem zweiten Volksentscheid lagen Änderungen von Verfassungsnormen über den Landtag und die Staatsregierung zu Grunde[142]. Hier stimmten 73,9% der Abstimmenden zu, 26,1% lehnten ab[143]. Die Stimmbeteiligung lag bei 39,9%[144].

XI. Zusammenfassung

A) Die in Literatur und Rechtsprechung vertretenen Ansichten

Wie gezeigt, dauert die Diskussion über Zulässigkeit und Voraussetzungen der verfassungsändernden Volksgesetzgebung bis heute an. Insbesondere die

---

ern, Art. 74 Rn. 10 (Nr. 3c).

[137] Vgl. *K. Schweiger*, in: Nawiasky/Schweiger/Knöpfle, Die Verfassung des Freistaates Bayern, Art. 74 Rn. 10 (Nr. 3d).

[138] Zum Ergebnis der Abstimmung siehe *C. Pestalozza*, JöR n.F. 37 (1988), S. 398.

[139] Siehe *A. Mittenberger-Huber*, Das Plebiszit in Bayern, 1999, S. 155.

[140] Geändert bzw. eingefügt wurden Art. 3a, 47 Abs. 4 Satz 2, 118 Abs. 2, 118a, 125 Abs. 1 Satz 1, 131 Abs. 4, 140 und 141 Abs. 1 BV.

[141] Siehe *C. Pestalozza*, JöR n.F. 51 (2003), S. 178.

[142] Geändert oder neu eingefügt wurden Art. 13 Abs. 1, 14 Abs. 1, 16, 16a, 25, 25a, 26 Abs. 1 Satz 1, 33a, 43 Abs. 2, 44 Abs. 1, 49, 50, 52 Satz 2, 80, 83 und 115 BV.

[143] Siehe *C. Pestalozza*, JöR n.F. 51 (2003), S. 189.

[144] Siehe S. 51f.

schwankende Rechtsprechung und die Verfassungsinitiativen der 90er Jahre haben dafür gesorgt, dass dieses Thema nicht abschließend geklärt ist.

Fasst man die in Wissenschaft und Praxis vertretenen Standpunkte zusammen, so kann man vier Grundpositionen ausmachen:

- Die verfassungsändernde Volksgesetzgebung ist unstatthaft, sie lässt sich weder mit der Bayerischen Verfassung noch mit Bundesrecht vereinbaren. Der einzige Weg, die Verfassung zu ändern, wird in Artikel 75 Abs. 2 BV aufgezeigt (Unvereinbarkeitstheorie)[145].

- Die Verfassung kann im Wege der Volksgesetzgebung geändert werden. Bezüglich der beim verfassungsändernden Volksentscheid erforderlichen Mehrheit klafft eine Lücke im Verfassungstext, die der einfache Gesetzgeber nach eigenem Ermessen auszufüllen hat (Lückentheorie)[146]. Demnach darf der einfache Gesetzgeber ein Quorum festlegen, muss es aber nicht.

- Verfassungsänderungen können Gegenstand eines Volksbegehrens sein. Beim anschließenden Volksentscheid verlangt die Verfassung ein angemessenes Quorum, dessen Einzelheiten der Landesgesetzgeber zu bestimmen hat (Quorumstheorie)[147].

- Die verfassungsändernde Volksgesetzgebung ist zulässig. Die Verfassung regelt abschließend das Verfahren beim Volksentscheid dahingehend, dass grundsätzlich die einfache Mehrheit der abgegebenen Stimmen ausreicht (Theorie der abschließenden Regelung)[148].

Etwas schwierig einzuordnen ist die Auffassung, dass die Verfassung zwar durch Volksbegehren und Volksentscheid geändert werden dürfe, finanzwirksame Verfassungsrevisionen aber ausschließlich vom Landtag gemäß Artikel 75

---

145 Vgl. *C. Bushart*, Verfassungsänderungen in Bund und Ländern, 1989, S. 117-122 und *K. Herrmann*, BayVBl. 2004, S.513ff.

146 Siehe *Nawiasky/Leusser*, Die Verfassung des Freistaates Bayern, 1948, S. 154 zu Art. 74 BV und S. 156 zu Art. 75 BV.

147 Insbesondere *T. Meder*, Die Verfassung des Freistaates Bayern, 4. Aufl., 1992, Art. 74 Rn. 9; *J. Isensee*, Verfassungsreferendum mit einfacher Mehrheit, 1999, S. 68f und BayVerfGH BayVBl. 1999, S. 719ff.

148 Vor allem BayVerGHE 2, 181 (216ff); *H. Dreier*, BayVBl. 1999, S. 513ff; *O. Jung* BayVBl. 1999, S. 417ff.

Abs. 2 BV zu beschließen seien[149]. Diese Ansicht erklärt die verfassungsändernde Volksgesetzgebung zumindest teilweise für unzulässig, so dass man sie richtigerweise als Unterfall der Unvereinbarkeitstheorie klassifizieren muss.

B) Die Rechtslage nach dem Landeswahlgesetz

Das Landeswahlgesetz geht von der Zulässigkeit eines verfassungsändernden Volksbegehrens aus (vgl. Artikel 62 Abs.2 Satz 2, 64 Abs. 1 Satz 2 und 73 Abs. 3 LWG). Die Verfassungsänderung kann durch den Volksentscheid nur beschlossen werden, wenn zusätzlich zur Mehrheit der abgegebenen Stimmen ein Zustimmungsquorum von 25% der Stimmberechtigten erreicht wird (Artikel 79 Abs. 1 Nr. 2 LWG). Artikel 62 Abs. 2 Satz 1 LWG wiederholt den Wortlaut des Artikels 73 BV und schließt damit finanzwirksame Verfassungsänderungen vom Volksbegehren aus.

Das Landeswahlgesetz hat somit die Quorumstheorie kodifiziert. Ob das Gesetz verfassungsgemäß ist, hängt zunächst davon ab, ob die Verfassung überhaupt durch die Volksgesetzgebung geändert werden kann. Dieser Frage wird im folgenden Kapitel nachgegangen.

---

[149] Insbesondere *U. Engels*, BayVBl. 1976, S. 201ff und BayVerfGH BayVBl 1976, S. 143ff.

Kapitel 4: Die generelle Zulässigkeit der verfassungsändernden Volksgesetzgebung in Bayern

Die grundsätzliche Zulässigkeit der verfassungsändernden Volksgesetzgebung hängt davon ab, ob sie zum einen mit der Bayerischen Verfassung und zum anderen mit dem Grundgesetz vereinbar ist.

I. Die Bayerische Verfassung als Maßstab für Verfassungsänderungen gegen den Willen des Landtags

A) Zulässigkeit der verfassungsändernden Volksgesetzgebung aus der Natur der Sache

Bevor man die Bayerische Verfassung als Maßstab für die verfassungsändernde Volksgesetzgebung heranzieht, bleibt zu klären, ob nicht schon aus der Natur der Sache heraus die Staatsbürger das Recht haben, ihre Verfassung durch Abstimmung zu ändern. Gäbe es eine solche "ursprüngliche Kompetenz des Volkes", dann wären direktdemokratisch beschlossene Verfassungsrevisionen per se anzuerkennen, unabhängig davon, ob sie der Verfassungstext vorsieht oder nicht.

Die Befugnis zur Änderung der Verfassung lässt sich eventuell aus der verfassunggebenden Gewalt des Volkes herleiten. Die Bayerische Verfassung wurde durch Volksabstimmung angenommen[150]. Wenn nun das Volk das Recht hat, sich eine Verfassung zu geben, dann, so könnte man argumentieren, muss es auch in der Lage sein, diese Verfassung wieder zu ändern. Eine solche "natürliche Symmetrie"[151] scheint plausibel, zumal umfangreichere Verfassungsrevisionen, die wesentliche Teile der Verfassung umgestalten, schon fast einer (neuen) Verfassunggebung entsprechen[152].

Die deutsche Verfassungsrechtslehre trennt aber ganz überwiegend zwischen der verfassunggebenden Gewalt (pouvoir constituant) und der verfassungsän-

---

[150] Siehe S. 37f.

[151] *C. Pestalozza*, Der Popularvorbehalt, 1981, S. 19.

[152] So *R. Lhotta*, ZParl 29 (1998), S. 171.

dernden Gewalt (pouvoir constitué). Der pouvoir constituant ist nicht an die Verfassung gebunden, er ist verfassungsschöpfend[153]. Der pouvoir constitué zählt zu den konstituierten Gewalten[154]; er ist beim (Verfassungs-) Gesetzgeber monopolisiert[155] und unterliegt somit der Bindung an die bestehende Verfassung. Diese Lehre, der vereinzelt vorgeworfen wurde, sie entwickle einen "doppelten Volksbegriff"[156], war vor allem während der Geltung der Weimarer Reichsverfassung und der Bamberger Verfassung umstritten[157].

Die Tatsache, dass sich pouvoir constituant und pouvoir constitué auf dasselbe Volk zurückführen lassen, ist aber durchaus erklärbar. Die verfassunggebende Gewalt liegt beim Volk kraft der Volkssouveränität; alle anderen Gewalten gehen vom Volk aus kraft der Entscheidung der verfassunggebenden Gewalt, wie sie in der Verfassung getroffen wurde. Im ersten Fall ist das Volk Erzeuger der Verfassung, im zweiten Fall deren Adressat[158].

Außerdem stünde die Verfassung als normative Grundordnung in Frage, wenn man eine über- und außerverfassungsmäßige Ebene der Rechtmäßigkeit von Verfassungsakten zuließe[159]. Daher hat sich die Lehre mit der Unterscheidung zwischen pouvoir constituant und pouvoir constitué zu Recht durchgesetzt[160].

---

[153] *K. Stern*, Das Staatsrecht der Bundesrepublik Deutschland, Bd. 1, 2. Aufl., 1984, S. 151f m.w.N.; siehe außerdem BVerfGE 1, 14 (61) und BVerfGE 15, 167 (195).

[154] *R. Herzog*, Allgemeine Staatslehre, 1971, S. 317.

[155] Vgl. *J. Lücke*, in: Sachs, Grundgesetz, 3. Aufl., 2003, Art. 79 Rn. 2.

[156] So die Kritik bei *U. Steiner*, Verfassunggebung und verfassunggebende Gewalt des Volkes, 1966, S. 220f, ähnlich *H. Ehmke*, Grenzen der Verfassungsänderung, 1953, S. 87.

[157] Mit dem Argument, das Volk könne jederzeit erneut verfassungsschöpfend tätig werden, wurde 1924 der (erfolglose) Versuch der BVP gerechtfertigt, mit Hilfe von Volksbegehren und Volksentscheid die Wahl eines verfassunggebenden Landtags zu erzwingen, obwohl die Bamberger Verfassung letzteres gar nicht vorsah; siehe hierzu *U. Steiner*, BayVBl. 1969, S. 334; *H. v.Jan*, JöR 15 (1927), S. 3f und *K. Schönhoven*, Die Bayerische Volkspartei 1924-1932, 1972, S. 89f.

[158] So *K. Stern*, Das Staatsrecht der Bundesrepublik Deutschland, Bd. 1, 2. Aufl., 1984, S. 151.

[159] Zutreffend *U. Steiner*, BayVBl. 1969, S. 335.

[160] Neben den oben genannten Autoren bekennen sich zu dieser Lehre u.a. *O. Bachof*, in: Recht und Staat in Geschichte und Gegenwart, Heft 163/164, 1951, S. 36; *K. v.Beyme*, in: Recht und Staat in Geschichte und Gegenwart, Heft 367/368, 1968, S. 32ff; *H. Schambeck*, in: Recht und Staat in Geschichte und Gegenwart, Heft 400/401, 1971, S. 40; *T. Maunz*, in: Verfassung und Verfassungsrechtsprechung, 1972, S. 21f; *H.-J. Wipfelder*, BayVBl. 1983, S. 291; *A. Weber*, DÖV 1985, S.179; *R. Bartlsperger*, DVBl. 1990, S. 1299; *P. Badura*, in: Handbuch des Staatsrechts der Bundesrepublik Deutschland, 1992, § 160 Rn. 16f; *J. Isensee*, Das Volk als Grund der Verfassung, 1992, S. 13; *S. Storr*, Verfassunggebung in den Ländern,

Das Volk wird also nicht als originäre Größe, sondern als verfasste Einheit tätig[161] und die Volksgesetzgebung muss sich im Rahmen der Verfassung bewegen. Eine ursprüngliche Kompetenz der Stimmberechtigten zur Änderung der Verfassung ist abzulehnen.

B) Die Staatsgrundsätze als Kompetenzgrundlagen

Als Grundlage für die Zulässigkeit der verfassungsändernden Volksgesetzgebung kommen ferner die in Artikel 2 Abs. 1 und Artikel 4 BV niedergelegten Fundamentalsätze in Betracht. Das Volk und die stimmberechtigten Staatsbürger werden dort als Träger der Staatsgewalt bezeichnet und die Änderung der Verfassung gehört eben auch zur Ausübung der staatlichen Gewalt.

Diese Staatsfundamentalnormen sollen aber nur sicherstellen, dass sich jeder staatliche Hoheitsakt auf das Volk zurückführen lässt. Zwischen der Ausübung der Staatsgewalt und dem Volk muss ein Zurechnungszusammenhang im politisch-legitimatorischen Sinne bestehen[162]. Die in Artikel 2 Abs. 1 und Artikel 4 BV zum Ausdruck kommenden Grundsätze können für die Interpretation anderer Verfassungsartikel Bedeutung erlangen, für die Herleitung einer Kompetenz der Stimmberechtigten sind sie jedoch zu allgemein formuliert.

Zu untersuchen bleiben damit nur noch jene Verfassungsnormen, die das Verfahren zur Änderung der Bayerischen Verfassung beinhalten.

C) Artikel 75 BV

Es ist nicht ganz einfach, die konkrete, auszulegende Norm zu benennen. Die Bayerische Verfassung regelt ihre Revision durch Volksbegehren und Volksentscheid nicht ausdrücklich. Man könnte daher daran denken, die gesamte Verfassung (in einer Art Gesamtschau) zum Gegenstand der Interpretation zu machen[163]. Artikel 75 BV enthält jedoch als einzige Vorschrift Regelungen, die

---

1995, S. 271f und *P. Unruh*, Der Verfassungsbegriff des Grundgesetzes, 2002, S. 447.

[161] *J. Isensee*, Verfassungsreferendum mit einfacher Mehrheit, 1999, S. 37.

[162] Zutreffend *K. Herrmann*, BayVBl. 2004, S. 516.

[163] Dieser Weg wird durchaus von einigen Autoren gewählt; *J. Isensee*, Verfassungsreferendum mit einfacher Mehrheit, 1999, S. 62ff und *O. Jung*, BayVBl. 1999, S. 417ff sprechen fast durchgehend von „der Auslegung der Verfassung". Dadurch können sie die einzelnen Verfas-

sich eindeutig auf Verfassungsänderungen beziehen. Deshalb ist es sinnvoll, zunächst nur diese Norm zur Auslegung heranzuziehen. Aussagen über die verfassungsändernde Volksgesetzgebung, die sich an anderen Stellen der Verfassung finden, können dabei mit berücksichtigt werden.

a) Allgemeines

Die Verfassung selbst stellt ein Gesetz dar[164]. Deshalb sind für die Verfassungsauslegung auch die klassischen Kriterien der Gesetzesinterpretation heranzuziehen, nämlich der Wortlaut, die Entstehungsgeschichte, die Systematik und das Telos der Norm[165]. Die in Rechtsprechung und Lehre entwickelten besonderen Aspekte der Verfassungsauslegung, wie beispielsweise die Prinzipien der Einheit der Verfassung[166] und der praktischen Konkordanz[167], müssen ebenfalls beachtet werden. Diese speziellen Regeln dienen der Ergänzung und der Modifizierung der herkömmlichen Interpretationsmethoden[168]. Deshalb kann man sie auch im Rahmen der klassischen Auslegungsgrundsätze zur Anwendung bringen[169].

b) Die Wortlautinterpretation

Alle Auslegungsbemühungen haben vom möglichen Wortsinn des Gesetzes auszugehen[170], weswegen als erster Schritt die Wortlautinterpretation (auch grammatikalische Interpretation) vorzunehmen ist.

---

sungsnormen und -grundsätze leichter abwechselnd ansprechen und diskutieren.

164 So ausdrücklich, wenn auch nur bezogen auf das Grundgesetz, BVerfGE 3, 225 (230).

165 Siehe *C. Degenhart*, Staatsrecht I, 20. Aufl., 2004, S. 2 Rn. 5; zu den Interpretationsmethoden vgl. auch *E.-W. Böckenförde*, NJW 1976, S. 2089ff und *G. Roellecke*, in: Bundesverfassungsgericht und Grundgesetz, Bd. 2, 1976, S.24-36.

166 Vgl. BVerfGE 1, 208 (225); 3, 225 (231f) und 15, 167 (194).

167 Siehe dazu BVerfGE 81, 278 (292f) und *H. Maurer*, Staatsrecht I, 4. Aufl., 2005, S. 25.

168 Siehe *C. Degenhart*, Staatsrecht I, 20. Aufl., 2004, S. 3 Rn. 7.

169 Dies stellt im ohnehin „regelfreien Spiel der Auslegung“ (*C. Pestalozza*, JZ 2004, S. 606) keinen Systembruch dar. Vgl. außerdem die Darstellung bei *W. Rohr*, Staatsrecht, 2001, S. 25 Rn. 55, der die besonderen Prinzipien der Verfassungsinterpretation der systematischen Auslegung zuordnet.

170 *R. Zippelius*, Juristische Methodenlehre, 9. Aufl., 2005, S. 45.

Artikel 75 Abs. 1 Satz 1 BV spricht davon, dass Verfassungsänderungen nur im Wege der Gesetzgebung erfolgen dürfen. Dieser Wortlaut schließt die Volksgesetzgebung nicht aus, erwähnt sie aber auch nicht ausdrücklich. Vielmehr dient der Satz dazu, schleichende Verfassungsrevisionen zu verhindern. Insbesondere Ermächtigungsgesetze, derer sich die Nationalsozialisten gegen Ende der Weimarer Republik bedienten, sollen durch diese Formulierung unmöglich gemacht werden[171].

Artikel 75 Abs. 2 Satz 2 BV ordnet eine Volksabstimmung über einen verfassungsändernden Landtagsbeschluss an, es handelt sich hierbei aber um ein bloßes Verfassungsreferendum[172]. Volksentscheide auf Grund eines Volksbegehrens werden nur in Artikel 74 BV angesprochen. Das Argument, Artikel 75 Abs. 1 Satz 1 BV verweise mit dem Begriff "Gesetzgebung" auf Artikel 72 und damit auch auf Artikel 74 BV, überschreitet bereits den Bereich der Wortlautauslegung und fällt unter die systematische Interpretation der Norm[173].

Im Ergebnis bleibt festzuhalten, dass der Wortlaut des Artikels 75 BV keine Auskunft über die Zulässigkeit oder Unzulässigkeit der verfassungsändernden Volksgesetzgebung gibt[174].

c) Die Entstehungsgeschichte

aa) Die Bedeutung der Entstehungsgeschichte

Welche Auslegungsmethode auf die Wortlautinterpretation zu erfolgen hat, ist nicht geklärt. Das Bundesverfassungsgericht hält für die Auslegung den in der Gesetzesvorschrift zum Ausdruck kommenden objektivierten Willen des Gesetzgebers, wie er sich aus Wortlaut und Sinnzusammenhang ergibt, für maßgeblich.

---

[171] Vgl. BayVerfGH BayVBl. 1999, S. 721; ebenso *Nawiasky/Leusser*, Die Verfassung des Freistaates Bayern, 1948, S. 155.

[172] Zum Begriff des Verfassungsreferendums siehe S. 33.

[173] Richtige Feststellung bei *J. Isensee*, Verfassungsreferendum mit einfacher Mehrheit, 1999, S. 39.

[174] So auch *C. Bushart*, Verfassungsänderungen in Bund und Ländern, 1989, S. 119 und *C. Gebhardt*, Direkte Demokratie im parlamentarischen System, 2000, S. 46.

Die subjektive Vorstellung der am Gesetzgebungsverfahren beteiligten Organe bewertet das Gericht nicht sehr hoch, so dass die Entstehungsgeschichte einer Vorschrift nur die Richtigkeit des bereits gewonnenen Auslegungsergebnisses bestätigen kann[175]. Dieser Ansatz wird als "objektive Theorie" bezeichnet[176]. Ihr hat sich auch der Bayerische Verfassungsgerichtshof angeschlossen[177]. Demnach hätte die Entstehungsgeschichte nur sekundäre Bedeutung bei der Verfassungsinterpretation und müsste konsequenterweise am Schluss geprüft werden.

Dem Bundesverfassungsgericht ist in folgenden Punkten zuzustimmen: Der Wille des Normgebers erfährt in Wortlaut und Sinnzusammenhang einer Vorschrift eine Objektivierung, das Auslegungsergebnis darf gegebenenfalls auch dem erklärten Willen der Verfassungsväter widersprechen[178]. Nun ist eine Verfassung aber primär das Werk eines Verfassunggebers und nach dessen Vorstellungen logisch aufgebaut. Schätzt man diese historischen Absichten zu gering ein, dann gehen wichtige Hinweise auf Systematik und Zweck der Verfassung verloren. Die Entstehungsgeschichte strahlt somit auch auf die übrigen Auslegungsmethoden aus. Sie erfährt insbesondere dann eine Aufwertung, wenn, wie hier, eine Kompetenznorm hinterfragt wird[179], da die Schwierigkeiten bei der Zuständigkeitsabgrenzung meist schon vor der Verabschiedung der Verfassung bestanden.

Die Bamberger Verfassung gestattete den Stimmberechtigten, eine Verfassungsrevision im Wege der Volksgesetzgebung zu beschließen[180]; es ist also sehr wahrscheinlich, dass der bayerische Verfassunggeber von 1946 sich dessen bewusst war und entsprechende verfassungsrechtliche Regelungen getroffen hat. Somit ist die Entstehungsgeschichte als gleichberechtigte Auslegungsmethode anzuerkennen und unmittelbar nach der Wortlautinterpretation zu Rate zu ziehen[181].

---

[175] Siehe BVerfGE 1, 299 (312) und BVerfGE 36, 342 (367); zustimmend *A. Bleckmann*, JZ 1978, S. 217, kritisch dagegen *H. Ehmke*, VVDStRL 20 (1963), S. 57.

[176] Vgl. *P. Schneider*, VVDStRL 20 (1963), S. 46 und *A. Gern*, VerwArch 1989, S. 421

[177] BayVerfGH BayVBl. 1977, S. 148.

[178] *W. Rohr*, Staatsrecht, 2001, S. 26f Rn. 59 begründet diese Sichtweise mit der Tatsache, dass jede Rechtsnorm grundsätzlich aus der Gegenwart heraus auszulegen sei.

[179] So auch *C. Pestalozza*, JZ 2004, S. 606 und *K. Schweiger*, BayVBl. 2005, S. 329.

[180] Vgl. *J. Kratzer*, Verfassungsurkunde des Freistaates Bayern, 1925, S. 59ff zu § 10 und S. 204ff zu § 76; siehe auch Fn. 157.

[181] Auch in der jüngeren Rechtsprechung werden Tendenzen sichtbar, die Entstehungsgeschichte wieder stärker zu gewichten und sie im Anschluss an die Auslegung des Wortlauts zu prüfen, siehe BVerfGE 109, 190 (213) und BayVerfGH BayVBl. 1999, S. 722f.

bb) Das Verhältnis von Entstehungsgeschichte und historischer Auslegung

Der Umfang der entstehungsgeschichtlichen Interpretation ist nicht abschließend geklärt. In der Literatur wird häufig zwischen der Entstehungsgeschichte einer Norm und deren historischer Auslegung unterschieden. Zur Entstehungsgeschichte rechnet man lediglich die Vorstellungen und Zielsetzungen der am Verfahren der Gesetz- oder Verfassunggebung beteiligten Personen[182]. Die allgemeinen Leitbilder und die dominierenden Ansichten zur Zeit der Verfassungsschöpfung sollen bei der historischen Auslegung zu prüfen sein[183].

Nun werden die Verfassungsväter aber selbst unmittelbar vom Zeitgeist und von ihren eigenen (politischen) Erfahrungen geprägt. In ihre Beratungen und Diskussionen fließen somit zwangsläufig auch die während der Verfassunggebung vorherrschenden Leitbilder und Ansichten mit ein. Die beiden Interpretationsansätze lassen sich also nicht scharf trennen[184]. Entstehungsgeschichte und historische Auslegung fallen daher zusammen und bilden einen einheitlichen Prüfungspunkt[185].

cc) Der Verfassungsausschuss der Verfassunggebenden Landesversammlung

Für die Analyse der Entstehungsgeschichte des Artikels 75 BV sind vor allem die Sitzungsprotokolle des Verfassungsausschusses der Verfassunggebenden Landesversammlung relevant. Hier wurden die einzelnen Artikel der Bayerischen Verfassung ausführlich beraten und anhand der Verhandlungen des Ausschusses lassen sich Vorstellungen und Absichten des bayerischen Verfassunggebers von 1946 am besten bestimmen.

---

[182] Vgl. *H. Maurer*, Staatsrecht I, 4. Aufl., 2005, S. 20.
[183] Vgl. *H. Maurer*, Staatsrecht I, 4. Aufl., 2005, S. 21.
[184] So auch *R. Zippelius*, Juristische Methodenlehre, 9. Aufl., 2005, S. 50.
[185] So wie hier *C. Starck*, in: Handbuch des Staatsrechts der Bundesrepublik Deutschland, 1992, § 164 Rn. 20; *R. Zippelius*, Juristische Methodenlehre, 9. Aufl., 2005, S. 50f; *A. Gern*, VerwArch 1989, S. 419f, 436 und wohl auch *W. Rohr*, Staatsrecht, 2001, S. 26 Rn. 59.

Dem Verfassungsausschuss gehörten folgende Personen an:[186]

- Dr. Lorenz Krapp (CSU), Vorsitzender
- Dr. Hans Ehard (CSU), 1. Schriftführer
- Dr. Alois Hundhammer (CSU)
- Albert Kaiser (CSU)
- Dr. Josef Müller (CSU)
- Adolf Pfeuffer (CSU)
- Wolfgang Prechtl (CSU)
- Friedrich von Prittwitz und Gaffron (CSU)
- Peter Schachtner (CSU)
- Dr. Josef Schwalber (CSU)
- Dr. Johannes Semmler (CSU)
- Josef Zaun (CSU)
- Josef Seifried (SPD), Stellvertreter des Vorsitzenden
- Wilhelm Fischer (SPD)
- Dr. Wilhelm Hoegner (SPD), Bayerischer Ministerpräsident
- Johann Pittroff (SPD)
- Albert Roßhaupter (SPD)
- Thomas Wimmer (SPD)
- Hermann Schirmer (KPD)
- Alfred Loritz (WAV)
- Dr. Thomas Dehler (FDP), 2. Schriftführer
- als Sachverständiger: Prof. Dr. Hans Nawiasky (parteilos), mit beratender Stimme

In der Literatur besteht Uneinigkeit über die Frage, wer der eigentliche Vater der Bayerischen Verfassung sei. Auf Grund des von ihm angefertigten Verfassungsentwurfs und seiner wichtigen Rolle im Vorbereitenden Verfassungsausschuss[187] wird teilweise Wilhelm Hoegner als alleiniger Verfassungsvater bezeichnet[188]. Andere Autoren nennen dazu noch Hans Nawiasky, wegen seines Einflusses als Sachverständiger im Verfassungsausschuss der Landesversammlung[189].

---

[186] Siehe die Aufstellung bei *W. Siegel*, Bayerns Staatswerdung und Verfassungsentstehung, 1945/1946, 1978, S. 80.

[187] Siehe S. 37.

[188] Z. B. *R. Bocklet*, in: Das Regierungssystem des Freistaates Bayern, Bd. 2, 1979, S. 336.

[189] siehe *A. Zimmer*, Demokratiegründung und Verfassungsgebung in Bayern, 1987, S. 416 und *J. Harbich*, in: Aktuelle Probleme des Rechtsstaates, 2003, S. 21; *K. v.Beyme*, in: Recht

Hoegners Entwurf[190] wurde aber sowohl im Vorbereitenden Verfassungsausschuss als auch im Verfassungsausschuss der Landesversammlung erheblich verändert[191] und neben Nawiasky brachten auch andere Ausschussmitglieder neue Ideen und Vorschläge ein. Es ist daher angebracht, den Begriff des Verfassungsvaters in einem weiten Sinne zu verstehen und alle Personen so zu bezeichnen, welche in einem Verfassungsgremium Mitglied waren, das die Verfassung beraten und beschlossen hat[192]. Da diese Arbeit in Bayern 1946 überwiegend vom Verfassungsausschuss (und nicht vom Plenum der Landesversammlung) erledigt wurde, sind mithin die oben aufgezählten Personen die Väter der Bayerischen Verfassung.

dd) Die Beratungen im Verfassungsausschuss

aaa) Die Ausgangslage

Der Verfassungsausschuss der Verfassunggebenden Landesversammlung konstituierte sich in seiner ersten Sitzung am 16. Juli 1946. Gegenstand seiner Beratungen war der Verfassungsentwurf, den der Vorbereitende Verfassungsausschuss ausgearbeitet hatte. In der Regel wurde im Ausschuss keine allgemeine Debatte über die künftige Verfassung geführt, sondern der Entwurf Artikel für Artikel durchgegangen. Das Verfahren zur Änderung der geplanten Verfassung regelte Artikel 50 Verf-E. Diese Vorgängernorm des heutigen Artikels 75 BV lautete wie folgt:

Artikel 50

(1) Die Verfassung kann nur im Wege der Gesetzgebung geändert werden. Anträge auf Änderung der Verfassung können nicht durch Volksbegehren eingebracht werden.

(2) Beschlüsse des Landtags auf Änderung der Verfassung bedürfen einer Zweidrittelmehrheit der Mitgliederzahl. Sie müssen dem Volk zur Entscheidung

---

und Staat in Geschichte und Gegenwart, Heft 367/368, 1968, S. 25 geht sogar soweit, *H. Nawiasky* als alleinigen Vater der Bayerischen Verfassung zu nennen.

[190] Abgedruckt bei *F. Pfetsch*, Verfassungsreden und Verfassungsentwürfe, Bd. 1, 1986, S. 333ff.

[191] Zutreffend *E. Schmidt*, Staatsgründung und Verfassungsgebung in Bayern, 1993, S. 374f.

[192] Siehe *E. Schmidt*, Staatsgründung und Verfassungsgebung in Bayern, 1993, S. 373.

vorgelegt werden und bedürfen der Zustimmung der Mehrheit der stimmberechtigten Staatsbürger.

(3) Meinungsverschiedenheiten darüber, ob durch ein Gesetz die Verfassung geändert wird, entscheidet der Bayerische Staatsgerichtshof.

(4) Änderungen der Verfassung sind im Texte der Verfassung aufzunehmen.

Wäre die Vorschrift unverändert angenommen worden, dann hätten sich niemals Probleme im Zusammenhang mit der verfassungsändernden Volksgesetzgebung ergeben. Artikel 50 Abs. 1 Satz 2 Verf-E schloss Verfassungsinitiativen aus; eine Verfassungsrevision kam nur nach Maßgabe des Abs. 2 Satz 2 in Betracht. Im Verfassungsausschuss der Landesversammlung erfolgte jedoch eine erhebliche Umgestaltung dieser Regelung.

bbb) Die achte Sitzung am 30. 7. 1946

(1) Der Ablauf der Sitzung

Auf seiner achten Sitzung am 30. 7. 1946 behandelte der Verfassungsausschuss den Abschnitt der zukünftigen Verfassung, der sich mit der Gesetzgebung im Freistaat befasste. Noch während der Diskussion über Artikel 49 Verf-E[193] beantragte der Abgeordnete Scheringer (KPD)[194], Artikel 50 Abs. 1 Satz 2 Verf-E ersatzlos zu streichen[195]. Zu einer Debatte über diesen Antrag kam es aber nicht.

Nachdem der Ausschussvorsitzende offiziell die Beratung über Artikel 50 Verf-E eröffnet hatte, wurde zunächst ein Vorschlag Wilhelm Hoegners erörtert. Der Ministerpräsident und die SPD-Fraktion wollten Artikel 50 Abs. 1 Satz 2 Verf-E ersetzen durch die Formulierung "Anträge auf Änderung der Verfassung, die dem demokratischen Grundgedanken der Verfassung widersprechen, sind unzulässig". Scheringer zog daraufhin seinen ursprünglichen Antrag zu Gunsten des Hoegner-Vorschlages zurück[196]. Es folgte nun eine lang andauernde Debatte über die bestmögliche Ausgestaltung der Ewigkeitsklausel, letztendlich einigte

---

193 Der heutige Art. 74 BV.

194 *Richard Scheringer* nahm als stellvertretendes Ausschussmitglied anstelle seines Parteikollegen *Hermann Schirmer* an der Sitzung teil.

195 StB VerfA VerfLV, Bd. 1, S. 181 (30. 7. 1946).

196 StB VerfA VerfLV, Bd. 1, S. 187 (30. 7. 1946).

man sich jedoch auf die von Hoegner gewünschte Fassung[197]. Die Tatsache, dass nun das Verbot der verfassungsändernden Volksbegehren entfallen war, erwähnten die Ausschussmitglieder mit keinem Wort[198].

Anschließend beantragte Hans Nawiasky, Artikel 50 Abs. 4 Verf-E dahingehend umzuschreiben, dass Verfassungsänderungen auch "in einem Anhang" aufzunehmen seien. Er verwies auf die Erfahrungen in der Schweiz. Dort hätte man "im Wege des Volksbegehrens" einfachgesetzliche Vorschriften in den Verfassungsrang erhoben und damit in die Verfassung geschrieben. Dadurch sei diese im Laufe der Zeit "einfach scheußlich" geworden[199]. Eine Mehrheit im Ausschuss fand der Sachverständige aber (noch) nicht.

(2) Bewertung

Der Ablauf dieser achten Sitzung wirft eine entscheidende Frage auf: Hat der Verfassunggeber einfach übersehen, dass er mit der Neufassung des Artikels 50 Abs. 1 Satz 2 Verf-E zugleich das Verbot der verfassungsändernden Volksgesetzgebung aufhob[200]? Die Diagnose, dass ein Verfassunggeber nicht wusste, was er tat, ist prinzipiell nicht auszuschließen[201]. Eine Reihe von Gesichtspunkten spricht aber gegen eine solche Annahme.

Zum einen zielte Scheringers Antrag ganz offensichtlich ausschließlich auf die Zulassung einer Verfassungsrevision durch Volksbegehren und Volksentscheid. Die Zurücknahme seines Vorschlags und seine demonstrative Unterstützung des Hoegner-Antrags zeigten unmissverständlich, dass der Vertreter der KPD damit sein Ziel ebenso zu erreichen glaubte.

Zum anderen verwies Nawiasky in der Begründung seines Antrags zur Abänderung des Artikels 50 Abs. 4 Verf-E ausdrücklich auf die Schweiz, deren Verfassung durch Volksbegehren geändert werden könne. Der Sachverständige war sich also vollauf im Klaren über die neu geschaffene Möglichkeit der Verfas-

---

[197] StB VerfA VerfLV, Bd. 1, S. 192 (30. 7. 1946).
[198] Zutreffende Feststellung bei *H. Zacher*, BayVBl. 1998, S. 740.
[199] StB VerfA VerfLV, Bd. 1, S. 193 (30. 7. 1946).
[200] Zu diesem Schluss kommen *J. Isensee*, Verfassungsreferendum mit einfacher Mehrheit, 1999, S. 58f und *H. Zacher*, BayVBl. 1998, S. 740 und 742; ähnlich BayVerfGH BayVBl. 1999, S. 721f.
[201] *O. Jung*, BayVBl. 1999, S. 419.

sungsrevision und setzte die übrigen Ausschussmitglieder darüber auch in Kenntnis[202].

Nun wird man zwar annehmen müssen, dass bei weitem nicht alle Abgeordneten, die dem Verfassungsausschuss angehörten, über eine juristische Ausbildung verfügten. Wenn nun aber das eindeutige Verbot einer Verfassungsinitiative gestrichen wird, dann reicht auch der gesunde Menschenverstand aus, um daraus den Umkehrschluss zu ziehen, dass verfassungsändernde Volksbegehren von jetzt ab zulässig sein sollen.

Außerdem ist noch auf ein zusätzliches Detail hinzuweisen. Der Antrag Hoegners, Artikel 50 Abs. 1 Satz 2 Verf-E neu zu fassen, wurde nicht erst während der Beratung dieser Vorschrift gestellt, sondern lag dem Präsidium des Ausschusses schon vor Beginn der achten Sitzung vor[203]. Demnach war der Antrag "Hoegner und Genossen"[204] nicht nur den Vertretern der SPD, sondern auch dem Ausschussvorsitzenden Krapp (und damit wohl auch den Ausschussmitgliedern der CSU) bekannt. Gewöhnlich finden viele wichtige Gespräche und Diskussionen nicht nur in den jeweiligen Gremien, sondern inoffiziell zwischen Tür und Angel oder in den Räumen der Fraktionen statt. Es ist durchaus möglich, ja sogar wahrscheinlich, dass der Hoegner-Vorschlag bereits vor der achten Sitzung zumindest innerhalb der CSU und der SPD diskutiert worden war. Dies würde erklären, warum während der Beratung des Artikels 50 Verf-E am 30. 7. 1946 fast niemand die verfassungsändernde Volksgesetzgebung ansprach. Der Ausschuss nahm die Zulassung der Verfassungsinitiative mit der Umgestaltung des Artikels 50 Abs. 1 Satz 2 Verf-E bewusst in Kauf.
Gegen die beiden zuletzt vorgebrachten Argumente könnte man einwenden, sie stellten bloße Vermutungen dar. Das stimmt zu einem gewissen Grad. Aber die Annahme, die ansonsten sehr sorgfältig arbeitenden Verfassungsväter hätten einen so wichtigen Punkt wie die verfassungsändernde Volksgesetzgebung schlichtweg vergessen, ist auch nur eine nicht zu beweisende These[205]. Sie unterstellt Hoegner, Nawiasky und den übrigen Ausschussmitgliedern schlichtweg Nachlässigkeit[206], ohne dafür ausreichende Belege zu liefern.

---

[202] Zutreffend *O. Jung*, BayVBl. 1999, S. 421.

[203] *W. Hoegners* Antrag wurde vom Ausschussvorsitzenden unmittelbar nach der Eröffnung der Beratung über Art. 50 Verf-E verlesen, vgl. StB VerfA VerfLV, Bd. 1, S. 187 (30. 7. 1946).

[204] So lautete die genaue Bezeichnung des Antrags, vgl. StB VerfA VerfLV, Bd. 1, S. 187 (30. 7. 1946).

[205] In diesem Sinne auch *K. Schweiger*, BayVBl. 2000, S. 196.

[206] Darauf laufen die Argumente *J. Isensees* und *H. Zachers* hinaus (vgl. *J. Isensee*, Verfas-

ccc) Die 19. Sitzung am 21. 8. 1946

Am 21. 8. 1946 kam es zur zweiten Lesung des Artikels 50 Verf-E. Die Ewigkeitsklausel wurde diesmal nicht weiter thematisiert. Dagegen fand der von Nawiasky erneut gestellte Antrag, in Abs. 4 die Worte *"oder in einen Anhang"* einzufügen, jetzt die Zustimmung des Ausschusses[207]. Der neue vierte Absatz sollte einerseits die zur Zeit der Weimarer Reichsverfassung und der Bamberger Verfassung üblichen Verfassungsdurchbrechungen und andererseits eine Überfrachtung des Verfassungstextes verhindern[208]. Aufschlüsse über die Zulässigkeit der verfassungsändernden Volksgesetzgebung gibt die Beratung des Artikels 50 Verf-E aber nicht.

ddd) Die 30. Sitzung am 5. 9. 1946

Ein für die Untersuchung der Entstehungsgeschichte ganz entscheidendes Datum stellt der 5. September 1946 dar. An diesem Tag debattierte der Verfassungsausschuss allerdings nicht den Artikel 50 Verf-E, sondern die Artikel 29n ff Verf-E. Es ging also primär gar nicht um die Volksgesetzgebung, sondern um die Stellung des Staatspräsidenten in der Bayerischen Verfassung[209].

(1) Der Ablauf der Sitzung

In Artikel 29s Verf-E war der Eid des Staatspräsidenten vorgesehen. Die Eidesformel enthielt u.a. die Verpflichtung des Staatsoberhaupts, "gegen Versuche zur Wiederherstellung der Monarchie"[210] vorzugehen. Dieser Wortlaut rief einige monarchietreue Ausschussmitglieder der CSU auf den Plan. Der Abgeordnete Hundhammer sah darin eine Diffamierung der Wittelsbacher. Wolfgang Prechtl versuchte dessen Bedenken zu entkräften und wies ausdrücklich darauf hin,

---

sungsreferendum mit einfacher Mehrheit, 1999, S. 58f und *H. Zacher*, BayVBl. 1998, S. 740).

[207] Siehe StB VerfA VerfLV, Bd. 2, S. 413-415 (21. 8. 1946).

[208] Vgl. die Argumentation *H. Nawiaskys* in dieser Sitzung, StB VerfA VerfLV, Bd. 2, S.414 (21. 8. 1946); zum Begriff der Verfassungsdurchbrechung vgl. *R. Thoma*, in: Handbuch des deutschen Staatsrechts, 1932, § 71, S. 155 und *G. Kaisenberg*, in: Handbuch des deutschen Staatsrechts, 1932, §75, S. 208.

[209] Die Schaffung des Amtes des Staatspräsidenten wurde zwar vom Verfassungsausschuss beschlossen, das Vorhaben scheiterte jedoch im Plenum der Verfassunggebenden Landesversammlung; siehe dazu *H. Nawiasky*, BayVBl. 1956, S. 356.

[210] Siehe StB VerfA VerfLV, Bd. 3, S. 659 (5. 9. 1946).

dass eine Volksbewegung zur Wiederherstellung der Monarchie sich des Volksbegehrens bedienen könne, um ihre Ziele zu erreichen[211]. Als die Abgeordneten Schmidt und Hundhammer einwandten, der geplante Eid des Staatspräsidenten stehe dem entgegen, stellte Prechtl, unterstützt von seinem Kollegen Schlögl, erneut klar, dass durch Volksbegehren und Volksentscheid die Verfassung zu Gunsten der monarchistischen Staatsform geändert werden dürfe[212]. Im Verfassungsausschuss regte sich gegen diese Auffassung keinerlei Widerspruch. Abschließend erklärte der Sachverständige Nawiasky, Artikel 50 Abs. 1 Satz 2 Verf-E stelle kein Hindernis für die Einführung des Königtums dar. Wenn durch ein Volksbegehren der Antrag hierauf gestellt werde und das Volk sich dafür ausspreche, könne die Republik auch wieder abgeschafft werden[213]. Da die republikanische Staatsform in der Bayerischen Verfassung fest verankert werden sollte, muss auch Nawiasky von einer verfassungsändernden Volksinitiative ausgegangen sein.

(2) Bewertung

Diese 30. Sitzung zeigt ganz eindeutig, dass sich die Mitglieder des Verfassungsausschusses im Klaren darüber waren, dass sie durch die Reform des Artikels 50 Verf-E den Weg freigemacht hatten für die Änderung der Verfassung durch Volksbegehren und Volksentscheid[214]. Die Tatsache, dass diese (neue) Möglichkeit der Verfassungsrevision auf der achten Sitzung des Ausschusses nicht explizit diskutiert worden war, ändert hieran nichts.

eee) Zwischenergebnis

Die These vom "schlampigen" bayerischen Verfassunggeber, der bei der Umgestaltung des Artikels 50 Verf-E das Verbot der Verfassungsinitiative schlichtweg vergessen habe[215], kann nicht aufrechterhalten werden. Die Analyse der

---

[211] StB VerfA VerfLV, Bd. 3, S. 660 (5. 9. 1946).
[212] StB VerfA VerfLV, Bd. 3, S. 660 (5. 9. 1946).
[213] StB VerfA VerfLV, Bd. 3, S. 661f (5. 9. 1946).
[214] Diese entscheidende Sitzung wird, soweit ersichtlich, von sämtlichen Staatsrechtwissenschaftlern übersehen. Das politikwissenschaftliche Schrifttum spricht die Beratungen vom 5. 9. 1946 vereinzelt an, ohne aber deren Bedeutung für die entstehungsgeschichtliche Auslegung der Verfassung zu erkennen (z.B. *A. Zimmer*, Demokratiegründung und Verfassungsgebung in Bayern, 1987, S. 287).
[215] Siehe S. 69f.

Beratungen des Verfassungsausschusses ergibt, dass die Verfassungsväter bewusst neben der parlamentarischen Verfassungsrevision auch noch die Verfassungsänderung auf Grund eines Volksbegehrens zugelassen haben. Seine Bestätigung findet dieses Ergebnis insbesondere in der Diskussion des Ausschusses am 5. 9. 1946, als ein ganz konkreter Anwendungsfall der verfassungsändernden Volksgesetzgebung besprochen wurde.

ee) Zwischenergebnis zur Entstehungsgeschichte

Die Analyse der Entstehungsgeschichte stellt neben der Wortlautinterpretation und der systematischen und teleologischen Auslegung ein gleichberechtigtes Mittel der Verfassungsinterpretation dar. Sie umfasst nicht nur die Ansichten und Pläne der Verfassunggeber, sondern auch die allgemeinen Leitbilder und Vorstellungen, die zur Zeit der Verfassungsschöpfung vorherrschten. Einen Unterschied zwischen der Untersuchung der Entstehungsgeschichte und der sogenannten historischen Auslegung gibt es nicht. Die bayerischen Verfassungsväter, zu denen alle Mitglieder des Verfassungsausschusses der Verfassunggebenden Landesversammlung zählen, haben zielgerichtet die Möglichkeit der Verfassungsrevision durch Volksbegehren und Volksentscheid geschaffen. Damit spricht die entstehungsgeschichtliche Auslegung des Artikels 75 BV für die Zulässigkeit der verfassungsändernden Volksgesetzgebung.

d) Die systematische Auslegung

Der systematischen Auslegung (oder der Interpretation nach dem Bedeutungszusammenhang) liegt der Gedanke zu Grunde, dass die Verfassung ein einheitliches Ganzes darstellt und dass jede Vorschrift mit dieser Gesamtregelung im Einklang stehen muss[216].

Artikel 75 BV ist also vor allem im Zusammenhang mit jenen Vorschriften der Verfassung zu betrachten, die sich mit der Gesetzgebung im Allgemeinen und mit Volksbegehren und Volksentscheiden im Besonderen befassen. In Betracht kommen dabei unter anderem die Artikel 71 bis 74 BV.

---

[216] Vgl. *W. Rohr*, Staatsrecht, 2001, S. 25 Rn. 57; allein diese Definition zeigt deutlich, wie schwierig es ist, das Prinzip der Einheit der Verfassung von der systematischen Auslegung zu trennen (siehe S. 34). Beide Grundsätze gehen davon aus, dass die Verfassungsnormen möglichst widerspruchsfrei auszulegen sind.

aa) Die Formulierung in Artikel 75 Abs. 1 Satz 1 BV

"Die Verfassung kann nur im Wege der Gesetzgebung geändert werden"; dieser Wortlaut des Artikels 75 Abs. 1 Satz 1 BV nennt die Verfassungsrevision durch Volksbegehren und Volksentscheid nicht ausdrücklich[217]. Er verweist jedoch auf die allgemeine Gesetzgebung im Freistaat, die in Artikel 72 Abs. 1 BV umschrieben wird. Demnach sind die Landesgesetze vom Landtag oder unmittelbar vom Volk zu beschließen. Das Verfahren der Volksgesetzgebung regelt wiederum Artikel 74 BV. Nach Absatz 1 und 5 dieser Vorschrift muss über jeden Gesetzentwurf, der einem Volksbegehren zu Grunde liegt, ein Volksentscheid stattfinden. Nirgends wird zwischen einer normalen und einer verfassungsändernden Volksinitiative unterschieden. Somit liegt die Vermutung nahe, dass Artikel 75 Abs. 1 Satz 1 BV auch die Volksgesetzgebung mit umfasst.

Ein solcher Schluss wird vom Verfassungsgerichtshof als nicht zwingend erachtet. Die Betonung in Artikel 75 Abs. 1 Satz 1 BV liege auf dem Wort "nur". Diese Formulierung solle vor allem Verfassungsänderungen durch die Exekutive auf der Basis eines Ermächtigungsgesetzes verhindern[218]. Das ist sicherlich auch ein Ziel der Vorschrift. Warum aus ihr deshalb aber keine weitergehenden Folgerungen für das Verfahren der Verfassungsänderung gezogen werden dürften, erklärt das Gericht nicht.
Zudem ist Artikel 75 Abs. 1 Satz 1 BV ziemlich allgemein gefasst. Würde er sich lediglich gegen ein verfassungsänderndes Ermächtigungsgesetz richten, wäre eine konkretere Formulierung, wie sie beispielsweise in Artikel 79 Abs. 1 Satz 1 GG[219] in Gestalt des Textänderungsgebots getroffen wurde, zweckdienlicher.

Des Weiteren ist zu beachten, dass Artikel 75 BV im sechsten Abschnitt der Bayerischen Verfassung, der die Gesetzgebung im Freistaat regelt, angesiedelt ist. Das zeigt, dass der Verfassunggeber die verfassungsändernde Gewalt der Gesetzgebung, wie sie in Artikel 72 Abs. 1 BV beschrieben wird, übertragen hat. Diese Vorgehensweise ist durchaus üblich. Wie bereits nachgewiesen, wird der pouvoir constitué in der Regel von den gesetzgebenden Körperschaften aus-

---

[217] Siehe S. 62f.
[218] Siehe BayVerfGH BayVBl. 1999, S. 721; noch deutlicher wird *K. Herrmann*, BayVBl. 2004, S. 519, der Artikel 75 Abs. 1 Satz 1 BV lediglich als „Formalbestimmung" mit einer „kaum zu unterschätzenden Funktion" betrachtet.
[219] Art. 79 Abs. 1 Satz 1 GG: „Das Grundgesetz kann nur durch ein Gesetz geändert werden, das den Wortlaut des Grundgesetzes ausdrücklich ändert oder ergänzt".

geübt.[220]. Eine Beschränkung der verfassungsändernden Gewalt auf das Parlament kann zumindest aus Artikel 75 Abs. 1 Satz 1 BV nicht entnommen werden.

Es bleibt festzuhalten, dass Artikel 75 Abs. 1 Satz 1 BV auf Artikel 72 Abs. 1 und auch auf Artikel 74 Abs. 1, 5 BV verweist und damit die Volksgesetzgebung (neben der parlamentarischen Gesetzgebung) beinhaltet.

bb) Das Verhältnis von Artikel 74 Abs. 1 und 5 zu Artikel 75 Abs. 2 Satz 2 BV

aaa) Artikel 75 Abs. 1 Satz 1 i.V.m Artikel 72 Abs. 1, Artikel 74 Abs. 1 und 5 BV als systemwidrige Verweisungskette?

Gegen diese systematische Auslegung des Artikels 75 Abs. 1 Satz 1 BV wird in der Literatur vorgebracht, sie führe zu einem Widerspruch zwischen Artikel 74 Abs. 1 und 5 und Artikel 75 Abs. 2 Satz 2 BV. Nach Artikel 74 Abs. 1 und 5 BV sei ein Volksentscheid nur herbeizuführen, wenn der Landtag das Volksbegehren ablehne. Dagegen komme es gemäß Artikel 75 Abs. 2 Satz 2 BV dann zur Volksabstimmung, wenn die Volksvertretung der verfassungsändernden Vorlage zustimme. Dieser Widerspruch entstehe jedoch gar nicht erst, wenn man verfassungsändernde Volksbegehren aus Artikel 74 Abs. 1 BV ausklammere und Artikel 75 Abs. 2 BV als alleinige Möglichkeit der Verfassungsrevision ansehe[221]. Eine Verfassungsinitiative sei dann zwar zulässig, sie würde aber direkt in das parlamentarische Verfahren nach Artikel 75 Abs. 2 BV münden. Dieser Einwand trägt indessen bei näherem Hinsehen nicht.

bbb) Das Entfallen des Volksentscheides gemäß Artikel 73 Abs. 3 LWG

Aus dem Wortlaut des Artikels 74 BV ergibt sich nicht, dass der Volksentscheid entfällt, sobald der Landtag das Volksbegehren unverändert angenommen hat. Dies schreibt vielmehr Artikel 73 Abs. 3 LWG vor. In den Anfangsjahren der Bayerischen Verfassung war man der Meinung, alle Volksbegehren müssten dem Volk zur Entscheidung vorgelegt werden, ganz gleich, wie das Parlament

---

[220] Siehe S. 59-61.
[221] So *K. Herrmann*, BayVBl. 2004, S. 514.

abstimme[222]. Erst später setzte sich die zutreffende Ansicht durch, dass Artikel 74 BV so zu interpretieren ist, wie Artikel 73 Abs. 3 LWG dies ausdrückt[223].

ccc) Die parlamentarische und die plebiszitäre Verfassungsrevision

Die Unvereinbarkeitstheorie, die in dem Verhältnis von Artikel 74 Abs. 1 und 5 und Artikel 75 Abs. 2 Satz 2 BV einen Widerspruch erkennen will, ist in einem ganz entscheidenden Punkt fehlerhaft. Sie übersieht, dass sich diese beiden Verfassungsnormen auf zwei völlig verschiedene Volksabstimmungen beziehen. Artikel 74 Abs. 1 und 5 BV beinhaltet die Volksgesetzgebung. Hier findet der Volksentscheid als Folge eines Volksbegehrens statt. Dagegen ordnet Artikel 75 Abs. 2 Satz 2 BV ein Verfassungsreferendum an, das einen parlamentarischen Beschluss bestätigen oder verwerfen soll. Beide Plebiszite sind nur sehr beschränkt miteinander vergleichbar[224].

Diese Unterscheidung zwischen verfassungsändernder Volksgesetzgebung und parlamentarischer Verfassungsrevision ist von großer Wichtigkeit, will man die Systematik der Artikel 74 Abs. 1, 5 und 75 Abs. 2 Satz 2 BV richtig bemessen. Auch eine Verfassungsinitiative bringt zunächst nur einen (verfassungsändernden) Gesetzentwurf in den Landtag ein (Artikel 71 BV)[225]. Lehnt der Landtag

---

[222] Siehe *Nawiasky/Leusser*, die Verfassung des Freistaates Bayern, 1948, S. 152 zu Art. 74 BV; *C. Leusser*, JöR n.F. 3 (1954), S. 157; *K. Fell*, Plebiszitäre Einrichtungen im gegenwärtigen deutschen Staatsrecht, 1964, S. 80 und *W. Schürmann*, Die unmittelbare Demokratie in Bayern und im Bund im Vergleich zur Schweiz, 1961, S. 81. Argumentiert wurde v.a., dass das Volksbegehren möglicherweise den Wünschen des Landtags entgegenkomme, aber nicht dem Willen des Volkes entspreche und damit unbedingt zur Abstimmung gebracht werden müsse, um zu verhindern, dass der Landtag dieses Volksbegehren gegen den Willen der Bevölkerungsmehrheit annehmen könne.

[223] Vgl. *T. Meder*, Die Verfassung des Freistaates Bayern, 4. Aufl., 1992, Art. 74 Rn. 6; *K. Schweiger*, in: Nawiasky/Schweiger/Knöpfle, Die Verfassung des Freistaates Bayern, Art. 74 Rn. 6b. Hauptargument dieser mittlerweile ganz herrschenden Meinung ist die Tatsache, dass der Landtag immer gegen den Willen der Bevölkerungsmehrheit Gesetze beschließen kann und das Bedürfnis für einen Volksentscheid in dem Moment entfällt, in dem das Parlament das Volksbegehren annimmt.

[224] Vgl. *U. Becker/D. Heckmann/B. Kempen/G. Manssen*, Öffentliches Recht in Bayern, 2. Aufl., 2001, S. 37; *R. Bocklet*, in: Das Regierungssystem des Freistaates Bayern, Bd. 2, 1979, S. 414f; *J.F. Lindner*, BayVBl. 1999, S. 485; *U. Engels*, BayVBl. 1976, S. 203; *G. Jürgens*, Direkte Demokratie in den Bundesländern, 1993, S. 57f; *A. Weber*, DÖV 1985, S. 179ff und *H. Zacher*, BayVBl. 1998, S. 741; dagegen a.A. bei *I. Fessmann*, BayVBl. 1976, S. 394.

[225] Vgl. *H.-D. Horn*, BayVBl. 1995, S. 611.

die Vorlage ab oder beschließt er einen Gegenentwurf, dann kommt es gemäß Artikel 75 Abs. 1 Satz 1 i.V.m. Artikel 74 Abs. 1 und 5 BV zum Volksentscheid. Das gesamte Verfahren hat sich im Wege der Volksgesetzgebung abgespielt. Der Landtag kann die verfassungsändernde Gesetzesvorlage des Volksbegehrens aber auch annehmen. Dafür benötigt er nach Artikel 75 Abs. 2 Satz 1 BV die Zweidrittelmehrheit. In diesem Moment ist die Schiene der Volksgesetzgebung verlassen; die Verfassungsinitiative ist quasi in das parlamentarische Verfassungsänderungsverfahren "umgeleitet" worden[226]. Nun muss gemäß Artikel 75 Abs. 2 Satz 2 BV ein Referendum über den Landtagsbeschluss durchgeführt werden.

ddd) Zwischenergebnis

Aus den getroffenen Feststellungen resultiert, dass der von der Unvereinbarkeitstheorie behauptete Widerspruch mithin gar nicht existiert. Auch ein verfassungsänderndes Volksbegehren kann vom Landtag angenommen werden, so dass ein Volksentscheid nach Artikel 74 Abs. 1 und 5 BV entfällt. Das trotzdem stattfindende Plebiszit stellt "nur" ein Verfassungsreferendum nach Artikel 75 Abs. 2 Satz 2 BV dar.

cc) Die Annahme der Verfassungsinitiative nach Artikel 75 Abs. 2 Satz 1 BV

Geht man von der Zulässigkeit der verfassungsändernden Volksgesetzgebung aus, so fällt auf, dass über eine Verfassungsinitiative stets ein Volksentscheid durchzuführen ist, ganz gleich, wie sich der Landtag gegenüber dem begehrten Gesetzentwurf verhält. Stimmt er dem Entwurf zu, so kommt es gemäß Artikel 75 Abs. 2 Satz 2 BV zur Abstimmung, anderenfalls erfolgt sie gemäß Artikel 74 Abs. 1 und 5 BV. Die Vertreter der Unvereinbarkeitstheorie argumentieren nun, es sei unerklärlich, warum der Landtag ein verfassungsänderndes Volksbegehren nach Artikel 75 Abs. 2 Satz 1 BV nur mit Zweidrittelmehrheit annehmen dürfe, wenn am Ende ohnehin ein Plebiszit stehe. Der Landtagsbeschluss würde zur bloßen "Stellungnahme" zum Volksbegehren degradiert. Das Erfordernis der

---

226 So wie hier *Boettcher/Högner*, Landeswahlgesetz, 14. Aufl., 1994, Art. 73 Rn. 7 und *K. Kruis*, BayVBl. 1973, S. 512f; a.A. *K. Schweiger*, in: Nawiasky/Schweiger/Knöpfle, Die Verfassung des Freistaates Bayern, Art. 74 Rn. 6b.

Zweidrittelmehrheit zeige demgegenüber vielmehr, dass der Beschluss des Landtags nach Artikel 75 Abs. 2 Satz 1 BV nicht nur ein Gutachten darstelle[227].

Diese Sichtweise verkennt die spezifische Bedeutung des Artikels 75 Abs. 2 BV im Rahmen der parlamentarischen Verfassungsänderung[228]. Die Zweidrittelmehrheit im Landtag soll die Erfolgsaussichten von politischen Strömungen, die eine Umgestaltung der Verfassung durch die Volksvertretung anstreben, reduzieren[229]. Verfassungsändernde Gesetzentwürfe werden, ohne besondere Voraussetzungen erfüllen zu müssen, in der Regel von der Staatsregierung oder aus der Mitte des Landtags eingebracht (Artikel 71 BV). Vor allem in diesen beiden Fällen verhindert Artikel 75 Abs. 2 Satz 1 BV eine zu leichte Revision der Verfassung.
Wie bereits aufgezeigt, kreuzen sich die Wege der verfassungsändernden Volksgesetzgebung und der parlamentarischen Verfassungsgesetzgebung, sobald eine Verfassungsinitiative dem Landtag zugeleitet wird. Für die Behandlung der plebiszitären Vorlage gelten dann die Vorschriften über das parlamentarische Verfahren. Also ist es nur konsequent, auch für die Annahme eines verfassungsändernden Volksbegehrens die qualifizierte Landtagsmehrheit zu verlangen.

dd) Artikel 75 Abs. 2 BV als abschließende Spezialnorm?

Artikel 75 Abs. 2 BV wird teilweise als Spezialvorschrift charakterisiert, die die verfassungsändernde Volksgesetzgebung im Freistaat regle. Die Norm habe ganz eindeutig die formellen Voraussetzungen einer Verfassungsrevision zum Gegenstand und es werde nur die Beschlussfassung im Landtag angesprochen, nicht aber die Volksgesetzgebung. Wenn aber der Artikel 75 Abs. 2 BV eine abschließende Sonderregelung darstelle, dann seien verfassungsändernde Volksentscheide auf Grund eines Volksbegehrens unzulässig[230].

Eine Kernaussage dieser Ansicht trifft zu: Verfassungsrevisionsnormen stellen tatsächlich speziellere Vorschriften gegenüber den allgemeinen Gesetzgebungsregeln dar[231]. Allerdings besteht der Artikel 75 BV nicht nur aus seinem Absatz

---

[227] So *C. Bushart*, Verfassungsänderungen in Bund und Ländern, 1989, S. 117f.
[228] Siehe dazu S. 76f.
[229] Vgl. *K. Kruis*, BayVBl. 1973, S. 552.
[230] So *C. Bushart*, Verfassungsänderungen in Bund und Ländern, 1989, S. 119 und *K. Herrmann*, BayVBl. 2004, S. 515.
[231] Siehe *K. Stern*, Das Staatsrecht der Bundesrepublik Deutschland, Bd. 1, 2. Aufl., 1984, S.

2, sondern auch aus Absatz 1 Satz 1, der auf Volksbegehren und Volksentscheide nach Artikel 72 Abs. 1 und Artikel 74 BV verweist[232]. Damit ist die Volksgesetzgebung ein Teil der Spezialregelungen des Artikels 75 BV.

Außerdem bestimmt Artikel 75 Abs. 2 BV gerade nicht, dass bei einer Verfassungsänderung immer die Zustimmung des Parlaments erforderlich sei; er legt lediglich fest, dass Beschlüsse des Landtags auf Änderung der Verfassung einer Zweidrittelmehrheit bedürfen[233]. Damit handelt es sich bei Artikel 75 Abs. 2 BV in der Tat um eine Spezialregelung, die sich jedoch nur auf das Verfahren im Landtag bezieht.

Aus demselben Grund kann man aus Artikel 75 Abs. 2 Satz 2 BV auch keinen Umkehrschluss dahingehend ziehen, dass das Verfassungsreferendum die einzige zulässige plebiszitäre Beteiligung der Bürger bei Verfassungsrevisionen sei[234]. Dieses Plebiszit ist Teil der parlamentarischen Verfassungsänderung. Hinter Artikel 75 Abs. 2 Satz 2 BV steht vielmehr der Gedanke, dass eine Verfassungsänderung nicht gegen den Willen des Volkes verabschiedet werden darf[235].

Die These, die Anerkennung der verfassungsändernden Volksgesetzgebung in Bayern führe zu systematischen Ungereimtheiten innerhalb der Landesverfassung, findet mithin in Artikel 75 Abs. 2 BV keine Stütze.

ee) Der Vergleich mit der Hessischen Verfassung

Die Vertreter der Unvereinbarkeitstheorie versuchen ihre Auffassung auch mit dem Hinweis auf die hessische Verfassung zu belegen[236]. In diesem Bundesland seien bezüglich der verfassungsändernden Volksgesetzgebung die gleichen Probleme aufgetreten, aber völlig anders gelöst worden.

119.

232 Siehe S. 74f.

233 *G. Jürgens*, Direkte Demokratie in den Bundesländern, 1993, S. 149.

234 So aber *K. Herrmann*, BayVBl. 2004, S. 515.

235 Siehe hierzu *K. Schweiger*, in: Nawiasky/Schweiger/Knöpfle, Art. 75 Rn. 6; *K. Fell*, Plebiszitäre Einrichtungen im gegenwärtigen deutschen Staatsrecht, 1964, S. 71; *W. Hoegner*, BayVBl. 1970, S. 126; *H.-J. Wipfelder*, BayVBl. 1983, S. 295.

236 Siehe *C. Bushart*, Verfassungsänderungen in Bund und Ländern, 1989, S. 117f.

aaa) Allgemeines zum Rechtsvergleich

Die Frage, ob es sich bei rechtsvergleichenden Erwägungen um eine eigene Interpretationsmethode handelt[237], oder ob sie nur im Rahmen der systematischen Auslegung Bedeutung erlangen können, ist umstritten. Der Rechtsvergleich zielt unter anderem darauf ab, Unterschiede und Parallelen zwischen den einzelnen Vorschriften aufzuzeigen. Er dient also gerade zur Feststellung von Widersprüchen, die im Rahmen der systematischen (aber auch der entstehungsgeschichtlichen und teleologischen) Interpretation vermieden werden sollen. Insoweit stellt die Rechtsvergleichung kein eigenständiges Auslegungsmittel, sondern ein Hilfsmittel der vier klassischen Prinzipien dar[238].

bbb) Die Rechtslage in Hessen

Die Hessische Landesverfassung hat die Regelungen über ihre Änderung in Artikel 123 HV zusammengefasst. Diese Vorschrift lautet:

Artikel 123

(1) Bestimmungen der Verfassung können im Wege der Gesetzgebung geändert werden, jedoch nur in der Form, dass eine Änderung des Verfassungstextes oder ein Zusatzartikel zur Verfassung beschlossen wird.

(2) Eine Verfassungsänderung kommt dadurch zustande, dass der Landtag sie mit mehr als der Hälfte der gesetzlichen Zahl seiner Mitglieder beschließt und das Volk mit der Mehrheit der Abstimmenden zustimmt.

Obwohl Artikel 123 Abs. 1 Satz 1 HV (wie auch Artikel 75 Abs. 1 Satz 1 BV) auf die allgemeine Gesetzgebung, also auch auf die Volksgesetzgebung[239] verweist, geht in Hessen die ganz herrschende Lehre davon aus, dass die Verfassung nicht durch einen Volksentscheid auf Grund eines Volksbegehrens geändert werden dürfe[240].

---

[237] Z.B. BayVerfGH BayVBl. 1999, S. 723.

[238] So auch *H. Maurer*, Staatsrecht I, 4. Aufl., 2005, S. 23f und SächsVerfGH, in: LVerfGE 13, 315 (334f).

[239] Siehe Art. 124 HV.

[240] Vgl. *W. Schmidt*, in: Meyer/Stolleis, Hessisches Staats- und Verwaltungsrecht, 2. Aufl., 1986, S. 22 und *W. Jellinek*, DRZ 1947, S. 4 und S. 8.

ccc) Die Ähnlichkeit von Artikel 75 BV und Artikel 123 HV

Auf den ersten Blick meint man, Parallelen zwischen Artikel 75 BV und Artikel 123 HV zu erkennen. Beide Normen sprechen jeweils in ihrem ersten Absatz von einer Verfassungsänderung "im Wege der Gesetzgebung". Im folgenden Absatz wird im Anschluss an einen verfassungsändernden Landtagsbeschluss ein Verfassungsreferendum angeordnet. Die Vorschriften scheinen vergleichbar zu sein[241].

Doch taucht bei näherem Hinsehen ein erheblicher Unterschied auf. Artikel 123 Abs. 2 HV bezieht sich auf Verfassungsänderungen im Allgemeinen, Artikel 75 Abs. 2 Satz 1 BV nennt nur "Beschlüsse des Landtags". Im Gegensatz zu seinem bayerischen Pendant kann Artikel 123 Abs. 2 HV somit als abschließende Spezialvorschrift angesehen werden, da er für Verfassungsänderungen generell das kumulative Zusammenwirken von Landtag und Stimmberechtigten vorschreibt[242]. Artikel 75 Abs. 2 BV regelt dagegen nur die parlamentarische Verfassungsrevision[243].

Die fehlenden Parallelen zwischen Artikel 75 BV und Artikel 123 HV schließen daher einen Vergleich der beiden Vorschriften von vornherein aus.

ddd) Die Aussagekraft des Vergleichs verschiedener Landesverfassungen

Im Übrigen ist zu rechtsvergleichenden Erwägungen noch eine andere Feststellung grundsätzlicher Art angebracht. Wenn verfassungsrechtliche Streitigkeiten innerhalb eines Bundeslandes ausgetragen werden, dann weisen die Anhänger der verschiedenen Positionen häufig auf die Rechts- und Verfassungslage in den anderen Ländern hin. Diese Vergleiche mögen verfassungspolitisch interessant sein, zwingende verfassungsrechtliche Argumente liefern sie aber nicht.
Im föderalistischen Wettbewerb ist kein Land verpflichtet, etwas alleine deshalb zu tun, weil es die anderen Bundesländer so halten[244]. Der Grundsatz der Verfassungsautonomie der Länder gilt nicht nur gegenüber dem Bund, sondern

---

[241] So C. *Bushart*, Verfassungsänderungen in Bund und Ländern, 1989, S. 117f; aber auch *J. Isensee*, Verfassungsreferendum mit einfacher Mehrheit, S. 56f und BayVerfGH BayVBl. 1999, S. 721.

[242] Zutreffend *G. Jürgens*, Direkte Demokratie in den Bundesländern, 1993, S. 149f.

[243] Siehe S. 76f.

[244] *O. Jung*, KritV 84 (2001), S. 42.

auch im Verhältnis der Länder zueinander. Bei der Selbständigkeit der Verfassungsordnungen der Länder untereinander können aus derartigen Verfassungsvergleichen noch keine Schlüsse gezogen werden[245].

Selbst wenn also Artikel 123 HV und Artikel 75 BV ihrem Wortlaut nach völlig identisch wären, könnten Rechtsprechung und Lehre in Bayern und Hessen diese Normen jeweils unterschiedlich auslegen.

eee) Zwischenergebnis

Die Gegenüberstellung von Artikel 75 BV und Artikel 123 HV bringt kein verwertbares Ergebnis. Die Vorschriften sind schon nach ihrer Formulierung zu unterschiedlich, um sie miteinander zu vergleichen.

ff) Zwischenergebnis zur systematischen Auslegung

Artikel 75 BV enthält Regelungen über die Änderung der Bayerischen Verfassung. In Absatz 1 Satz 1 verweist diese Vorschrift auch auf Artikel 72 Abs. 1 und Artikel 74 Abs. 1 und 5 BV und eröffnet somit den Weg für die verfassungsändernde Volksgesetzgebung. Die von der Unvereinbarkeitstheorie gerügten systematischen Widersprüche existieren nicht. Die Vertreter dieser Ansicht differenzieren nicht ausreichend zwischen der parlamentarischen Verfassungsrevision (Artikel 72 Abs. 1, Artikel 75 Abs. 1 Satz 1 und Abs. 2 BV) und der Verfassungsänderung durch Volksentscheid auf Grund eines Volksbegehrens (Artikel 72 Abs. 1, Artikel 74 Abs. 1 und 5, Artikel 75 Abs. 1 Satz 1 BV). Hält man diese Trennung strikt durch, dann lösen sich die angeblichen Ungereimtheiten auf. Das Ergebnis wird auch nicht durch den Vergleich mit der Verfassungslage in Hessen beeinträchtigt. Die systematische Auslegung des Artikels 75 BV spricht mithin für die Zulässigkeit der verfassungsändernden Volksgesetzgebung.

---

[245] Vgl. *K. Schweiger*, BayVBl. 2002, S. 71; ebenso *J. Isensee*, Verfassungsreferendum mit einfacher Mehrheit, 1999, S. 44.

e) Die teleologische Auslegung

Die teleologische Interpretation (auch Auslegung nach Sinn und Zweck[246]) fragt nach der ratio legis, dem Telos (Ziel) der Regelung. Die verschiedenen Verfassungsnormen dienen der Verwirklichung bestimmter Konzeptionen. Es liegt daher nahe, sie entsprechend dieser Zielrichtung auszulegen[247].

Zu bedenken ist, dass eine Vorschrift häufig einen Kompromiss verschiedenster Ziel- und Wertströmungen darstellt[248]. Auch dilatorische Formelkompromisse sind nicht selten. Artikel 75 BV beinhaltet Regelungen über die Änderung der Bayerischen Verfassung. Er bezieht sich also auf die Verfassung selbst und kann daher auch im Rahmen der teleologischen Auslegung nicht isoliert betrachtet werden. Vielmehr muss die Interpretation des Artikels 75 BV mit den Fundamentalsätzen der Verfassung in Einklang stehen[249].

Dieses Ergebnis lässt sich ebenso über das Prinzip der Einheit der Verfassung rechtfertigen[250]. Wenn eine Verfassung nicht nur eine äußere, sondern auch eine innere Einheit verkörpert, dann sind ihre Normen stets so auszulegen, dass sie sich in die verfassungsrechtlichen Grundsätze und in deren Werteordnung einfügen[251].

aa) Die Schwierigkeit der teleologischen Auslegung im Bereich der Volksgesetzgebung

Die teleologische Interpretation von Verfassungsnormen, die die Volksgesetzgebung zum Inhalt haben, fällt Rechtsprechung und Lehre zumeist sehr schwer. Fast alles, was mit der direkten Demokratie zu tun hat, ist insbesondere in Politik und Praxis heftig umstritten. Bei der Hinterfragung des Telos′ der entsprechenden Vorschriften greift die Verfassungsrechtslehre nicht selten auf verfassungspolitische Argumente zurück. Solche Erwägungen obliegen aber in erster Linie dem Gesetzgeber[252]. Verwendet sie auch der rechtsanwendende

---

[246] *W. Rohr*, Staatsrecht, 2001, S. 26 Rn. 58.
[247] Vgl. *H. Maurer*, Staatsrecht I, 4. Aufl., 2005, S. 23.
[248] *A. Gern*, VerwArch 1989, S. 419.
[249] Auch Art. 75 Abs. 1 Satz 2 BV zeigt, dass diese Vorschrift nur im Gesamtzusammenhang mit der gesamten Verfassung gesehen werden darf.
[250] Siehe dazu BVerfGE 1, 208 (225); 3, 225 (231f) und 15, 167 (194)
[251] Vgl. *H. Maurer*, Staatsrecht I, 4. Aufl., 2005, S. 25.
[252] Siehe *R. Zippelius*, Juristische Methodenlehre, 9. Aufl., 2005, S. 51f.

Interpret, dann besteht die Gefahr, dass letztendlich ein nur gewünschtes Ergebnis in eine Vorschrift hineingelesen wird und das tatsächliche Ziel der Norm aus dem Blickwinkel verschwindet. Eine verfassungsrechtliche Regelung darf nicht allein deshalb uminterpretiert werden, weil sie bei ihrer Ausführung praktische Schwierigkeiten mit sich bringt. Es ist vielmehr die Aufgabe der verfassungsändernden Gewalt, unzweckmäßige Verfassungsnormen abzuschaffen oder zu reformieren.

Andererseits bleibt zu bedenken, dass das Staatsrecht ein unmittelbar politikbezogenes und damit politisches Recht darstellt[253]. Jede Auslegung muss im Auge haben, dass staatsrechtliche Regelungen eine Antwort auf bestimmte politische Probleme geben[254]. Die gegenwärtige Realität und die praktischen Erfahrungen sind gerade für die teleologische Interpretation von Bedeutung[255]. Deshalb klammern die einzelnen Ansichten, die zu dem Problemkreis der bayerischen Volksgesetzgebung vertreten werden, die Verfassungspolitik zu Recht nicht vollständig aus, wenn sie zur teleologischen Auslegung der Verfassung schreiten. Beispielhaft für das Dilemma ist in diesem Zusammenhang das folgende Zitat von Ernst-Wolfgang Böckenförde[256]:

"Eine Theorie, die Beobachtung und Erfahrung auf der Wirklichkeits- und Verwirklichungsebene nicht in sich aufnimmt und begreiflich verarbeitet, stattdessen aber auf der Grundlage höchst allgemeiner Prämissen erfahrungslos Unangreifbarkeiten konstruiert, ist eine schlechte Theorie. Sie dient nicht dazu, gegebene Wirklichkeit zu erfassen, zu begreifen und eventuell normativ zu überformen, sondern läuft an der Wirklichkeit vorbei ins Leere, wird dadurch abstraktes (und meist ideologisches) Postulat, das den Auseinanderfall von Idee (Begriff) und Wirklichkeit zum Schaden des Letzteren nur vergrößert."

Wenn es also um die teleologische Auslegung von Vorschriften geht, die ein politisch brisantes Thema wie die Volksgesetzgebung zum Gegenstand haben, besteht die Schwierigkeit darin, einerseits Praktikabilitätserwägungen und verfassungspolitische Argumente mit einzubeziehen und sich andererseits nicht zu sehr von der auszulegenden Norm zu entfernen oder gar eine Interpretation vom opportunen Ergebnis her zu konstruieren.

---

[253] *K. Bugiel*, Volkswille und repräsentative Entscheidung, 1991, S. 36.
[254] Vgl. *K. Bugiel*, Volkswille und repräsentative Entscheidung, 1991, S. 36.
[255] In diesem Sinne *W. Henke*, Der Staat 3 (1964), S. 447f.
[256] *E.-W. Böckenförde*, in: Staatsorganisation und Staatsfunktionen im Wandel, 1982, S. 303.

bb) Der Vorrang der Verfassung

Die Annahme, die Bayerische Verfassung könne auch durch Volksbegehren und Volksentscheid revidiert werden, ist möglicherweise mit dem Vorrang der Verfassung nicht zu vereinbaren.

aaa) Herleitung und Inhalt

Der Grundsatz des Verfassungsvorrangs basiert auf der Vorstellung, dass der Verfassung die höchste Autorität in einer positiven Rechtsordnung zukommt[257]. Die Literatur streitet sich über die Frage, ob dieser Vorrang aus dem Rechtsstaatsprinzip[258] oder aus dem Demokratie- und dem Rechtsstaatsprinzip gemeinsam[259] abgeleitet werden muss oder ob er einen wesensimmanenten Bestandteil der Verfassung darstellt[260]. Einigkeit besteht aber dahingehend, dass der Vorrang der Verfassung mittlerweile allgemein anerkannt ist.

Aus dem Verfassungsvorrang wird unter anderem gefolgert, dass jede Verfassung ein gewisses Maß an Kontinuität und Stabilität aufzuweisen habe, dass also eine Art verfassungsrechtlicher Bestandsschutz existiere[261]. Auch dieses Prinzip muss bei der Auslegung des Artikels 75 BV Berücksichtigung finden.

---

[257] Vgl. *R. Wahl*, Der Staat 20 (1981), S. 485 und *E.-W. Böckenförde*, NJW 1999, S. 12.

[258] So *R. Wahl*, Der Staat 20 (1981), S. 499; *M. Wehr*, JuS 1997, S. 231; *R. Rubel*, in: Umbach/Clemens, Grundgesetz, 2002, Art. 79 Rn. 24; und wohl auch *W. Henke*, Der Staat 3 (1964), S. 444.

[259] Vgl. *J. Isensee*, Verfassungsreferendum mit einfacher Mehrheit, 1999, S. 45, der den „demokratischen Rechtsstaat“ als Grundlage des Verfassungsvorrangs nennt.

[260] Siehe *H. Dreier*, BayVBl. 1999, S. 516; *H. Dreier*, JZ 1994, S. 743; *G. Jellinek*, Allgemeine Staatslehre, 3. Aufl., 1922, S. 534; *C. Starck*, in: Verfassungsgerichtsbarkeit in Westeuropa, Bd. 1, 1986, S. 24.

[261] *H. Bethge*, in: Maunz/Schmidt-Bleibtreu/Klein/Bethge, Bd. 1, §31 Rn. 3; *J. Lücke*, in: Sachs, Grundgesetz, 3. Aufl., 2003, Art. 79 Rn. 1; *R. Rubel*, in: Umbach/Clemens, Grundgesetz, 2002, Art. 79 Rn. 11; in diesem Sinne auch *J. Isensee*, Verfassungsreferendum mit einfacher Mehrheit, 1999, S. 45 und *P. Unruh*, Der Verfassungsbegriff des Grundgesetzes, 2002, S. 435.

bbb) Die Vereinbarkeit der verfassungsändernden Volksgesetzgebung mit dem Grundsatz des Vorrangs der Verfassung

Der Grundsatz des Verfassungsvorrangs wäre verletzt, wenn die verfassungsändernde Volksgesetzgebung als solche die Höherrangigkeit der Verfassung oder deren Stabilität beeinträchtigen würde. Ob das der Fall ist, hängt jedoch nicht von der alleinigen Möglichkeit der Verfassungsrevision durch Volksbegehren und Volksentscheid ab; vielmehr entscheidet die Ausgestaltung des plebiszitären Verfassungsänderungsverfahrens, inwieweit es zu einer Gefährdung des Bestandsschutzes der Verfassung und ihres höheren Ranges gegenüber den übrigen Rechtsvorschriften kommen kann.
Ausschließlich zu geringe formale Anforderungen an die direktdemokratische Verfassungsumgestaltung könnten zu einer Gleichsetzung von einfacher und verfassungsändernder Gesetzgebung führen und so den Vorrang der Verfassung zur Makulatur werden lassen.

Möglicherweise verstößt aber schon der Umstand, dass die verfassungsändernde Volksgesetzgebung nicht ausdrücklich in Artikel 75 BV genannt ist, sondern nur durch Auslegung dieser Vorschrift legitimiert werden kann, gegen den Vorrang der Verfassung[262]. Aber auch hier muss auf das bereits Gesagte verwiesen werden. Für die Höherrangigkeit und den Bestandsschutz der Bayerischen Verfassung ist es irrelevant, ob die Kompetenz zu ihrer Änderung nun unmittelbar aus dem Verfassungstext oder durch dessen Auslegung gewonnen wird. Erst der Inhalt dieser Kompetenznorm und die von ihr aufgestellten formalen Voraussetzungen könnten den Verfassungsvorrang berühren.

ccc) Zwischenergebnis

Der Verfassungsvorrang wird von Verfassungsänderungen, die die Stimmberechtigten im Wege der Verfassungsinitiative und der Volksabstimmung vornehmen, nicht beeinträchtigt. Auch die Tatsache, dass in Bayern der Artikel 75 BV einen solche Möglichkeit nicht direkt benennt, tut diesem Ergebnis keinen Abbruch.

---

[262] In diese Richtung tendiert *K. Herrmann*, BayVBl. 2004, S. 515f, wenngleich er sich dabei auf den Verfassungsvorrang im Sinne des Grundgesetzes bezieht und den Vorrang der Bayerischen Verfassung außer Acht lässt.

cc) Die Funktionsfähigkeit der repräsentativen Demokratie

Die Auslegung des Artikels 75 BV zu Gunsten der verfassungsändernden Volksgesetzgebung könnte die Funktionsfähigkeit der repräsentativen Demokratie unzulässigerweise einschränken. Die Bayerische Verfassung hat neben den Stimmberechtigten auch dem Landtag die Gesetzgebungsbefugnis eingeräumt[263] und bekennt sich insoweit zur repräsentativen Demokratie[264]. Fraglich ist, ob es wirklich Sinn und Zweck des Artikels 75 BV sein kann, die mittelbare Demokratie derart zu beschneiden, dass eine Verfassungsrevision ermöglicht wird, auf die die Volksvertretung keinen entscheidenden Einfluss hat[265].

Dieser Gedankengang ist im Ansatz durchaus richtig. Auf Grund der verfassungsrechtlichen Verankerung des parlamentarischen Systems kann man sich auf den Standpunkt stellen, dass die Funktionsfähigkeit des Landtags als Repräsentativorgan einen ungeschriebenen Verfassungsgrundsatz verkörpere[266]. Die Artikel 2 Abs. 2, 4, 5 Abs. 1, 7 Abs. 2 und 72 Abs. 1 BV beinhalten aber auch Formen direkter Demokratie. Es ist gerade das Wesen der Volksgesetzgebung, als korrigierendes Element zur mittelbaren Demokratie zu fungieren[267]. Die Existenz plebiszitärer Mitwirkungsakte des Volkes bei der Verfassungsänderung bringt noch nicht zwangsläufig eine übermäßige Begrenzung der repräsentativen Demokratie und ihrer Organe mit sich. Nur wenn die verfahrensrechtlichen Hürden der Volksgesetzgebung so niedrig wären, dass man mit einer Fülle von Verfassungsinitiativen und Volksentscheiden rechnen müsste, könnte eine Gefahr für das Funktionieren der mittelbaren Demokratie entstehen[268].

---

[263] Vgl. Art. 2 Abs. 2, Art. 4, Art. 5 Abs. 1, Art. 7 Abs. 2 und Art. 72 Abs. 1 BV.

[264] So auch BayVerfGHE 27, 119 (133); BayVerfGH BayVBl. 1999, S. 724; BayVerfGH BayVBl. 2000, S. 398; *W. Hoegner*, Lehrbuch des Bayerischen Verfassungsrechts, 1949, S. 31 und 63; *T. Meder*, Die Verfassung des Freistaates Bayern, 4. Aufl., 1992, Art. 2 Rn. 1; *J. Isensee*, Verfassungsreferendum mit einfacher Mehrheit, 1999, S. 65.

[265] Vgl. *C. Bushart*, Verfassungsänderungen in Bund und Ländern, 1989, S. 117 und S. 119f.

[266] Siehe *J. Isensee*, Verfassungsreferendum mit einfacher Mehrheit, 1999, S. 64f. Zur Bedeutung der Funktionsfähigkeit in der verfassungsrechtlichen Auslegung siehe *P. Lerche*, BayVBl. 1991, S.517ff.

[267] *E.-W. Böckenförde*, in: Handbuch des Staatsrechts der Bundesrepublik Deutschland, 1992, § 30 Rn. 16.

[268] Hier gilt praktisch das bei der Gegenüberstellung von Verfassungsvorrang und verfassungsändernder Volksgesetzgebung Gesagte (S. 86): es ist die Ausgestaltung des plebszitären Verfahrens, das über das Ausmaß der Einschränkung der Funktionsfähigkeit des Landtags entscheidet.

Hinzu kommt, dass das Gesetzgebungsrecht des Landtags und damit auch das Repräsentativsystem von der Ewigkeitsklausel des Artikels 75 Abs. 1 Satz 2 BV geschützt werden[269]. Eine Aushöhlung oder gar Abschaffung der repräsentativen Demokratie mit Hilfe eines verfassungsändernden Volksbegehrens käme somit ohnehin nicht in Betracht. Ganz abgesehen davon wäre ein Staatsaufbau, der ausschließlich oder überwiegend auf Grundsätzen direkter Demokratie basierte, in einem Flächenstaat wie Bayern schon aus praktischen Gründen nicht funktionsfähig[270].

Der Umstand, dass die Bayerische Verfassung der repräsentativen Demokratie einen entscheidenden Stellenwert einräumt, spricht nicht gegen ein Auslegungsergebnis, das die Verfassungsrevision durch Volksbegehren und Volksabstimmung als zulässig ansieht.

dd) Die hohe Wertschätzung der Volksgesetzgebung in der Bayerischen Verfassung

Wie bereits nachgewiesen, nennen die Artikel 2 Abs. 2, 4, 5 Abs. 1, 7 Abs. 2 und 72 Abs. 1 BV sowohl die direkte als auch die mittelbare Demokratie. Insbesondere Artikel 5 Abs. 1 und Artikel 72 Abs. 1 BV stellen die plebiszitäre Gesetzgebung scheinbar auf die gleiche Stufe mit der einfachen Rechtsetzung. Zu klären ist somit, welche Wertschätzung die Bayerische Verfassung der Volksgesetzgebung entgegenbringt und ob diese sich auf die Interpretation des Artikels 75 BV auswirkt.

aaa) Der Rang der Volksgesetzgebung

In der Wissenschaft wird über die Wertschätzung und den Rang der Volksgesetzgebung schon seit längerem diskutiert. Dabei bestehen zwischen "Wertschätzung" und "Rang" allenfalls sprachliche Unterschiede. Relevant ist dieser Problemkreis nicht nur, wie hier, bei der Auslegung von Verfassungsar-

---

[269] Siehe BayVerfGH BayVBl. 1999, S. 724; BayVerfGH BayVBl. 2000, S. 398 und *K. Schweiger*, in: Nawiasky/Schweiger/Knöpfle, Die Verfassung des Freistaates Bayern, Art. 75 Rn. 4.

[270] Richtige Feststellung bei *G. Hüllen*, Rechtsschutzprobleme beim Bürgerbegehren, 1999, S. 12 und bei *D. Hesselberger*, Das Grundgesetz, 12. Aufl., 2001, Art. 20 Rn. 13.

tikeln, sondern auch bei der Frage, ob das Parlament ein unmittelbar von den Stimmberechtigten beschlossenes Gesetz jederzeit wieder aufheben oder ändern darf[271].

Eine Mindermeinung billigt der Volksgesetzgebung eine größere Wertschätzung als der parlamentarischen Rechtsetzung zu[272]. Begründet wird dies vor allem mit der Tatsache, dass die Bayerische Verfassung selbst erst nach der Bestätigung durch eine Volksabstimmung in Kraft trat. Daraus resultiere eine gesteigerte demokratische Legitimation plebiszitärer Gesetzesbeschlüsse[273]. Dem ist entgegenzuhalten, dass die Annahme einer Verfassung im Wege des Volksentscheides keine unabdingbare Voraussetzung für ihr demokratisches Zustandekommen darstellt[274]. Welche Bedeutung Volksbegehren und Volksentscheide einnehmen, wird ausschließlich von der Verfassung selbst festgelegt, nicht aber durch Umstände, die Gegenstand des Prozesses der Verfassunggebung waren[275].

Wie schon aufgezeigt, werden sowohl die parlamentarische als auch die plebiszitäre Gesetzgebung in Artikel 2 Abs. 2, 4, 5 Abs. 1, 7 Abs. 2 und 72 Abs. 1 BV nebeneinander aufgezählt. Eine Rangfolge ist nicht ersichtlich[276]. Gesetze erhalten nicht allein deshalb einen demokratischen Mehrwert, weil sie direkt von den Staatsbürgern beschlossen wurden[277]. Die Verfassung betrachtet die repräsentative Demokratie nicht als defizitäre Form der unmittelbaren Demokratie[278]; vielmehr sind Volk und parlamentarische Vertretung in ihrer Eigenschaft als Gesetzgeber gleich[279].

---

271 Zu dieser Problematik siehe *F.-J. Peine*, Der Staat 18 (1979), S. 375ff und *P. Feuchte*, in: Feuchte, Verfassung des Landes Baden-Württemberg, 1987, Art. 60 Rn. 11.

272 Siehe *K. Kruis/H. Kalkbrenner*, BayVBl. 1975, S. 356; *E. Menzel*, in: Rechtsformen der formalen Verfassungsänderung, 1952, S. 172; für den kommunalen Bürgerentscheid *G. Hüllen*, Rechtsschutzprobleme beim Bürgerbegehren, 1999, S. 96.

273 Siehe *E. Menzel*, in: Rechtsformen der formalen Verfassungsänderung, 1952, S. 172.

274 Richtig *F.-J. Peine*, Der Staat 18 (1979), S. 386.

275 Vgl. *U. Steiner*, Verfassunggebung und verfassungsändernde Gewalt des Volkes, 1966, S. 196.

276 Vgl. *H. Tilch*, JöR n.F. 30 (1981), S. 373; *O. Hanning*, Die Stellung des Bayerischen Landtags in dem durch Volksbegehren eingeleiteten Gesetzgebungsverfahren, 1975, S. 109 und *O. Funk*, Grenzen unmittelbarer Demokratie, 1999, S. 174.

277 Siehe *W. Schmitt Glaeser*, DÖV 1998, S. 827.

278 *C. Bushart*, Verfassungsänderungen in Bund und Ländern, 1989, S. 119.

279 Wie hier *O. Jung*, BayVBl. 1999, S. 426; *J. Isensee*, Verfassungsreferendum mit einfacher Mehrheit, 1999, S. 37f; *J. Harbich*, in: Aktuelle Probleme des Rechtsstaates, 2003, S. 22; *A. Mittenberger-Huber*, Das Plebiszit in Bayern, 1999, S. 152; BayVerfGH BayVBl. 1994, S. 205; BayVerfGH BayVBl. 2000, S. 398.

Wegen dieser verfassungsrechtlich angeordneten Gleichwertigkeit ist auf der anderen Seite auch jene Ansicht abzulehnen, die der Volksgesetzgebung nur eine nachrangige Bedeutung beimisst[280]. Das hohe Unterstützungsquorum beim Volksbegehren sorgt zwar in der Tat dafür, dass Gesetzesbeschlüsse des Landtags die Regel und die des Volkes die Ausnahme darstellen. Aus diesem faktischen Übergewicht der repräsentativen Demokratie lässt sich aber noch nichts über den verfassungsrechtlichen Rang der plebiszitären Rechtsetzung aussagen[281].

Im Ergebnis bleibt festzuhalten, dass die Bayerische Verfassung der Volksgesetzgebung zwar eine hohe Wertschätzung entgegenbringt, ihr aber den gleichen Rang einräumt wie der Rechtsetzung durch die Volksvertretung.

bbb) Konsequenzen für die Auslegung des Artikels 75 BV

Diese Wertschätzung muss sich auch bei der Auslegung des Artikels 75 BV niederschlagen. Wenn die Bayerische Verfassung (vor allem in Artikel 5 Abs. 1 und Artikel 72 Abs. 1 BV) die Gleichrangigkeit zwischen parlamentarischer und plebiszitärer Gesetzgebung herstellt, dann muss das konsequenterweise auch für den Bereich der Verfassungsänderung (der Verfassungsgesetzgebung) gelten[282]. Es wäre unlogisch, dieses Prinzip gerade dann außer Kraft zu setzen, wenn die Verfassung, die das wichtigste Gesetz darstellt, selbst betroffen ist.

Dagegen könnte man einwenden, Artikel 75 Abs. 2 Satz 2 BV berücksichtige das direktdemokratische Element bereits ausreichend. Das Verfassungsreferendum soll aber lediglich verhindern, dass der Landtag eine Verfassungsrevision gegen den Willen der Mehrheit der Staatsbürger beschließt[283] oder eventuell sogar im Alleingang die unmittelbare Demokratie beschränkt oder abschafft[284]. Mit der Volksgesetzgebung hat diese Abstimmung ohnehin nichts zu tun[285].

---

[280] So *T. Maunz/H.-J. Papier,* in: Berg/Knemeyer/Papier/Steiner, Staats- und Verwaltungsrecht in Bayern, 6. Aufl., 1996, S. 39; ähnlich *B. Huber*, ZRP 1984, S. 247.

[281] Vgl. SächsVerfGH, in: LVerfGE 13, 315 (328). Zu dem Verhältnis zwischen verfassungsrechtlicher Gleichrangigkeit und verfassungspolitischer Nachrangigkeit der Volksgesetzgebung siehe außerdem *K. Engelken*, DVBl. 2005, S. 420.

[282] BayVerfGH BayVBl. 1999, S. 722.

[283] Vgl. *I. Fessmann*, BayVBl. 1976, S. 394.

[284] Diese Möglichkeit ist keinesfalls illusorisch; ein solcher Vorgang fand 1974 in Berlin statt, siehe dazu *K. A. Schachtschneider*, JR 1975, S. 221ff und *O. Jung*, JR 1996, S. 2f.

[285] Siehe auch die Nachweise auf S. 76f.

Eine andere Überlegung kommt hinzu: Würde man Volksentscheide auf Grund einer Verfassungsinitiative ausschließen, dann hätte der Landtag bezüglich Verfassungsrevisionen eine Art "negativer Monopolstellung". Er könnte zwar die Verfassung nicht ohne Zustimmung des Volkes umgestalten, dafür aber jede Verfassungsänderung verhindern. Hinzu kommt, dass Artikel 75 Abs. 2 Satz 1 BV eine parlamentarische Zweidrittelmehrheit vorschreibt. Es könnte somit zu der paradoxen Situation kommen, dass die überwiegende Mehrheit der Stimmberechtigten eine Verfassungsrevision wünscht, diese aber von etwas mehr als einem Drittel der Volksvertreter blockiert wird. Das kann nicht im Sinne einer Verfassung sein, die an mehreren Stellen betont, wie bedeutsam die Gesetzgebung durch das Volk am Parlament vorbei ist[286].

ccc) Zwischenergebnis

Die hohe Wertschätzung, die die Bayerische Verfassung der Volksgesetzgebung entgegenbringt, ist ein Gesichtspunkt, der im Rahmen der teleologischen Auslegung des Artikels 75 BV eindeutig zu Gunsten der Zulässigkeit der Verfassungsänderung durch Volksbegehren und Volksentscheid spricht.

ee) Zwischenergebnis zur teleologischen Auslegung

Die teleologische Auslegung wird maßgeblich beeinflusst von der Gleichrangigkeit zwischen der Volksgesetzgebung und der parlamentarischen Rechtsetzung. Diese Bedeutung, die die Verfassung (und damit auch Artikel 75 BV selbst) der Volksgesetzgebung beimisst, muss sich auch im Verfahren der Verfassungsrevision widerspiegeln.
Andere teleologische Gesichtspunkte, die einer solchen Interpretation entgegenstünden, existieren nicht. Weder der Grundsatz des Vorrangs der Verfassung noch das Erfordernis der Funktionsfähigkeit des repräsentativen Systems werden berührt. Sinn und Zweck des Artikels 75 BV deuten auf die Zulässigkeit der verfassungsändernden Volksgesetzgebung hin.

---

[286] Zutreffend BayVerfGH BayVBl. 1999, S. 722.

f) Ergebnis zu Artikel 75 BV

Der Wortlaut des Artikels 75 BV ist zwar unergiebig. Er spricht weder für noch gegen die Möglichkeit einer Verfassungsänderung durch Volksbegehren und Volksentscheid. Dafür liefert die Systematik der Vorschrift ein klares Bild. Artikel 75 Abs. 1 Satz 1 verweist auf die einfache Gesetzgebung, also auch auf die Volksgesetzgebung. Artikel 75 Abs. 2 BV betrifft nur parlamentarische Beschlüsse und stellt kein exklusives Verfahren der Verfassungsrevision dar. Zum selben Ergebnis kommen die Analyse der Entstehungsgeschichte und die teleologische Auslegung der Norm. Der Verfassunggeber ging von der Möglichkeit der plebiszitären Verfassungsgesetzgebung aus. Die hohe Wertschätzung, die die Bayerische Verfassung der direkten Demokratie entgegenbringt, spricht ebenfalls für die Vereinbarkeit der verfassungsändernden Volksgesetzgebung mit dem Verfassungsrecht des Freistaates.

Die verfassungsändernde Volksgesetzgebung ist somit gemäß Artikel 75 Abs. 1 Satz 1, Artikel 72 Abs. 1, Artikel 74 Abs. 1 und 5 BV grundsätzlich zulässig.

D) Artikel 73 BV

Wenn die Verfassungsrevision durch Volksbegehren und Volksentscheid im Prinzip anzuerkennen ist, dann stellt sich als Nächstes die Frage, ob es bestimmte inhaltliche Grenzen für die Verfassungsinitiative gibt. Eine einschränkkende Regelung findet man in Artikel 75 Abs. 1 Satz 2 BV: die demokratischen Grundgedanken der Verfassung sollen änderungsfest bleiben. Man streitet in diesem Zusammenhang aber insbesondere über Inhalt und Zweck des Artikels 73 BV.

a) Allgemeines

Mit knappen Worten verbietet Artikel 73 BV Volksentscheide über den Staatshaushalt. Das Volksbegehren ist nicht genannt, wird aber nach allgemeiner und zutreffender Ansicht vom Wortlaut dieser Vorschrift mit erfasst[287]. Anderenfalls wäre nicht erklärbar, warum eine Initiative ohne anschließende Volksabstim-

---

[287] Vgl. *T. Meder*, Die Verfassung des Freistaates Bayern, 4. Aufl., 1992, Art. 73 Rn. 1; *K. Schweiger*, in: Nawiasky/Schweiger/Knöpfle, Die Verfassung des Freistaates Bayern, Art. 73 Rn. 3; *C. Leusser*, JöR n.F. 3 (1954), S. 157; BayVerfGH BayVBl. 1976, S. 148.

mung die gleichen formellen Hürden nehmen müsste wie ein "vollwertiges" Begehren. Außerdem steht Artikel 73 BV vor Artikel 74 BV, der das Verfahren bei der Volksgesetzgebung regelt. Daraus kann man erkennen, dass die Verfassung den Staatshaushalt von der gesamten plebiszitären Rechtsetzung ausnimmt[288].

Ansonsten herrscht Uneinigkeit über die Auslegung des Artikels 73 BV. Unklar ist, ob er überhaupt auf Verfassungsinitiativen angewendet werden kann und welche Materie unter den Begriff "Staatshaushalt" fällt[289]. Diese beiden Problemkreise sind der weiteren Untersuchung zu Grunde zu legen.

b) Die Anwendbarkeit des Artikels 73 BV auf die verfassungsändernde Volksgesetzgebung

aa) Die Wortlautinterpretation

Der Wortlaut des Artikels 73 BV scheint auf den ersten Blick eindeutig zu sein. Ein Volksentscheid über den Staatshaushalt wird untersagt. Demnach dürfte ein verfassungsänderndes Gesetz, das den Haushalt des Freistaates zum Gegenstand hat, nicht durch Volksbegehren und Volksabstimmung beschlossen werden. Der Normtext liefert keine Anhaltspunkte dafür, dass sich Artikel 73 BV auf die einfache Gesetzgebung beschränkt; er spricht ganz allgemein von "Volksentscheiden", ohne weiter zu differenzieren.
Andererseits erwähnt Artikel 73 BV die plebiszitäre Verfassungsrevision ebenfalls nicht ausdrücklich[290]. Eine Formulierung wie "Dies gilt auch für verfassungsändernde Volksentscheide" fehlt. Die Frage, ob diese Vorschrift auf die Verfassungsinitiative klarer Bezug hätte nehmen müssen, fällt jedoch unter die systematische und die teleologische Auslegung.

---

[288] *H. Nawiasky* deutet ein anderes Motiv für die sehr allgemeine Fassung des Art. 73 BV an: die Nichterwähnung des Volksbegehrens sei sinnvoll, da Art. 73 BV auch dann greife, wenn in Zukunft ein einfaches Gesetzesreferendum in die Bayerische Verfassung eingefügt werde sollte (siehe *Nawiasky/Leusser*, Die Verfassung des Freistaates Bayern, 1948, S. 154 zu Art. 73 BV).

[289] Dieser Streit wurde bereits auf S. 44ff dargestellt.

[290] Dies kritisiert *H. Siekmann*, in: Die verfassungsrechtliche Ausgestaltung der Volksgesetzgebung, 1999, S. 205.

Die Wortlautinterpretation deutet somit darauf hin, dass Artikel 73 BV auf alle Volksabstimmungen anzuwenden ist, selbst wenn sie im Rahmen der verfassungsändernden Volksgesetzgebung stattfinden.

bb) Die Entstehungsgeschichte

Im Verfassungsentwurf des Vorbereitenden Verfassungsausschusses war der Inhalt des heutigen Artikels 73 BV noch unter Artikel 48 Verf-E aufgeführt. Der Verfassungsausschuss der Verfassunggebenden Landesversammlung diskutierte die Norm erstmals am 29. Juli 1946.
Die Ausschussmitglieder unterschieden hierbei nicht zwischen Volksentscheiden über Verfassungsänderungen und Abstimmungen über einfache Gesetze. Ganz generell wollten sie Haushaltsgesetze vom Plebiszit ausschließen[291]. Intensiv besprochen wurde vielmehr der (erfolglose) Antrag des Abgeordneten Loritz, eine ganze Reihe finanzpolitischer Fragen einem obligatorischen Referendum zu unterwerfen[292].
Nach demselben Schema verliefen die Beratungen zur zweiten Lesung des Artikels 48 Verf-E[293]. Stets ging es immer nur um "den Volksentscheid". Verfassungsänderungen wurden fast immer erst später, nämlich bei Artikel 50 Verf-E behandelt.

Die Untersuchung der Entstehungsgeschichte liefert mithin kein eindeutiges Ergebnis. Es ist nicht ersichtlich, ob die Verfassungsväter nur Artikel 75 Abs. 1 Satz 2 BV als inhaltliche Grenze für Verfassungsrevisionen ansahen, oder ob auch Artikel 73 BV die verfassungsändernde Volksgesetzgebung einschränken sollte.

---

291 Siehe die Beiträge von *W. Hoegner* und *H. Ehard*, StB VerfA VerfLV, Bd. 1, S. 166f (29. 7. 1946).
292 StB VerfA VerfLV, Bd. 1, S. 167-170 (29. 7. 1946) und auch StB VerfA VerfLV, Bd. 1, S. 173-179 (30. 7. 1946).
293 StB VerfA VerfLV, Bd. 2, S. 412f (21. 8. 1946).

cc) Die systematische Auslegung

aaa) Die Bedeutung der Systematik der Artikel 70ff für Artikel 73 BV

Bei der systematischen Auslegung ist zu prüfen, welche Stellung der Artikel 73 BV im Verfahren der (verfassungsändernden) Gesetzgebung einnimmt. Wie bereits erwähnt, bezieht er sich, seinem Wortlaut nach, ganz generell auf die Volksgesetzgebung, ohne weiter zu differenzieren. Unbestritten findet die Vorschrift daher Anwendung, wenn ein einfaches Gesetz mit Hilfe eines Volksbegehrens beschlossen werden soll. Zwischen einem solchen "gewöhnlichen" Begehren und einer Verfassungsinitiative bestehen nun aber große dogmatische Unterschiede. Deshalb erscheint die Schlussfolgerung, Artikel 73 BV könne nur dann für die plebiszitäre Verfassungsrevision Geltung beanspruchen, wenn er das in seinem Text klar zum Ausdruck bringe, durchaus nahe liegend[294].

Eine derartige Meinung verkennt aber die Systematik der Artikel 70 bis 76 BV. Die Grundlage für die verfassungsändernde Volksgesetzgebung ergibt sich aus dem Verweis des Artikels 75 Abs. 1 Satz 1 BV auf Artikel 72 Abs. 1 und Artikel 74 Abs. 1 und 5 BV[295]. Artikel 73 BV stellt seinerseits eine Einschränkung zu Artikel 74 Abs. 1 BV dar; er nimmt den Staatshaushalt von der Volksinitiative aus. Es entspräche gerade nicht der Systematik des sechsten Abschnittes der Bayerischen Verfassung, wenn Artikel 73 BV in seinem Wortlaut irgendwelche Ausführungen zur Umgestaltung der Verfassung machen würde. Artikel 73 BV gehört zur einfachen (Volks-) Gesetzgebung, auf die sich Artikel 75 Abs. 1 Satz 1 BV bezieht; also müssen sich an den Aussagen des Artikels 73 BV auch verfassungsändernde Volksbegehren messen lassen.

bbb) Artikel 73 und Artikel 75 Abs. 2 Satz 2 BV

Problematisch erscheint bei diesem Resultat jedoch das Verhältnis zwischen Artikel 73 und Artikel 75 Abs. 2 Satz 2 BV. Einerseits werden Volksentscheide über den Staatshaushalt verboten, andererseits muss über jede parlamentarische Verfassungsrevision eine solche Abstimmung stattfinden. Wie sind diese beiden Regelungen in Einklang zu bringen, wenn ein verfassungsändernder Beschluss

---

[294] So *H. Siekmann*, in: Die verfassungsrechtliche Ausgestaltung der Volksgesetzgebung, 1999, S. 205.
[295] Siehe S. 73ff.

des Landtags zugleich den Haushaltsplan feststellt oder sonst auf ihn Einfluss nimmt[296]? Wenn sich hier ein systematischer Widerspruch ergäbe, dann müsste man die Anwendbarkeit des Artikels 73 BV auf das Verfassungsrevisionsverfahren ernsthaft in Zweifel ziehen.

In der Literatur wird diese Unstimmigkeit teilweise mit dem Hinweis gelöst, dass Artikel 73 BV vom "Volksentscheid" spreche, Artikel 75 Abs. 2 Satz 2 BV dagegen von der "Entscheidung" des Volkes. Es handle sich also um unterschiedliche Plebiszite. Daher gelte Artikel 73 BV zwar für die verfassungsändernde Volksgesetzgebung nach Artikel 75 Abs. 1 Satz 1, Artikel 72 Abs. 1, Artikel 74 Abs. 1 und 5 BV, nicht aber für die Abstimmung nach Artikel 75 Abs. 2 Satz 2 BV[297]. Dieser Ansatz, der allein auf die sprachliche Fassung der Artikel 73 und 75 Abs. 2 Satz 2 BV abstellt, führt zwar zum richtigen Ergebnis, der Weg dorthin überzeugt aber nicht. Die Formulierung in Artikel 75 Abs. 2 Satz 2 BV findet sich auch in Artikel 74 Abs. 4 und 5 BV. Artikel 74 BV handelt aber unzweifelhaft von Volksentscheiden, die auch Artikel 73 BV erfasst[298]. Die Begriffswahl in Artikel 75 Abs. 2 Satz 2 BV ist eher zufälliger Natur.

Ein anderer Grund belegt dagegen viel eindrucksvoller, dass sich Artikel 73 BV gar nicht auf das Verfassungsreferendum bezieht. Das Plebiszit nach Artikel 75 Abs. 2 Satz 2 BV stellt eine Spezialvorschrift für die Verfassungsänderung durch den Landtag dar[299]. Diese Sonderregelung geht dem Artikel 73 BV vor, der sich lediglich auf die Volksgesetzgebung bezieht[300]. Artikel 73 und Artikel 75 Abs. 2 Satz 2 BV widersprechen sich mithin gar nicht.

ccc) Die Möglichkeit der Umgehung des Artikels 73 BV

Zu beachten bleibt freilich das in Literatur und Rechtsprechung verwendete Argument, die Schranke des Artikels 73 BV könne mit Hilfe einer Verfassungs-

---

[296] Die Feststellung des Haushaltsplanes durch verfassungsändernden Beschluss des Landtags erscheint zwar unwahrscheinlich, ist aber nicht unmöglich. Ein derartiger „Haushalt mit Verfassungsrang“ wäre nur schwer wieder abzuändern und müsste gar nicht in den Verfassungstext aufgenommen werden, sondern könnte in den Anhang zur Verfassung (Art. 75 Abs. 4 BV) gestellt werden.

[297] So *U. Engels*, BayVBl. 1976, S. 203.

[298] Vgl. *I. Fessmann*, BayVBl. 1976, S. 394.

[299] Siehe S. 76f und S. 78f; ebenso *F. Giehl/G. v.Scheurl*, BayVBl. 1976, S. 489.

[300] Im Ergebnis zutreffend *U. Engels*, BayVBl. 1976, S. 204.

initiative sehr leicht umgangen werden, wenn diese Vorschrift nicht auch die verfassungsändernde Volksgesetzgebung erfasse[301].

Ob man in der Praxis tatsächlich mit einer Verfassungsinitiative rechnen muss, die auf die Feststellung des gesamten Haushaltsplanes abzielt, erscheint sehr fraglich. Ganz ausgeschlossen ist diese Möglichkeit aber nicht. Ein solcher Haushaltsplan mit Verfassungsrang hätte für die Initiatoren des Begehrens den Reiz, dass er vom Landtag nicht mehr ohne Zustimmung des Volkes gemäß Artikel 75 Abs. 2 Satz 2 BV geändert werden könnte.
Es besteht also tatsächlich die Gefahr, dass Artikel 73 BV leer läuft, sofern man ihn bei Verfassungsinitiativen nicht anwendet.

ddd) Zwischenergebnis zur systematischen Auslegung

Die systematische Interpretation ergibt, dass Artikel 73 BV auch für die plebiszitäre Verfassungsänderung gilt. Das Referendum nach Artikel 75 Abs. 2 Satz 2 BV berührt er dagegen nicht.

dd) Die teleologische Auslegung

Das Ergebnis der systematischen Auslegung wird von einigen Autoren mit dem Argument bestritten, der pouvoir constitué könne alle Verfassungsnormen ändern, soweit die Verfassung nicht ausdrücklich etwas anderes bestimme. Diese Anforderungen erfülle nur Artikel 75 Abs. 1 Satz 2 BV, der damit die einzige Sperre für die verfassungsändernde Gewalt darstelle[302].

Beim pouvoir constitué handelt es sich jedoch um keine selbständige Macht oder Größe. Die verfassungsändernde Gewalt hat ausschließlich den Gestaltungsspielraum, den die Verfassung ihr zubilligt[303]. Zu fragen ist also zunächst, in welchem Umfang die Bayerische Verfassung ihre direktdemokratische Revision überhaupt zulässt. Artikel 75 Abs. 1 Satz 1 BV verweist auf ein Verfahren,

---

[301] Siehe dazu BayVerfGH BayVBl. 1977, S. 148; *U. Engels*, BayVBl. 1976, S. 204; *F. Giehl/G. v.Scheurl*, BayVBl. 1976, S. 489.
[302] So *I. Fessmann*, BayVBl. 1976, S. 394 und *H. Siekmann*, in: Die verfassungsrechtliche Ausgestaltung der Volksgesetzgebung, 1999, S. 205.
[303] Siehe S. 59-61.

das inhaltlich bereits durch Artikel 73 BV eingeschränkt wird[304]. Damit hat die Verfassung die Möglichkeit der verfassungsändernden Volksgesetzgebung von vornherein nur begrenzt eröffnet.

Die Meinung, dass eine Schranke für den pouvoir constitué stets ausdrücklich im Verfassungstext zu erscheinen habe, überzeugt auch wegen eines anderen Gesichtspunktes nicht. Die Bayerische Verfassung erwähnt die verfassungsändernde Volksgesetzgebung mit keiner Silbe. Wieso soll eine Form der Verfassungsrevision, die sich erst aus der Interpretation von Verfassungsvorschriften ergibt, ihrerseits nur durch eine ausdrückliche Formulierung eingeschränkt werden dürfen? Außerdem ist Artikel 75 Abs. 1 Satz 2 BV selbst recht allgemein gefasst. Er verkörpert eine Sperre für die verfassungsändernde Gewalt, seinen Inhalt kann man jedoch nur durch Auslegung ermitteln. Das zeigt, dass sich die Beschränkung des Verfassungsgesetzgebers nicht ausschließlich aus dem Wortlaut der Verfassung ergeben muss.

Teleologische Erwägungen sind daher nicht in der Lage, die Anwendbarkeit des Artikels 73 BV auf die Verfassungsinitiative in Zweifel zu ziehen.

ee) Zwischenergebnis

Obwohl die Entstehungsgeschichte etwas unklar erscheint, führen Wortlautinterpretation und systematische Auslegung zu dem Ergebnis, dass Artikel 73 BV auch für die verfassungsändernde Volksgesetzgebung gilt. Die dagegen vorgebrachten teleologischen Argumente überzeugen nicht. Ein verfassungsänderndes Volksbegehren, das zugleich den Staatshaushalt zum Gegenstand hat, ist verboten[305]. Was man unter dem "Staatshaushalt" aber genau zu verstehen hat, muss im Folgenden noch geklärt werden.

c) Die Auslegung des Begriffs "Staatshaushalt"

Seit der Entscheidung des Bayerischen Verfassungsgerichtshofes über das Volksbegehren "Lernmittelfreiheit"[306] ist die Auslegung des Ausdrucks "Staats-

---

[304] Vgl. auch S. 95.
[305] Dieses Ergebnis vertritt auch *K. Schweiger,* in: Nawiasky/Schweiger/Knöpfle, Die Verfassung des Freistaates Bayern, Art. 73 Rn. 9, allerdings ohne nähere Begründung.
[306] BayVerfGH BayVBl. 1977, S. 143ff.

haushalt" sehr umstritten. Teile der Literatur subsumieren hierunter nur den Haushaltsplan und das Haushaltsgesetz. Nach der Rechtsprechung und der wohl herrschenden Lehre erfasst dieser Begriff zusätzlich noch alle Gesetze, die sich (zumindest zu einem gewissen Grad) auf die Einnahmen und Ausgaben des Freistaates auswirken können[307]. Da Artikel 73 BV auch für die verfassungsändernde Volksgesetzgebung gilt, ist nach letzterer Ausfassung jede Verfassungsinitiative ausgeschlossen, die zugleich (mittelbare) finanzielle Folgen für das Budget mit sich bringt. Legt man die Formulierung "Staatshaushalt" dagegen eng aus, dann kommen nur solche Begehren nicht in Betracht, die den Haushaltsplan als solchen feststellen und in die Verfassung schreiben wollen.

aa) Die Wortlautinterpretation

Der Artikel 73 BV spricht vom "Staatshaushalt", nicht vom "Haushaltsplan"; allein schon wegen dieses sprachlichen Unterschiedes wird argumentiert, die beiden Begriffe hätten verschiedene Inhalte[308]. Das darf aber bezweifelt werden. Bei Beratungen des Landtags über den Haushaltsplan des Freistaates wird in den Medien häufig von einer "Debatte über den Haushalt" gesprochen. Eine weitergehende Differenzierung zwischen dem Haushaltsgesetz und dem Staatshaushalt findet nicht statt. Die deutschen Lexika weisen darauf hin, dass man den "Staatshaushalt" sowohl in einem engeren als auch in einem weiteren Sinne definieren kann, nämlich als Haushaltsplan oder als Gesamtheit der Einnahmen und Ausgaben eines Staates[309]. Ob in diesem Zusammenhang überhaupt ein allgemeiner Sprachgebrauch existiert, ist fraglich.

Die Analyse des Wortlauts sagt über die in Artikel 73 BV verwendete Formulierung somit wenig aus. Deutungen in die eine und in die andere Richtung erscheinen möglich[310]. Ein eindeutiges Ergebnis liefert diese Interpretationsmethode nicht.

---

[307] Zur Darstellung des Streits und der Vertreter der einzelnen Positionen siehe auch S. 44f.

[308] So BayVerfGH BayVBl. 1977, S. 149 und *F. Giehl/G. v.Scheurl*, BayVBl. 1976, S. 487.

[309] Siehe hierzu insbesondere Meyers Großes Taschenlexikon, Bd. 9, 8. Aufl., 2001, S. 212 und Meyers enzyklopädisches Lexikon, Bd. 11, 9. Aufl., 1981, S. 524f.

[310] Vgl. *I. Fessmann*, BayVBl. 1976, S. 390, der sogar zu dem Schluss kommt, der allgemeine Sprachgebrauch lasse nur eine enge Auslegung des Begriffs „Staatshaushalt" zu.

bb) Die Entstehungsgeschichte

Die Einschränkung der direkten Demokratie auf dem Gebiet der Finanzgesetzgebung erfolgte nicht erst durch die Bayerische Verfassung von 1946. Auch die Weimarer Reichsverfassung und die Bamberger Verfassung kannten solche Regelungen. Deshalb ist es sinnvoll, bei der Untersuchung der Entstehungsgeschichte des Artikels 73 BV und des Begriffs "Staatshaushalt" auch die entsprechenden Bestimmungen der beiden Verfassungen von 1919 im Auge zu behalten.

aaa) Artikel 73 Abs. 4 WRV

Artikel 73 Abs. 4 WRV nahm den Haushaltsplan, Abgabengesetze und Besoldungsordnungen von der Volksgesetzgebung aus. Nur der Reichspräsident durfte über diese Gegenstände ein Plebiszit anordnen. Obwohl diese Vorschrift nicht wie Artikel 73 BV vom "Staatshaushalt", sondern vom "Haushaltsplan" sprach, ging die Staatspraxis der damaligen Zeit davon aus, dass damit nicht nur das formelle Haushaltsgesetz gemeint war[311]. Auch eine Reihe von Staatsrechtlern subsumierte unter Artikel 73 Abs. 4 WRV alle Gesetze, die einen unmittelbaren Einfluss auf den Gesamtbestand des Haushaltsplanes ausübten und die Gefahr nach sich zogen, ihn "tatsächlich umzustoßen"[312]. Diese Auffassung rief aber massive Kritik hiervor. Etliche Stimmen in der Literatur wandten sich gegen die extensive Interpretation und forderten, nur solche Volksbegehren zu untersagen, die das Haushaltsgesetz zum Gegenstand hatten[313]. Eine höchstrichterliche Entscheidung erfolgte nicht. Die Zulässigkeit finanzwirksamer Volksbegehren und Volksentscheide auf Reichsebene blieb bis zum Ende der Weimarer Republik unklar.

---

[311] Hinweise bei BayVerfGH BayVBl. 1977, S. 149 und *F. Giehl/G. v.Scheurl*, BayVBl. 1976, S. 489.

[312] Siehe beispielsweise *G. Anschütz*, Die Verfassung des Deutschen Reiches, 14. Aufl., 1933, Art. 73 Anm. 10 Fn. 1; *G. Kaisenberg*, in: Handbuch des deutschen Staatsrechts, 1932, §75, S. 207f und *F. Giese*, Die Verfassung des Deutschen Reiches, 8. Aufl., 1931, Art. 73 Anm. 4.

[313] Vgl. *H. Triepel*, AöR 39 (1920), S. 507; *M. Fetzer*, Das Referendum im Deutschen Staatsrecht, 1923, S. 40, 73; *O. Meißner*, Das Staatsrecht des Reichs und seiner Länder, 2. Aufl., 1923, S. 133, 196; *H. Triepel*, DJZ 1926, Sp. 847; *F. Glum*, JW 1929, S. 1103; *W. Merk*, AöR 58 (1930), S. 88-92; siehe dazu auch die Ausführungen bei *J. Rux*, DVBl. 2001, S. 549f.

Die damaligen Unsicherheiten und die Tatsache, dass sich Artikel 73 BV und Artikel 73 Abs. 4 WRV schon in ihrer Formulierung nicht decken, führen zu dem Schluss, dass die umstrittene Staatspraxis in der Weimarer Republik kein geeignetes Hilfsmittel bei der Auslegung des Artikels 73 BV darstellt[314].

bbb) § 77 Nr. 1 BambV

Nach der Bamberger Verfassung wurde der Hauhaltplan nicht durch Gesetz festgestellt. Schon deshalb war er dem Volksentscheid unzugänglich[315].
Außerdem schloss § 77 Nr. 1 BambV "Finanzgesetze und Gesetze über Steuern und Abgaben" von der Volksgesetzgebung aus[316]. Volksbegehren mit finanzieller Tragweite konnten somit nur in sehr eingeschränktem Umfang stattfinden.

Im Verfassungsausschuss der Verfassunggebenden Landesversammlung referierte der Abgeordnete Ehard in seiner Eigenschaft als Mitberichterstatter über den rechtlichen Rahmen für Volksbegehren und Volksentscheide zur Zeit der Bamberger Verfassung. § 77 BambV sprach er nur kurz an[317]. Eine eingehende Behandlung der Vorschrift erfolgte nicht. Ob die Verfassungsväter mit der Fassung des Artikels 73 BV bewusst von dem Wortlaut des § 77 Nr. 1 BambV abweichen wollten[318], kann im Nachhinein nicht geklärt werden.
Hinzu kommt die Tatsache, dass in Bayern, anders als auf Reichsebene, keine haushaltswirksamen Volksinitiativen in Gang gesetzt wurden[319]. § 77 Nr. 1 BambV kam nie zur Anwendung. Es existierte auf diesem Gebiet also auch keine besondere Staatspraxis, die der bayerische Verfassunggeber von 1946 im Auge hätte haben können.

---

314 So auch *K. Schweiger*, BayVBl. 2002, S. 70; bei den Beratungen des Verfassungsausschusses der Verfassunggebenden Landesversammlung wurde auf Artikel 73 Abs. 4 WRV nur ein einziges Mal hingewiesen, ohne näher darauf einzugehen, vgl. StB VerfA VerfLV, Bd. 2, S. 412 (21. 8. 1946).

315 Vgl *K. Schweiger*, in: Nawiasky/Schweiger/Knöpfle, Die Verfassung des Freistaates Bayern, Art. 73 Rn. 2.

316 Unter den „Finanzgesetzen" verstand man die sog. „Steuererhebungsgesetze" gemäß §80 BambV, vgl. *J. Kratzer*, Verfassungsurkunde des Freistaates Bayern, 1925, S. 208 Fn. 1 zu §77 BambV.

317 StB VerfA VerfLV, Bd. 1, S. 166f (29. 7. 1946).

318 So *I Fessmann*, BayVBl. 1976, S. 391.

319 Von 1919 bis 1933 erfolgte in Bayern nur ein einziges Volksbegehren, das sich auf eine Änderung der Verfassung und die Wahl eines neuen verfassunggebenden Landtags bezog, vgl. dazu S. 60 Fn. 157.

Folglich ergeben sich aus der Bamberger Verfassung ebenfalls keine sicheren Anhaltspunkte, die zur Interpretation des Begriffs "Staatshaushalt" in Artikel 73 BV einen Beitrag leisten würden[320]. Die Analyse der Entstehungsgeschichte muss sich auf die Diskussionen im Verfassungsausschuss über Artikel 48 Verf-E konzentrieren.

ccc) Die Beratungen im Verfassungsausschuss

(1) Die erste Lesung des Artikels 48 Verf-E

Die erste Lesung des Artikels 48 Verf-E erfolgte während der siebten und achten Sitzung des Verfassungsausschusses[321]. Ministerpräsident Hoegner begründete den geplanten Ausschluss des Staatshaushalts vom Volksentscheid mit den Erfahrungen in der Schweiz. Dort hätte sich gezeigt, dass Haushaltsgesetze für Plebiszite nicht geeignet seien[322]. Unmittelbar im Anschluss entwickelte sich eine intensive Diskussion über den Antrag des Abgeordneten Loritz, der insbesondere bei finanzpolitischen Fragen ein obligatorisches Referendum in der Verfassung verankern wollte[323]. Die zum Teil sehr emotional ausgetragene Debatte erstreckte sich nahezu über beide Sitzungstage hinweg und endete mit der Ablehnung des Vorschlags[324]. Es verblieb bei der ursprünglichen Fassung des Artikels. Über seine inhaltliche Reichweite wurde dagegen nicht weiter gesprochen.

---

320 Wie hier BayVerfGH BayVBl. 1977, S. 149.

321 StB VerfA VerfLV, Bd. 1, S. 166-170 (29. 7. 1946) und StB VerfA VerfLV, Bd. 1, S. 171-179 (30. 7. 1946).

322 Vgl. StB VerfA VerfLV, Bd. 1, S. 166 (29. 7. 1946).

323 Dem obligatorischen Referendum sollten u.a. die Erhöhung und Neuverteilung der Steuerlast, die Abänderung des Geldwertes, die Gewährung von Staatskrediten, die Feststellung des Haushaltsplanes und Zwangsenteignungen unterworfen werden.

324 Siehe StB VerfA VerfLV, Bd. 1, S. 179 (30. 7. 1946). Der Verlauf dieses Streits zeigt, dass sich die Verfassungsväter v.a. im Bereich der finanzwirksamen Volksgesetzgebung nicht nur an der Weimarer Reichsverfassung und der Bamberger Verfassung, sondern insbesondere auch an der Schweizerischen Bundesverfassung orientierten.

(2) Die zweite Lesung des Artikels 48 Verf-E

Wesentlich aufschlussreicher war die zweite Lesung des Artikels 48 Verf-E. Das Finanzministerium hatte nämlich im Vorfeld der Beratung den Wunsch geäußert, der Verfassungsausschuss möge die Volksgesetzgebung auch bei Steuergesetzen nicht zulassen. Dieses Ansinnen wurde von Nawiasky abgelehnt. Der Sachverständige brachte erneut die Schweiz ins Spiel und betonte, dass in diesem Staat das Volk ganz selbstverständlich auch über derartige Gesetzesmaterien beschließe[325]. Der Schriftführer Ehard schloss sich Nawiasky an und sprach sich gegen eine zusätzliche Einschränkung des Volksbegehrens aus. Artikel 48 Verf-E erscheine sinnvoll, da sich der Haushaltsplan schon aus praktischen Gründen nicht für einen Volksentscheid eigne. Dagegen seien Einzelfragen aus dem Haushalt, wie zum Beispiel Abgabengesetze, durchaus dem Volksbegehren zugänglich. Deshalb, so Ehard, könne es nicht gerechtfertigt werden, dem Volk so große Teile der Gesetzgebung vorzuenthalten[326]. Nawiaskys und Ehards Argumente fanden keinerlei Widerspruch, der Verfassungsausschuss nahm Artikel 48 Verf-E unverändert an.

Diese zweite Lesung ergibt ein ganz eindeutiges Bild. Die Verfassungsväter wollten die Volksgesetzgebung auch auf dem Gebiet der Haushaltspolitik nicht über Gebühr beschneiden. Insbesondere Ehard differenzierte nicht zwischen dem Haushaltsplan und dem (Staats-) Haushalt, sondern verwendete beide Begriffe synonym. Er und Nawiasky stellten klar, dass finanzwirksame Gesetze wie Steuer- und Abgabengesetze nicht unter Artikel 48 Verf-E fallen sollten.

(3) Zwischenergebnis

Aus den Beratungen des Verfassungsausschusses ergibt sich daher, dass der Verfassunggeber beabsichtigte, nur den Haushaltsplan als solchen (samt Haushaltsgesetz) dem Volksbegehren zu entziehen. Es war dagegen gerade nicht vorgesehen, andere Gesetze mit finanzieller Tragweite unter Artikel 73 BV (bzw. Artikel 48 Verf-E) fallen zu lassen[327].

---

325 StB VerfA VerfLV, Bd. 2, S. 414 (21. 8. 1946).

326 Zu den gesamten Ausführungen *H. Ehards* siehe StB VerfA VerfLV, Bd. 2, S. 414 (21. 8. 1946).

327 Wie hier: *K. Schweiger*, in: Nawiasky/Schweiger/Knöpfle, Die Verfassung des Freistaates Bayern, Art. 73 Rn. 3 und 5; *K. Schweiger*, BayVBl. 2002, S. 69; *K. Schweiger*, BayVBl. 2005, S. 330; *I. Fessmann*, BayVBl. 1976, S. 391.

ddd) Zwischenergebnis zur Entstehungsgeschichte

Die Analyse der Entstehungsgeschichte stützt die enge Auslegung des Begriffs "Staatshaushalt"[328]. Vor allem die Besprechungen im Verfassungsausschuss zeigen, dass die Verfassungsschöpfer nur den Haushaltsplan als ganzen dem Volksentscheid entziehen wollten.

cc) Die systematische Auslegung

aaa) Die Bedeutung des Ausdrucks "Staatshaushalt" außerhalb von Artikel 73 BV

Der Ausdruck "Staatshaushalt" taucht nicht nur in Artikel 73 BV, sondern auch in Artikel 70 Abs. 2 und Artikel 78 Abs. 4 BV auf. Der 1998 ersatzlos gestrichene Artikel 40 Satz 2 BV verwendete diese Formulierung ebenfalls. Ein Vergleich der genannten Vorschriften gibt aber keinen Aufschluss über die Bedeutung des Begriffs. In Artikel 78 Abs. 4 BV bezeichnet die Bayerische Verfassung ausschließlich den Haushaltsplan und das Haushaltsgesetz als "Staatshaushalt"[329]. Dagegen gehen Rechtsprechung und herrschende Lehre davon aus, dass sich Artikel 40 Satz 2 und Artikel 70 Abs. 2 BV auf die Gesamtheit der Einnahmen und Ausgaben des Freistaates beziehen, also eine weite Auslegung des Staatshaushaltsbegriffs beinhalten[330]. Dieser Befund vermag auch kaum zu überraschen, denn in der Tat muss ein von der Verfassung mehrfach verwendeter Ausdruck nicht immer denselben Inhalt haben[331].

---

[328] Zu diesem (Zwischen-) Ergebnis kommen im Übrigen auch diejenigen, die den Ausdruck „Staatshaushalt" in einem weiten Sinn auslegen, vgl. BayVerfGH BayVBl. 1977, S. 149; *F. Giehl/G. v.Scheurl*, BayVBl. 1976, S. 488.

[329] Siehe BayVerfGH BayVBl. 1977, S. 148; *T. Meder*, Die Verfassung des Freistaates Bayern, 4. Aufl., 1992, Art. 78 Rn. 10 und *K. Schweiger*, in: Nawiasky/Schweiger/Knöpfle, Die Verfassung des Freistaates Bayern, Art. 78 Rn.6.

[330] Siehe BayVerfGH BayVBl. 1977, S. 148, dem folgend *T. Meder*, Die Verfassung des Freistaates Bayern, 4. Aufl., 1992, Art. 40 Rn. 2 und Art. 70 Rn. 5 und *F. Giehl/G. v.Scheurl*, BayVBl. 1976, S. 487; a.A. offenbar *K. Schweiger*, in: Nawiasky/Schweiger/ Knöpfle, Die Verfassung des Freistaates Bayern, Art. 70 Rn. 5.

[331] Siehe BayVerfGH BayVBl. 1977, S. 148.

bbb) Das Verhältnis von Artikel 73 BV zu Artikel 78 Abs. 5 und Artikel 79 BV

Für die systematische Auslegung ist insbesondere das Verhältnis von Artikel 73 BV zu Artikel 78 Abs. 5 und Artikel 79 BV von Bedeutung. Die beiden letztgenannten Normen schränken die Befugnisse des Landtags, ausgabenwirksame Gesetze zu beschließen, ein. Sie finden jedoch schon ihrem Wortlaut nach keine Anwendung auf die Volksgesetzgebung. Einige Verfechter der extensiven Auslegung meinen nun, diese “Schieflage” könne nur ausgeglichen werden, wenn man unter Artikel 73 BV sämtliche Einnahmen und Ausgaben des Staates fasse. Damit wären sowohl die parlamentarische als auch die plebiszitäre Rechtsetzung erheblichen Restriktionen unterworfen, sobald Gesetzentwürfe mit finanzieller Tragweite zur Debatte stünden[332].

Artikel 78 Abs. 5 und Artikel 79 BV wollen aber nur die Ausgabefreudigkeit des Landtags zügeln. Aus ihnen darf man keine Rückschlüsse auf die Zulässigkeit von Volksbegehren und Volksentscheiden ziehen. Selbst wenn das Volk sehr viel leichter Gesetze mit finanziellen Auswirkungen beschließen könnte als die Volksvertretung, würde dies zu keinem systematischen Widerspruch innerhalb der Verfassung führen. Gesetzesbeschlüsse des Landtags sind die Regel, die des Volkes die Ausnahme[333]. Es ist durchaus denkbar, dass die Verfassung allein schon deshalb dem Parlament etwas höhere Hürden bei der Annahme eines finanzwirksamen Gesetzes stellt. Die Tatsache, dass Artikel 78 Abs. 5 und Artikel 79 BV nur für den Landtag gelten, rechtfertigt keine weite Auslegung des Artikels 73 BV[334].

ccc) Zwischenergebnis zur systematischen Auslegung

Die systematische Interpretation liefert also keine sicheren Erkenntnisse, die einen Beitrag zur Ergründung des Regelungsgehalts des Artikels 73 BV leisten könnten. Die Bayerische Verfassung verwendet den Begriff “Staatshaushalt” an verschiedenen Stellen, misst ihm aber nicht die gleiche Bedeutung bei. Auch die Gegenüberstellung von Artikel 73 BV und Artikel 78 Abs. 5, 79 BV ist nicht sehr aufschlussreich.

---

[332] Vgl. BayVerfGH BayVBl. 1977, S. 150 und *U. Engels*, BayVBl. 1976, S. 203.
[333] Siehe S. 90.
[334] So auch *K. Schweiger*, in: Nawiasky/Schweiger/Knöpfle, Die Verfassung des Freistaates Bayern, Art. 73 Rn. 7.

dd) Die teleologische Auslegung

aaa) Artikel 73 BV als Ausnahmevorschrift

Bevor man detailliert das Telos des Artikels 73 BV hinterfragt, ist zu berücksichtigen, dass der vordergründige Zweck dieser Norm darin besteht, einen Ausnahmetatbestand zu Artikel 74 BV zu schaffen[335]. Ausnahmevorschriften sind in der Regel eng auszulegen[336].

Hinzu kommt, dass Volksbegehren typischerweise finanzwirksame Gesetze zum Gegenstand haben[337]. Fragen, die den Geldbeutel der Bürger betreffen, animieren am ehesten zum Rückgriff auf direktdemokratische Mitwirkungsmöglichkeiten. Und selbst, wenn ein begehrter Gesetzentwurf sich nicht direkt auf die Haushaltswirtschaft bezieht, so wird er häufig als Nebeneffekt irgendwelche finanziellen Folgen für Staat und Bürger mit sich bringen. Würde man Artikel 73 BV nun extensiv auslegen und unter "Staatshaushalt" sämtliche Einnahmen und Ausgaben des Freistaates subsumieren, dann wäre ein wichtiges Kernstück der Volksgesetzgebung von Verfassungs wegen unzulässig und der Anwendungsbereich des Artikels 74 BV erheblich eingeschränkt. Der Grundsatz, dass Ausnahmeregelungen eng auszulegen sind, hat mithin bei Artikel 73 BV eine große Bedeutung. Man darf dieser Vorschrift nur dann einen umfassenderen Inhalt zumessen, wenn sehr gewichtige Gründe eine solche Interpretation rechtfertigen. Ob solche Gründe vorliegen, muss im Anschluss geprüft werden.

bbb) Artikel 73 BV als überflüssige Norm?

Bei der Auslegung des Staatshaushaltsbegriffs sind insbesondere die praktischen Auswirkungen der beiden Interpretationsansätze auf den Anwendungsbereich des Artikels 73 BV von Interesse. Der Hauhaltsplan stellt ein äußerst umfassendes und kompliziertes Regelungswerk dar, das in der politischen Wirklichkeit kaum Gegenstand eines Volksbegehrens sein wird. Setzt man nun lediglich den Haushaltsplan mit dem "Staatshaushalt" gleich, dann würde Artikel 73 BV so gut wie nie eingreifen. Es liegt daher die Vermutung nahe, dass die Norm

---

[335] Siehe S. 95.

[336] *W. Rohr*, Staatsrecht, 2001, S. 26 Rn. 58; siehe auch *I. Fessmann*, BayVBl. 1976, S. 392 und *W. Merk* AöR 58 (1930), S. 91.

[337] Richtige Feststellung bei *K. Schweiger*, NVwZ 2002, S. 1474.

in einem weiten Sinne ausgelegt werden müsste, da sie anderenfalls völlig überflüssig wäre[338].

Diese Argumentation geht aber von falschen Voraussetzungen aus. Eine Vorschrift, die Selbstverständliches zum Inhalt hat, ist nicht zwangsläufig gegenstandslos. So sind beispielsweise deklaratorische Bestimmungen im deutschen Recht nichts Ungewöhnliches[339]. Auch Artikel 72 Abs. 1 BV wiederholt im Grunde genommen nur den Inhalt des Artikels 5 Abs. 1 BV. Andere Artikel der Bayerischen Verfassung erlangen schon wegen des entgegenstehenden Bundesrechts (Artikel 31 GG) keine oder fast keine Relevanz in der Praxis[340]. Das zeigt, dass die Häufigkeit der Anwendungsfälle zumindest bei der Interpretation des bayerischen Verfassungsrechts kein entscheidender Gesichtspunkt sein kann.
Hinzu kommt, dass eine Volksinitiative über den Haushaltsplan als solchen zwar sehr unwahrscheinlich, aber nicht ganz unmöglich ist. Der Umstand, dass die Regelung einer Materie große Schwierigkeiten mit sich bringt, verhindert nicht automatisch, dass es nicht doch Kreise in der Bevölkerung gibt, die diesbezüglich einen Volksentscheid am Parlament vorbei anstreben. Dessen war sich auch der Verfassunggeber bewusst. Die Annahme, dass der Hauhaltsplan zu kompliziert für ein Volksbegehren sei, war für die Verfassungsväter gerade der Anlass zur Installierung des Artikels 73 BV[341]. Diese Vorschrift ist also nicht überflüssig und selbst wenn sie es wäre, könnte man daraus keine Rückschlüsse auf die Interpretation des Ausdrucks "Staatshaushalt" ziehen.

ccc) Die Beeinträchtigung des parlamentarischen Budgetrechts

Das Ziel des Artikels 73 BV könnte auch darin bestehen, das Budgetrecht des Landtags vor plebiszitären Zugriffen zu schützen. Gesetze mit finanzieller Tragweite beeinflussen den Haushaltsplan zumindest mittelbar; wäre das parlamentarische Budgetrecht bereits dadurch eingeschränkt, dann müsste man in der Tat sämtliche Einnahmen und Ausgaben des Freistaates als "Staatshaushalt" ansehen, um solche Gesetze dem Volksentscheid zu entziehen[342].

---

[338] So BayVerfGH BayVBl. 1977, S. 149.

[339] Zutreffend *K. Schweiger*, in: Nawiasky/Schweiger/Knöpfle, Die Verfassung des Freistaates Bayern, Art. 73 Rn. 7.

[340] Siehe beispielsweise Artikel 48 BV.

[341] Siehe S. 103.

[342] So BayVerfGH BayVBl. 1977, S. 150; BayVerfGH BayVBl. 1995, S. 206; BVerfGE 102,

Richtig an dieser Meinung ist, dass die Bewilligung des Etats zum Budgetrecht des Landtags gehört. Das parlamentarische Budgetrecht besteht jedoch ausschließlich in der Befugnis, alle Einnahmen und Ausgaben des Staates in einem Haushaltsplan festzustellen[343]. Es handelt sich um eine klassische Kompetenz der Volksvertretung gegenüber der Exekutive. Das Budgetrecht darf in keinem Fall gegen ein anderes Gesetzgebungsorgan in Stellung gebracht werden[344]. Ein finanzwirksames Gesetz, das der Landtag bei der Haushaltsfeststellung vorfindet, beeinträchtigt zudem das Budgetrecht nicht, solange die Volksvertretung überhaupt noch in der Lage ist, einen verfassungskonformen Haushaltsplan zu beschließen[345]. Sicherlich erschweren solche Gesetze die Arbeit des Landtags, das Budgetrecht umfasst aber nicht den Anspruch auf eine einfache und reibungslose Aufstellung des Haushaltsplanes. Volksbegehren, die den verabschiedeten Etat gar nicht zum Gegenstand haben, sondern sich auf diesen bloß indirekt auswirken, berühren das parlamentarische Haushaltsbewilligungsrecht nicht.

ddd) Der Schutz des "modernen" Budgetrechts

(1) Das neue Verständnis vom parlamentarischen Budgetrecht

In jüngster Zeit kristallisiert sich in der Rechtsprechung einiger Landesverfassungsgerichte eine bemerkenswerte Tendenz zum Thema Budgetrecht des Parlaments heraus. Die Gerichte sehen in der Etathoheit der Volksvertretung nicht mehr nur das Recht auf Feststellung des Haushaltsplanes. Der klassische Machtkonflikt zwischen Exekutive und Legislative sei mittlerweile in den Hintergrund getreten. Vielmehr habe das Budgetrecht im Laufe der Zeit einen Funktionswandel vollzogen und schütze nun auch die Befugnis der parlamentarischen Mehrheit, ihr (finanz-) politisches Programm nach der Wahl durchzusetzen. Dieser Schutz wirke auch gegenüber der Volksgesetzgebung, die den

---

176 (188); *Boettcher/Högner*, Landeswahlgesetz, 14. Aufl., 1994, Art. 63 Rn. 8; *F. Giehl/G. v.Scheurl*, BayVBl. 1976, S. 488f.

[343] *K. Schweiger*, in: Nawiasky/Schweiger/Knöpfle, Die Verfassung des Freistaates Bayern, Art. 73 Rn. 6.

[344] Zutreffend *K. Schweiger*, NVwZ 2002, S. 1473 und *K. Schweiger*, BayVBl. 2002, S. 70.

[345] *K. Schweiger*, in: Nawiasky/Schweiger/Knöpfle, Die Verfassung des Freistaates Bayern, Art. 73 Rn. 6; ebenso *K. Schweiger*, BayVBl. 2002, S. 70 und mittlerweile auch SächsVerfGH, in: LVerfGE 13, 315 (337).

Spielraum der Parlamentsmehrheit nicht über Gebühr beschränken dürfe[346]. Nach einem solchen "modernen" Verständnis wäre aber unbedingt eine extensive Auslegung des Haushaltsbegriffs in Artikel 73 BV erforderlich, denn nur auf diesem Weg könnte das wirtschafts- und finanzpolitische Konzept der Regierungsfraktionen des Landtags vor dem störenden Einfluss der Volksbegehren bewahrt werden.

(2) Der Inhalt des Budgetrechts nach der Bayerischen Verfassung

Unumwunden muss man anerkennen, dass die alte Rivalität zwischen Exekutive und Volksvertretung an Bedeutung verloren hat. Heutzutage besteht in der Regel eine enge Zusammenarbeit zwischen der Regierung und der sie unterstützenden Fraktionen. Das Recht der Parlamentsmehrheit, nach dem Urnengang ihr Wahlprogramm umzusetzen, ist aber eine Ausprägung des Mehrheitsprinzips und gilt nur gegenüber der parlamentarischen Minderheit und nicht gegenüber dem Volksgesetzgeber. Mit der Budgethoheit hat dieses Recht nichts zu tun[347]. Im Übrigen sind die Wahlentscheidungen der Wähler im Wesentlichen durch ihre Einstellungen zu den Parteien bestimmt. Ihr finanzpolitisches Programm spielt dabei eine wichtige, aber nicht allein ausschlaggebende Rolle. Somit ist es auch durchaus legitim, wenn die Stimmberechtigten nach der Wahl Einzelfragen bezüglich dieses Programms mit Hilfe ihrer direktdemokratischen Mitwirkungsmöglichkeiten wieder korrigieren[348].

Die Bayerische Verfassung betrachtet die Volksgesetzgebung als gleichrangig mit der parlamentarischen Rechtsetzung[349]. Ganz bewusst hat sie ein gewisses Spannungsverhältnis zwischen den beiden Gesetzgebern in Kauf genommen[350]. Es wäre unzulässig, dieses Spannungsverhältnis interpretatorisch zurückzuschneiden, um ein besseres Funktionieren des parlamentarischen Systems zu gewährleisten[351]. Einen solchen Schritt könnte man in keiner Weise vereinbaren

---

[346] So ausdrücklich VfGBbg, in: LVerfGE 12, 119 (137f). In dieselbe Richtung gehend aber auch schon BayVerfGH BayVBl. 2000, S. 400 und ThürVerfGH, in: LVerfGE 12, 405 (446).
[347] Zutreffend *O. Jung*, LKV 2003, S. 310f.
[348] Vgl. *K. Schweiger*, BayVBl. 2002, S. 70.
[349] Siehe S. 88-90.
[350] Das erkennt auch BayVerfGH BayVBl. 1977, S. 148.
[351] Dieser richtigen Ansatz entstammt dem Urteil des SächsVerfGH, in: LVerfGE 13, 315 (329), der sich mit der gleichen Frage im Freistaat Sachsen zu befassen hatte; für die Bayerische Verfassung siehe *K. Schweiger*, in: Nawiasky/Schweiger/Knöpfle, Die Verfassung des Freistaates Bayern, Art. 73 Rn. 5.

mit der hohen Wertschätzung, die die Verfassung der direkten Demokratie entgegenbringt.

(3) Zwischenergebnis

Das politische Konzept der Landtagsmehrheit ist nicht vor der Volksgesetzgebung geschützt. Gemäß Artikel 74 Abs. 3 und 4 BV muss der Landtag alle Volksbegehren ohne Unterschied behandeln. Eine zu häufige Inanspruchnahme des Landtags durch finanzwirksame Volksbegehren verhindert ohnehin das Unterstützungsquorum beim Volksbegehren[352]. Es entspräche einer Verfassungsneuschöpfung, dem Budgetrecht einen Funktionswandel dahingehend zu unterstellen, es schirme die Volksvertreter in irgendeiner Form vor dem Willen der Staatsbürger ab[353].

eee) Die Kompliziertheit der Haushaltspolitik

Die Schwierigkeiten bei der Haushaltsplanfeststellung stehen, wie schon aufgezeigt, außer Frage. Gesetze mit finanzieller Tragweite, die das Haushaltsgesetz indirekt beeinflussen, kommen in der politischen Realität häufig vor, was dazu führt, dass die gesamte Haushalts- und Finanzpolitik äußerst kompliziert wird. Nun könnte das Ziel des Artikels 73 BV darin bestehen, die Haushaltspolitik eben wegen ihrer Kompliziertheit vollständig der Volksgesetzgebung zu entziehen, um sicherzustellen, dass diese komplexe Materie nicht auch noch durch zwei rivalisierende Gesetzgebungsorgane wahrgenommen wird[354]. Das wäre am einfachsten durch eine weite Interpretation des Ausdrucks "Staatshaushalt" zu erreichen.

Den problematischsten Teil der Haushaltspolitik, die Aufstellung des Haushaltsplanes, schließt Artikel 73 BV aber auf jeden Fall vom Volksbegehren aus, unabhängig davon, welchem Auslegungsansatz man folgt. Und es bestehen große Unterschiede zwischen dem Haushaltsgesetz und solchen Rechtsnormen,

---

[352] Zutreffender Hinweis bei *K. Schweiger*, in: Nawiasky/Schweiger/Knöpfle, Die Verfassung des Freistaates Bayern, Art. 73, Rn. 7.

[353] Vgl. *K. Schweiger*, BayVBl. 2005, S. 326f.

[354] So die Meinung von *F. Giehl/G. v.Scheurl*, BayVBl. 1976, S. 487f; ähnlich auch BayVerfGH BayVBl. 2000, S. 399.

die den Haushaltsplan lediglich mittelbar betreffen[355]. Punktuelle Entscheidungen, die Abänderungen einzelner Haushaltsposten als Nebenfolge mit sich bringen, beziehen sich im Schwerpunkt eben nicht auf den Haushaltsplan. Sie können dem Volk vorgelegt werden[356].

Die These, die Budgetpolitik sei zu kompliziert für die Volksgesetzgebung, darf außerdem bezweifelt werden. Auch Bau-, Polizei- und Schulrecht stellen umfassende Regelungswerke dar, deren Änderung weit reichende und manchmal ungeahnte Konsequenzen nach sich zieht. Trotzdem bestreitet niemand, dass sich diese Sachgebiete für direktdemokratische Beschlüsse eignen.

Es ist davon auszugehen, dass sich unter den Initiatoren eines Volksbegehrens genügend kompetente Personen finden, die in der Lage sind, einen ausgewogenen Gesetzentwurf zu erstellen. Ferner liegt es in der Natur der Sache, dass die gesetzgeberische Tätigkeit etwas erschwert wird, wenn sowohl das Parlament als auch das Volk Rechtsnormen erlassen. Wie oben beschrieben, hat die Bayerische Verfassung dies bewusst in Kauf genommen[357].

fff) Der Missbrauch der Volksgesetzgebung

Ein Gesetzgebungsverfahren außerhalb der Volksvertretung birgt immer die Gefahr in sich, dass Interessengruppen, die sich im Landtag nicht ausreichend repräsentiert fühlen, dieses Verfahren verstärkt nutzen, um sich finanzielle Vorteile zu verschaffen. Ein solches Vorgehen ist häufig nicht mit dem Allgemeinwohl vereinbar, man könnte in dem Zusammenhang von einem Missbrauch der Volksgesetzgebung sprechen. Eine weite Auslegung des Staatshaushaltsbegriffs in Artikel 73 BV würde Volksbegehren über finanzwirksame Gesetzentwürfe im Wesentlichen verhindern und einen derartigen Missbrauch ausschließen. Es bleibt also zu klären, ob das Telos des Artikels 73 BV eventuell darin besteht, die Ausnutzung der direkten Demokratie zur Erlangung von Sondervergünstigungen zumindest einzugrenzen[358].

---

[355] A.A. allerdings *F. Gieh/G. v.Scheurl*, BayVBl. 1976, S. 488, die nur von einem „formalen Unterschied" sprechen.

[356] Davon gingen auch die Mitglieder des Verfassungsausschusses der Verfassunggebenden Landesversammlung ausdrücklich aus, siehe S. 103; a.A. dagegen BayVerfGH BayVBl. 2000, S. 399 und wohl auch BVerfGE 102, 176 (188).

[357] Siehe dazu auch S. 109f.

[358] So BayVerfGH BayVBl. 1977, S. 149f.

Bisher hat es in Bayern aber noch keine Anzeichen dafür gegeben, dass Volksbegehren in der oben beschriebenen Art und Weise missbraucht wurden. Sämtliche Initiativen waren am Gemeinwohl im Sinne des Artikels 3 Abs. 1 Satz 2 BV orientiert[359]. Im Übrigen ist es nicht gerechtfertigt, jeder Gruppierung, die ein Volksbegehren mit finanzieller Tragweite startet, unter den Generalverdacht partikularer Interessenverfolgung zu stellen[360]. Vorteile für bestimmte Personengruppen, wie zum Beispiel Schwerbehinderte oder Schulkinder, können durchaus mit dem Wohl der Allgemeinheit vereinbar sein[361].
Eines darf nicht vergessen werden: Bei Artikel 73 BV handelt es sich um eine inhaltliche Einschränkung der plebiszitären Demokratie. Der Missbrauch eines Gesetzgebungsorgans lässt sich effektiv durch entsprechende Verfahrensvorschriften verhindern. Eine ganze Gesetzesmaterie in dessen vom Volksbegehren auszunehmen, nur weil in ferner Zukunft ein Volksentscheid zu Lasten des Allgemeinwohls ausgehen könnte, schießt weit über das Ziel hinaus und wäre nicht vereinbar mit dem hohen Rang der Volksgesetzgebung, den die Bayerische Verfassung vorsieht.

ggg) Die Rechtsunsicherheit bei der extensiven Auslegung

Die Vertreter der Meinung, die "Staatshaushalt" als die Gesamtheit der staatlichen Einnahmen und Ausgaben definiert, stehen vor einem beachtlichen Problem: Wie hoch dürfen die finanziellen Lasten sein, die ein Volksbegehren mit sich bringt, ohne gegen Artikel 73 BV zu verstoßen? Der Bayerische Verfassungsgerichtshof hat erkannt, dass der vollständige Ausschluss finanzwirksamer Volksinitiativen prohibitiv auf die Volksgesetzgebung wirken würde und verwendet seit seinem Urteil vom 15. Dezember 1976 folgende Formel: Volksbegehren sind mit Artikel 73 BV unvereinbar, wenn sie "auf den Gesamtbestand des Haushalts Einfluss nehmen würden, demnach das Gleichgewicht des gesamten Haushalts stören und damit zu einer wesentlichen Beeinträchtigung des Budgetrechts des Parlaments führen könnten"[362].

---

[359] *K. Schweiger*, BayVBl. 2002, S. 70; dieser Befund wird auch vom Bayerischen Verfassungsgerichtshof akzeptiert, siehe BayVerfGH BayVBl. 2000, S. 400.
[360] SächsVerfGH, in: LVerfGE 13, 315 (336); ebenso *K. Schweiger*, in: Nawiasky/Schweiger/Knöpfle, Die Verfassung des Freistaates Bayern, Art. 73 Rn. 5.
[361] Siehe *K. Schweiger*, BayVBl. 2002, S. 70f.
[362] BayVerfGH BayVBl. 1977, S. 150; u.a. bestätigt durch BayVerfGH BayVBl. 1995, S. 206 und BayVerfGH BayVBl. 2000, S. 399.

Ganz abgesehen davon, dass Gesetze mit finanzieller Tragweite das Budgetrecht des Landtags gar nicht berühren[363], fällt auf, dass diese Formulierung nicht geeignet ist, eine sinnvolle Abgrenzung zwischen unzulässigen und verfassungskonformen Begehren zustande zu bringen. Wann das "Gleichgewicht des Haushaltes" gefährdet wird und in welchen Fällen es zu einer "wesentlichen" Beeinträchtigung kommt, wird nicht gesagt. Die Begriffe sind äußerst beliebig und eröffnen dem Verfassungsgerichtshof einen sehr großen Beurteilungsspielraum bei der Prüfung der Vereinbarkeit von Volksbegehren mit Artikel 73 BV[364].
Wie weit dieser Spielraum ist, zeigt sich in eindruckvoller Art und Weise in dem Urteil des Verfassungsgerichtshofes vom 17. November 1994[365]. Das Gericht ging davon aus, dass ein Volksbegehren schon dann Artikel 73 BV verletzen könne, wenn die bloße Möglichkeit bestehe, dass ein erfolgreicher Volksentscheid weitere finanzwirksame Volksbegehren mit ähnlichem Inhalt nach sich ziehe[366]. Das Verhältnis zwischen den im Haushaltsplan veranschlagten Ausgaben und den Kosten des jeweiligen Volksbegehrens reiche jedenfalls noch nicht aus, um den Grad der Beeinträchtigung des Budgetrechts sicher festzustellen[367].

Diese qualitativen Wertungen führen in der Praxis zu einer erheblichen Rechtsunsicherheit. Die Initiatoren eines Volksbegehrens werden sich über die Zulässigkeit ihres Vorhabens nie sicher sein, selbst wenn der von ihnen vorgeschlagene Gesetzentwurf nur ganz geringe Ausgaben des Freistaates zur Folge hätte[368]. Es bleibt völlig unvorhersehbar, welche Kriterien der Verfassungsgerichthof als Nächstes zur Beurteilung der Volksinitiativen heranzieht.

Selbstverständlich könnte man versuchen, eine genauere Umschreibung für die Zulässigkeit finanzwirksamer Volksbegehren zu finden. Das Grundproblem bleibt aber dasselbe. Sobald der "Staatshaushalt" in Artikel 73 BV als Gesamtheit der Einnahmen und Ausgaben des Freistaates definiert wird, müssen Grenzen ermittelt werden, innerhalb derer sich Volksbegehren bewegen dürfen. Die Festlegung dieser materiellen Grenzen bleibt letztendlich der "Phantasie" des

---

363 Siehe S. 107-110.
364 So auch *K. Schweiger*, in: Nawiasky/Schweiger/Knöpfle, Die Verfassung des Freistaates Bayern, Art.73 Rn. 5.
365 BayVerfGH BayVBl. 1995, S. 205ff.
366 Siehe BayVerfGH BayVBl. 1995, S. 207.
367 Siehe BayVerfGH BayVBl. 1995, S. 206 und S. 208.
368 Zutreffend *I. Fessmann*, BayVBl. 1976, S. 393 und SächsVerfGH, in: LVerfGE 13, 315 (337).

Bayerischen Verfassungsgerichtshofes überlassen. Untersagt man dagegen jedes Begehren, das finanzielle Folgen mit sich bringt, dann wäre die Volksgesetzgebung in wesentlichen Teilen lahm gelegt, zumal ja schon die Organisation einer Volksinitiative und die verwaltungstechnische Umsetzung der direktdemokratisch beschlossenen Vorschrift selbst Kosten für den Staat verursachen.

hhh) Zwischenergebnis zur teleologischen Auslegung

Die teleologische Interpretation spricht dafür, den "Staatshaushalt" im Sinne des Artikels 73 BV nur mit dem formellen Haushaltsplan gleichzusetzen. Artikel 73 BV stellt eine grundsätzlich eng auszulegende Ausnahmevorschrift dar. Gründe, die einen anderen Schluss rechtfertigen könnten, sind nicht ersichtlich. Die Auffassung, der "Staatshaushalt" erfasse alle Einnahmen und Ausgaben des Freistaates, würde vielmehr zu erheblichen Unsicherheiten bei der Abgrenzung zwischen verfassungswidrigen und verfassungskonformen finanzwirksamen Volksbegehren führen. Der einzige Zweck des Artikels 73 BV liegt darin, den Haushaltsplan als solchen von der Volksgesetzgebung auszunehmen, da die Verfassung davon ausgeht, dass sich diese Materie nicht für Plebiszite eignet. Ein weiteres Ziel verfolgt die Norm dagegen nicht.

ee) Zwischenergebnis

Die Wortlautinterpretation gibt keinen Aufschluss darüber, ob der Begriff "Staatshaushalt" lediglich den Haushaltsplan oder die Gesamtheit der Einnahmen und Ausgaben des Freistaates meint. Auch die systematische Auslegung liefert kein klares Resultat. Dagegen ist das Ergebnis der Analyse der Entstehungsgeschichte eindeutig. Der Verfassunggeber wollte die Volksgesetzgebung nicht über Gebühr einschränken und schloss bloß den formellen Haushaltsplan vom Volksbegehren aus. Die teleologische Auslegung des Artikels 73 BV deutet ebenfalls auf ein enges Verständnis des Staatshaushaltsbegriffs hin und bestätigt somit das Resultat der entstehungsgeschichtlichen Untersuchung.

Artikel 73 BV schließt folglich nur den Haushaltsplan (samt Haushaltsgesetz) von der Volksgesetzgebung aus. Finanzwirksame Gesetze dürfen Gegenstand eines Volksbegehrens sein, unabhängig davon, wie stark sie sich (mittelbar) auf den Haushaltsplan auswirken[369].

d) Ergebnis zu Artikel 73 BV

Artikel 73 BV ist auch auf Verfassungsinitiativen anwendbar. Er verbietet die Feststellung des formellen Staatshaushaltsplanes mit Hilfe einer plebiszitären Verfassungsrevision. Der Versuch, den Haushaltsplan per Volksbegehren und Volksentscheid in den Verfassungstext (oder in einen Anhang[370]) zu schreiben, erscheint zwar unrealistisch, gänzlich außer Acht lassen darf man diese Möglichkeit jedoch nicht. Dagegen können verfassungsändernde Gesetzentwürfe, die sich zugleich auf die Einnahmen und Ausgaben des Freistaates auswirken, problemlos Gegenstand eines Volksbegehrens sein.

E) Ergebnis zur Zulässigkeit der verfassungsändernden Volksgesetzgebung nach der Bayerischen Verfassung

Die Bayerische Verfassung gestattet ihre Änderung durch Volksbegehren und Volksentscheid. Lediglich Artikel 73 und Artikel 75 Abs. 1 Satz 2 BV stellen Grenzen für die verfassungsändernde Volksgesetzgebung dar, wobei Artikel 73 BV nur verbietet, einen formellen Haushaltsplan mit Verfassungsrang zu beschließen. Zu klären bleibt, ob eventuell das Bundesrecht der plebiszitären Verfassungsrevision auf Landesebene entgegensteht.

---

369 *K. Schweiger*, in: Nawiasky/Schweiger/Knöpfle, Die Verfassung des Freistaates Bayern, Art. 73 Rn. 8 nimmt dagegen an, dass Art. 73 BV (unter dem Gesichtspunkt des Rechtsmissbrauchs) zumindest solche finanzwirksamen Volksbegehren untersage, die ersichtlich die Umstoßung des Staatshaushaltsplanes als Werkzeug zur Destabilisierung der staatlichen Ordnung nutzten. Es ist aber unnötig, Art. 73 BV eine solche „Schutzwirkung" zu unterstellen: Wird eine derartige Volksinitiative tatsächlich durch Volksentscheid angenommen, so kann der Landtag diesen Beschluss im Nachhinein jederzeit wieder aufheben und in Falle eines verfassungsändernden finanzwirksamen Volksbegehrens bietet Art. 75 Abs. 1 Satz 2 BV ausreichenden Schutz.

370 Vgl. Art. 75 Abs. 4 BV.

II. Die Vereinbarkeit der verfassungsändernden Volksgesetzgebung mit dem Grundgesetz und sonstigem Bundesrecht

A) Die plebiszitären Elemente im Grundgesetz

Das Grundgesetz verzichtet weitgehend auf direktdemokratische Mitwirkungsformen. Plebiszitäre Elemente sehen lediglich Artikel 29 Abs. 2 bis 8, Artikel 118 und Artikel 118a GG vor. Diese Vorschriften beziehen sich allesamt auf die Neugliederung des Bundesgebietes. Eine Volksgesetzgebung kennt die Bundesverfassung dagegen nicht, sie hat sich ganz überwiegend auf das Repräsentativsystem festgelegt.

Schon seit langem diskutiert die Literatur das Verhältnis des Grundgesetzes zur unmittelbaren Demokratie. Einige Autoren bezeichnen das Grundgesetz als "prononciert antiplebiszitär"[371], andere glauben einen Verfassungsauftrag zur Einführung von Volksentscheiden erkennen zu können[372]. Die mittlerweile ganz herrschende Meinung geht davon aus, dass das Grundgesetz eine neutrale Haltung zur direkten Demokratie einnimmt. Dieser Ansicht ist zuzustimmen. Artikel 20 Abs. 2 GG sieht vor, dass die Staatsgewalt vom Volk durch Wahlen und Abstimmungen ausgeübt wird. Schon nach dem Wortlaut der Norm stehen die unmittelbare Herrschaftskompetenz des Volkes und das repräsentative System gleichberechtigt nebeneinander[373]. Wegen des Verfassungsvorbehaltes darf eine Volksgesetzgebung auf Bundesebene zwar nur durch eine Verfassungsrevision eingeführt werden[374], eine solche Grundgesetzänderung wäre aber problemlos

---

[371] Siehe *K. Stern*, Das Staatsrecht der Bundesrepublik Deutschland, Bd. 1, 2. Aufl., 1984, S. 608; ebenso *C. Stelzenmüller*, Direkte Demokratie in den Vereinigten Staaten von Amerika, 1994, S. 19; *H. Hoffmann*, in: Festschrift für Karl H. Neumayer, 1985, S. 284; ähnlich *H. Nawiasky*, Die Grundgedanken des Grundgesetzes für die Bundesrepublik Deutschland, 1950, S. 66 und *J. Isensee*, in: Aktuelle Herausforderungen der repräsentativen Demokratie, 1985, S. 43.

[372] Siehe *C. Pestalozza*, Der Popularvorbehalt, 1981, S. 11.

[373] Zutreffend *C. Degenhart*, Der Staat 31 (1992), S. 78; *A. Weber*, DÖV 1985, S. 179; *Model/ Müller*, Grundgesetz, 11. Aufl., 1996, Art. 20 Rn. 5; siehe auch die umfassenden Ausführungen bei *C.H. Obst*, Chancen direkter Demokratie in der Bundesrepublik Deutschland, 1986, S. 57ff.

[374] So u.a. *A. Bleckmann*, Staatsrecht I, 1993, S. 162; *V. Slupik*, KritV 70 (1984), S. 296 und *C. Gebhardt*, Direkte Demokratie im parlamentarischen System, 2000, S. 34f.

möglich und verstieße nicht gegen Artikel 79 Abs. 3 (i.V.m. Artikel 20 Abs. 2) GG[375].

Die indifferente Einstellung des Grundgesetzes zur plebiszitären Demokratie gewinnt unter anderem dann an Relevanz, wenn zu prüfen ist, ob landesverfassungsrechtliche Regelungen, die Volksbegehren und Volksentscheide vorsehen, mit grundgesetzlichen Normen kollidieren. In einem solchen Fall wäre es unzulässig, Letztere dahingehend zu interpretieren, dass sie per se die direkte Demokratie auf Landesebene missbilligen würden.

B) Das Homogenitätsgebot des Artikels 28 Abs. 1 GG als Grenze für die verfassungsändernde Volksgesetzgebung auf Landesebene

a) Die Bedeutung des Homogenitätsgebots für die verfassunggebende und die verfassungsändernde Gewalt in den Ländern

Sobald die Vereinbarkeit von Vorschriften der Landesverfassungen mit dem Grundgesetz im Raume steht, rückt zuallererst Artikel 28 Abs. 1 GG in den Vordergrund. Die Länder sind als Glieder des Bundes Staaten mit eigener, nicht vom Bund abgeleiteter, sondern von ihm anerkannter staatlicher Hoheitsmacht[376]. Das Grundgesetz akzeptiert also die Verfassungsautonomie der Bundesländer[377], errichtet aber über das Homogenitätsgebot gewisse Mindestvoraussetzungen für die Landesverfassungen[378]. Artikel 28 Abs. 1 GG ist damit aber nicht nur Maßstab für die Verfassunggebung, sondern auch für die verfas-

---

375 Vgl. *H. Dreier*, in: Dreier, Grundgesetz, 1998, Art. 20 Rn. 100; *C. Gebhardt*, Direkte Demokratie im parlamentarischen System, 2000, S. 34; *S. Müller-Franken*, DÖV 2005, S. 499 und *K.A. Schachtschneider*, JR 1975, S. 221.

376 BVerfGE 1, 14 (34); ebenso BVerfGE 60, 175 (207).

377 Siehe *H. Dreier*, BayVBl. 1999, S. 514; *C. Starck*, in: Handbuch des Staatsrechts der Bundesrepublik Deutschland, 1992, § 208 Rn. 18; *A. Stiens*, Chancen und Grenzen der Landesverfassungen im deutschen Bundesstaat der Gegenwart, 1997, S. 29; *R. Bartlsperger*, in: Handbuch des Staatsrechts der Bundesrepublik Deutschland, 1992, § 96 Rn. 14; *H.J. Pützer*, Landesorganisationshoheit als Schranke der Bundeskompetenz, 1988, S. 327f.

378 Vgl. *B. Pieroth*, in: Jarras/Pieroth, Grundgesetz, 6. Aufl., 2002, Art. 28 Rn.1; *H. Dreier*, in: Dreier, Grundgesetz, 1998, Art. 28 Rn. 47; *Model/Müller*, Grundgesetz, 11. Aufl., 1996, Art. 28 Rn. 1; *P. Krause*, in: Handbuch des Staatsrechts der Bundesrepublik Deutschland, 1992, §39, Rn. 20; *H.-P. Schneider*, DÖV 1987, S. 751.

sungsändernde Gesetzgebung auf Landesebene[379]. Folglich muss untersucht werden, ob das Recht der bayerischen Stimmberechtigten, ihre Landesverfassung durch Volksbegehren und Volksentscheid zu ändern, mit Artikel 28 Abs. 1 GG in Einklang steht.

b) Die ausdrücklich verliehene Kompetenz zur Änderung der Landesverfassung als Erfordernis des Artikels 28 Abs. 1 Satz 1 GG?

aa) Die grundsätzliche Vereinbarkeit von direktdemokratischen Elementen auf Landesebene mit dem Homogenitätsgebot

Das Bundesverfassungsgericht und praktisch die gesamte Verfassungsrechtswissenschaft gehen richtigerweise davon aus, dass direktdemokratische Elemente auf Landesebene nicht gegen das Homogenitätsgebot verstoßen[380]. Es gibt keinen Grundsatz des republikanischen, demokratischen und sozialen Rechtsstaates, der ein Verbot von Volksbegehren und Volksentscheide beinhaltet, zumal das Grundgesetz, wie schon aufgezeigt, eine neutrale Haltung zu Plebisziten einnimmt. Im Grundsatz wird die verfassungsändernde Volksgesetzgebung in den Ländern konsequenterweise von niemandem ernsthaft in Zweifel gezogen.

bb) Die Verfassungsänderungsbefugnis des Landesvolkes und das bundesverfassungsrechtliche Gebot der Rechtsklarheit

Die plebiszitäre Verfassungsrevision in Bayern weist eine Besonderheit auf: Sie wird in der Verfassungsurkunde des Freistaates nicht ausdrücklich erwähnt, man

---

[379] Siehe insbesondere *C. Bushart*, Verfassungsänderungen in Bund und Ländern, 1989, S. 75; *J. Isensee*, Verfassungsreferendum mit einfacher Mehrheit, 1999, S. 44f und *K. Herrmann*, BayVBl. 2004, S. 515.

[380] Siehe BVerfGE 60, 175 (208); *B. Pieroth*, in: Jarras/Pieroth, Grundgesetz, 6. Aufl., 2002, Art. 28 Rn 1 und 5; *H. Fangmann*, in: Blank/Fangmann/Hammer, Grundgesetz, 2. Aufl., 1996, Art. 28 Rn. 3; *Model/Müller*, Grundgesetz, 11. Aufl., 1996, Art. 28 Rn. 2; *P. Tettinger*, in: v.Mangoldt/Klein/Starck, Das Bonner Grundgesetz, 4. Aufl., 2000, Art. 28 Rn. 24; *R. Schmidt*, Staatsorganisationsrecht, 5. Aufl., 2005, S. 61; *C. Degenhart*, Staatsrecht I, 20. Aufl., 2004, S. 47 Rn. 103; *S. Storr*, Verfassunggebung in den Ländern, 1995, S. 264; *U. Steiner*, Schweizer Verhältnisse in Bayern?, 2000, S. 19; *H. Dreier*, in: Vielfalt des Rechts - Einheit der Rechtsordnung, 1994, S. 123; *H. Hoffmann*, in: Festschrift für Karl H. Neumeyer, 1985, S. 294f und *B. Dennewitz*, DÖV 1949, S. 342.

könnte diesbezüglich von ungeschriebenem Verfassungsrecht sprechen[381]. Dagegen hat das Grundgesetz in Artikel 79 Abs. 2 eindeutig festgeschrieben, welche Organe zur Verfassungsänderung ermächtigt sind. Möglicherweise geht die Bundesverfassung von dem Grundsatz aus, dass die Verfassungsrevisionskompetenz ausdrücklich verliehen und von der einfachen Gesetzgebungsbefugnis abgegrenzt werden muss[382]. Ein solcher Grundsatz wäre dem Gebot der Rechtsklarheit zuzuordnen[383]. Letzteres stellt ein "Unterprinzip" des Rechtsstaatsprinzips dar[384], das Artikel 28 Abs. 1 Satz 1 GG den Verfassungen der Länder zwingend vorgibt. Die Tatsache, dass im Text der Bayerischen Verfassung das Recht der Stimmberechtigten, die Verfassung auch gegen den Willen des Landtags zu ändern, nicht zu finden ist, verstößt somit eventuell gegen das Homogenitätsgebot[385].

cc) Die verfassungsrechtliche Grundlage der verfassungsändernden Volksgesetzgebung im Freistaat

Die Befugnis zur Verfassungsänderung ist im Rahmen der konstituierten Gewalt in der Tat etwas Besonderes - eine Kompetenz, die sich von der einfachen Gesetzgebung unterscheiden muss[386]. Nun stellt sich die Frage, ob eine solche Kompetenz auch durch ungeschriebenes Verfassungsrecht verliehen werden kann. Es gibt verschiedene Formen von ungeschriebenem Verfassungsrecht.

---

[381] *K. Herrmann*, BayVBl. 2004, S. 513ff verwendet diesbezüglich die Begriffe „überliefertes“ oder „traditionelles“ Verfassungsverständnis. Welche Form von ungeschriebenem Verfassungsrecht er damit umschreibt, ist nicht ganz klar. Der Ausdruck „überliefert“ ist am ehesten mit dem Begriff „herkömmlich“ gleichzusetzen, was auf Verfassungsgewohnheitsrecht hindeuten würde (siehe *C. Tomuschat*, Verfassungsgewohnheitsrecht?„ 1979, S. 57), ein „traditionelles Verfassungsverständnis“ könnte dagegen auch das durch Auslegung gewonnene Verfassungerecht meinen.

[382] So *K. Herrmann*, BayVBl. 2004, S. 515 und *P. Unruh*, Der Verfassungsbegriff des Grundgesetzes, 2002, S. 435.

[383] *K. Herrmann*, BayVBl. 2004, S. 515 legt sich hier nicht fest. Er beschreibt die Notwendigkeit der ausdrücklichen Revisionskompetenz lediglich als eigenständigen Grundsatz, der in engem Zusammenhang mit den Prinzipien des Verfassungsvorrangs und der Stabilität der Verfassung stehe.

[384] Vgl. *C. Degenhart*, Staatsrecht I, 20. Aufl., 2004, S. 140f Rn. 349; ebenso BVerfGE 21, 73 (79) und BVerfGE 52, 1 (41); die Klarheit der gesamten Rechtsordnung betonend BVerfGE 98, 106 (118f).

[385] Zu diesem Ergebnis kommt *K. Herrmann*, BayVBl. 2004, S. 515f und S. 519f.

[386] Vgl. *K. Stern*, Das Staatsrecht der Bundesrepublik Deutschland, Bd. 1, 2. Aufl., 1984, S. 154.

Eine davon ist das Verfassungsgewohnheitsrecht. Die herrschende Lehre erkennt dessen Existenz an[387], während sich das Bundesverfassungsgericht zu diesem Thema noch nicht klar geäußert hat[388]. Das Verfassungsgewohnheitsrecht entsteht außerhalb der geschriebenen Verfassung durch eine ständige Praxis und die Überzeugung der Beteiligten, dass die Einhaltung der Praxis rechtlich geboten ist (consuetudo und opinio juris)[389]. Im Kollisionsfall überlagert das Verfassungsgewohnheitsrecht die Verfassungsurkunde; beide Verfassungsrechtsquellen stehen also in Konkurrenz zueinander[390].

Die verfassungsändernde Volksgesetzgebung in Bayern ergibt sich dagegen nicht aus gewohnheitsrechtlichen Normen, sondern aus der Interpretation des Artikels 75 BV. Einige Autoren gehen auch in einem solchen Fall von einer Form des ungeschriebenen Verfassungsrechts aus[391]. Rechtssätze, die man durch Auslegung des Verfassungstextes gewinnt, sind jedoch geltungstheoretisch direkt auf die positivierte Verfassung zurückzuführen[392] und deshalb mit dem geschriebenen Verfassungsrecht gleichzusetzen[393]. Die Revision der Bayeri-

---

[387] Vgl. *H. Maurer*, Staatsrecht I, 4. Aufl., 2005, S. 17; *O. Bachof*, in: Recht und Staat in Geschichte und Gegenwart, Heft 163/164, 1951, S.43; *A. Voigt*, VVDStRL 10 (1952), S. 37f, 41 und 43; *H. Krüger*, DÖV 1976, S. 613; *H.-J. Mengel*, JöR n.F. 30 (1981), S. 62; a.A *C. Tomuschat*, Verfassungsgewohnheitsrecht?, 1979, S. 133ff; *P. Unruh*, Der Verfassungsbegriff des Grundgesetzes, 2002, S. 432 und *P. Badura*, in: Handbuch des Staatsrechts der Bundesrepublik Deutschland, 1992, § 160 Rn. 10; unentschieden *K. Stern*, Das Staatsrecht der Bundesrepublik Deutschland, Bd. 1, 2. Aufl., 1984, S. 111; *A. Bleckmann*, JR 1978, S. 225 und *A. Roßnagel*, Der Staat 22 (1983), S. 553.

[388] Das Bundesverfassungsgericht hat bisher nur vorkonstitutionelles Gewohnheitsrecht als Berufsausübungsregel und damit als Einschränkung zu Art. 12 Abs. 1 GG anerkannt, siehe BVerfGE 15, 226 (233); 16, 214 (218); 22, 114 (121); 28, 21 (28); 34, 293 (303). Ansonsten blieb die Rechtsprechung des Bundesverfassungsgerichts zu diesem Streitthema sehr vage, vgl. BVerfGE 1, 144 (151); 2, 280 (403); 4, 250 (276f); 11, 77 (87); 19, 268 (280); 29, 221 (234).

[389] *H. Maurer*, Staatsrecht I, 4. Aufl., 2005, S. 17; ebenso BVerfGE 28, 21 (28f).

[390] Vgl. *C. Tomuschat*, Verfassungsgewohnheitsrecht?, 1979, S. 51 und 58; *P. Unruh*, Der Verfassungsbegriff des Grundgesetzes, 2002, S. 430.

[391] Siehe *P. Badura*, in: Handbuch des Staatsrechts der Bundesrepublik Deutschland, 1992, § 160 Rn. 9f; *P. Unruh*, Der Verfassungsbegriff des Grundgesetzes, 2002, S. 429; *P. Huber*, Volksgesetzgebung und Ewigkeitsgarantie, 2003, S. 93; *H. Ehmke*, VVDStRL 20 (1963), S. 63; unklar dagegen *E. v.Hippel*, VVDStRL 10 (1952), S. 11f.

[392] So *P. Unruh*, Der Verfassungsbegriff des Grundgesetzes, 2002, S. 429.

[393] So *K. Stern*, Das Staatsrecht der Bundesrepublik Deutschland, Bd. 1, 2. Aufl., 1984, S. 111; in die gleiche Richtung gehen *K. Hesse*, Grundzüge des Verfassungsrechts der Bundesrepublik Deutschland, 19. Aufl., 1993, § 1 Rn. 32; *A. Voigt*, VVDStRL 10 (1952), S. 40 und einige Diskussionsbeiträge in VVDStRL 10 (1952), S. 63 und 66.

schen Verfassung durch Verfassungsinitiative und Volksabstimmung fußt mithin gar nicht auf dem umstrittenen Verfassungsgewohnheitsrecht und stellt auch ansonsten keine Form des ungeschriebenen Rechts dar.

Beachtung verdient außerdem die Tatsache, dass auch die Kompetenznormen des Grundgesetzes häufig der Auslegung bedürfen[394] und sich auf diese Art und Weise Gesetzgebungsbefugnisse des Bundes oder der Länder erst ergeben oder besser voneinander abgrenzen lassen[395]. Es wäre deshalb widersinnig anzunehmen, das Grundgesetz würde über Artikel 28 Abs. 1 Satz 1 GG den Ländern untersagen, eine Kompetenznorm (zu Gunsten des Landesvolkes) durch Interpretation des Verfassungstextes herzuleiten.

dd) Grundsätzliche Erwägungen

Auch zwei ganz grundsätzliche Argumente sprechen gegen die Auffassung, das Homogenitätsgebot ordne eine geschriebene Revisionskompetenz für die Verfassungen der Länder an. Zum einen ist dem Grundsatz der Rechtsklarheit schon Genüge getan, sobald das vom Verfassung- oder Gesetzgeber Gewollte erkennbar ist. Unklarheiten oder Zweifel sind von vornherein nicht vollständig vermeidbar[396]. Verfassungsnormen erfordern häufig ihre Auslegung[397], das Prinzip der Rechtsklarheit wird dadurch noch nicht verletzt[398].

Zum anderen verlangt Artikel 28 Abs. 1 Satz 1 GG nur eine gewisse Übereinstimmung zwischen dem Grundgesetz und der verfassungsmäßigen Ordnung in den Ländern, nicht aber Konformität oder gar Uniformität[399]. Diese Vorschrift

---

[394] Siehe *C. Degenhart*, Staatsrecht I, 20. Aufl., 2004, S. 57, Rn. 138; als Beispiel hierzu BVerfGE 109, 190 (211ff) mit der Kritik von *C. Pestalozza*, JZ 2004, S. 605.

[395] Diese Interpretation von Kompetenztiteln darf nicht verwechselt werden mit den sogenannten ungeschriebenen Gesetzgebungsbefugnissen des Bundes kraft Sachzusammenhangs, aus der Natur der Sache oder auf Grund einer Annexkompetenz.

[396] Siehe BVerfGE 17, 306 (314).

[397] Vgl. *P. Unruh*, Der Verfassungsbegriff des Grundgesetzes, 2002, S. 429 und *H. Maurer*, Staatsrecht I, 4. Aufl., 2005, S. 18f.

[398] So C. Degenhart, Staatsrecht I, 20. Aufl., 2004, S. 140f, Rn. 349.

[399] BVerfGE 9, 268 (279); 24, 367 (390); 36, 342 (361); 41, 88 (119); 60, 175 (207); 90, 60 (84); ebenso *M. Nierhaus*, in: Sachs, Grundgesetz, 3. Aufl., 2003, Art. 28 Rn. 9; *P. Tettinger*, in: v.Mangoldt/Klein/Starck, Das Bonner Grundgesetz, 4. Aufl., 2000, Art. 28 Abs. 1 Rn. 26; *B. Pieroth*, in: Jarras/Pieroth, Grundgesetz, 6. Aufl., 2002, Art. 28 Rn. 1; *H. Fangmann*, in: Blank/Fangmann/Hammer, Grundgesetz, 2. Aufl., 1996, Art. 28 Rn. 1; *H.J. Pützer*, Landesorganisationshoheit als Schranke der Bundeskompetenz, 1988, S. 325f; *R. Schmidt*, Staatsor-

des Grundgesetzes ist folglich restriktiv auszulegen[400]. Die Frage, ob die Verfassungsänderungsbefugnis nun im Wortlaut der Verfassung zu erscheinen hat oder nicht, ist kein so bedeutender Aspekt des Rechtsstaatsprinzips, als dass Artikel 28 Abs. 1 Satz 1 GG diesbezüglich eine Kopie der Bundesverfassung durch die Länder verlangen müsste. Anderenfalls käme es zu einer gleichmacherischen Überdehnung des Homogenitätsprinzips[401].

ee) Zwischenergebnis

Zusammenfassend bleibt festzuhalten, dass Artikel 28 Abs. 1 Satz 1 GG die Länder nicht dazu verpflichtet, ihre Verfassungen so zu formulieren, dass die einzelnen Varianten der Verfassungsrevision ohne jede weitere Interpretationsmaßnahmen sofort ersichtlich wären. Die verfassungsändernde Volksgesetzgebung in Bayern ist daher mit Artikel 28 Abs. 1 Satz 1 GG vereinbar.

c) Die Entmachtung des Landtags

aa) Das grundgesetzlich garantierte Mindestmaß an repräsentativer Demokratie in den Ländern

Das in Artikel 28 Abs. 1 Satz 1 GG aufgezählte Demokratieprinzip erfährt in Artikel 28 Abs. 1 Satz 2 GG eine Konkretisierung[402]. Das Grundgesetz schreibt gewählte Vertretungskörperschaften für die Länder, Kreise und Gemeinden vor. Damit hat die Bundesverfassung einen Mindeststandart an repräsentativer Demokratie für die Länder festgelegt[403]. Würden direktdemokratische Mitwirkungsformen in Bayern dazu führen, dass der Landtag wesentliche Aufgaben verlöre und man somit seine Existenz sachlich aushöhlte, dann läge darin ein Verstoß gegen Artikel 28 Abs. 1 Satz 2 GG[404]. Bei der einfachen Volksgesetz-

---

ganisationsrecht, 5. Aufl., 2005, S. 26; *P. Werner*, Wesensmerkmale des Homogenitätsprinzips, 1967, S. 62; *W. Vitzthum*, VVDStRL 46 (1988), S. 29; *R. Bartlsperger*, in: Handbuch des Staatsrechts der Bundesrepublik Deutschland, 1992, §96 Rn. 17.

400 So ausdrücklich BVerfGE 90, 60 (85); a.A. aber *K. Herrmann*, BayVBl. 2004, S. 515.

401 Dieser Ausdruck stammt von *O. Jung*, BayVBl. 1999, S. 429.

402 Vgl. *P. Werner*, Wesensmerkmale des Homogenitätsprinzips, 1967, S. 65.

403 Zutreffend H. Siekmann, in: Die verfassungsrechtliche Ausgestaltung der Volksgesetzgebung, 1999, S. 215.

404 Vgl. *Model/Müller*, Grundgesetz, 11. Aufl., 1996, Art. 28 Rn. 3 und *P. Krause*, in: Hand-

gebung droht eine solche Entmachtung des Parlaments nicht. Der Landtag kann schließlich jederzeit volksbeschlossene Landesgesetze wieder aufheben oder abändern. Bei der plebiszitären Verfassungsänderung liegt der Fall aber anders. Ohne Zustimmung des Volkes gemäß Artikel 75 Abs. 2 Satz 2 BV darf der Landtag eine gegen seinen Willen durch Volksbegehren und Volksentscheid erlassene Verfassungsrevision nicht wieder rückgängig machen. Auf dem Gebiet der Verfassungsänderung besteht somit im Freistaat (zumindest theoretisch) ein Übergewicht der unmittelbaren Demokratie gegenüber dem Repräsentativsystem. Darin liegt möglicherweise ein Verstoß gegen Artikel 28 Abs. 1 Satz 2 GG[405].

bb) Das Gefahrenpotential der verfassungsändernden Volksgesetzgebung für das bayerische Repräsentativsystem

Die Mehrzahl der Verfassungsänderungen in Bayern ist bisher jedoch vom Landtag ausgegangen. In lediglich drei Fällen (christliche Gemeinschaftsschule, Bürgerentscheid und Senatsabschaffung) erfolgte eine Verfassungsrevision auf Grund eines Volksbegehrens; dagegen beschloss der Landtag sieben verfassungsändernde Gesetze[406]. Anzeichen für eine drohende Entmachtung der Volksvertretung hat es noch nicht gegeben. Der Umstand, dass die Revision der Bayerischen Verfassung am Parlament vorbei möglich ist, stellt die repräsentative Demokratie noch nicht in Frage. Erst eine konkrete Verfassungsinitiative könnte dem Landtag dauerhaft wesentliche Befugnisse entziehen und damit das Repräsentativsystem aushöhlen. Eine derartige Initiative müsste sich dann an Artikel 28 Abs. 1 Satz 2 GG messen lassen, nicht aber die gesamte verfassungsändernde Volksgesetzgebung an sich[407]. Zudem wurde nachgewiesen, dass die Bayerische Verfassung selbst ausreichende Vorkehrungen getroffen hat, um Ver-

---

buch des Staatsrechts der Bundesrepublik Deutschland, 1992, §39 Rn. 20.

[405] Diese Befürchtung äußert *O. Funk*, Grenzen unmittelbarer Demokratie, 1999, S. 178; er verweist aber nur allgemein auf Art. 28 Abs. 1 GG, ohne sich eindeutig auf Satz 2 zu beziehen.

[406] Siehe dazu S. 55f.

[407] Der Bayerische Verfassungsgerichtshof prüft Volksbegehren auch auf ihre Vereinbarkeit mit Bundesrecht, siehe BayVerfGHE 38, 51 (57). Diese Praxis ist nicht ganz unumstritten: zustimmend *J. Isensee*, Verfassungsreferendum mit einfacher Mehrheit, 1999, S. 47; *H. Tilch*, in: Verfassung als Verantwortung und Verpflichtung, 1997, S. 281ff und *C. Bushart*, Verfassungsänderungen in Bund und Ländern, 1989, S. 79f; a.A. dagegen noch BayVerfGHE 18, 85 (90f) und *H. Angerer*, BayVBl. 1969, S. 274f. Siehe dazu auch *J. Rozek*, Das Grundgesetz als Prüfungs- und Entscheidungsmaßstab der Landesverfassungsgerichte, 1993, S. 251ff.

fassungsinitiativen zu verhindern, die die Funktionsfähigkeit der demokratisch legitimierten Repräsentativorgane beinträchtigen oder die Gefahr einer Beeinträchtigung nach sich ziehen[408].

Auch plebiszitäre Verfassungsänderungen mit finanzieller Tragweite reduzieren die Bedeutung des Bayerischen Landtags nicht[409]. Insbesondere bleibt das parlamentarische Budgetrecht unangetastet[410] und einem Missbrauch der direkten Demokratie begegnet man mit verfahrensrechtlichen Kautelen, nicht aber mit der Infragestellung der gesamten verfassungsändernden Volksgesetzgebung[411].

cc) Zwischenergebnis

Die Möglichkeit, die Bayerische Verfassung im Wege des Volksbegehrens und des Volksentscheides umzugestalten, bringt somit keine Entmachtung der Volksvertretung mit sich und verstößt unter diesem Gesichtspunkt nicht gegen das Homogenitätsprinzip.

d) Zwischenergebnis

Die verfassungsändernde Volksgesetzgebung, wie sie die Verfassung des Freistaates Bayern vorsieht, steht im Einklang mit Artikel 28 Abs. 1 GG. Der Umstand, dass sie nicht im Verfassungstext auftaucht, ist genauso unbedenklich, wie die Tatsache, dass eine Verfassungsrevision gegen den Willen des Landtags erfolgen kann und von diesem ohne Zustimmung des Volkes nicht mehr rückgängig gemacht werden darf.

---

[408] Siehe S. 87f.

[409] Vgl. *H. Siekmann*, in: Die verfassungsrechtliche Ausgestaltung der Volksgesetzgebung, 1999, S. 208ff, der allerdings die Vereinbarkeit der finanzwirksamen Volksgesetzgebung mit Art. 28 Abs. 1 GG prüft, ohne dabei auf die plebiszitären Verfassungsänderungen mit finanzieller Tragweite gesondert einzugehen.

[410] Siehe S. 107-110.

[411] Siehe S. 112. Es wäre auch mit dem Grundsatz der restriktiven Auslegung des Homogenitätsprinzips nicht vereinbar, wenn man in Art. 28 Abs.1 (Satz 1 oder 2) GG ein Verbot der (finanzwirksamen) verfassungsändernden Volksgesetzgebung hineininterpretieren würde, um einem Missbrauch der direkten Demokratie vorzubeugen, wenn sich dieses Ziel auch durch weniger einschneidende Maßnahmen erreichen ließe.

C) Die Vereinbarkeit mit sonstigem Bundesrecht

Neben dem Homogenitätsgebot kommen noch andere Normen des Grundgesetzes in Frage, die der plebiszitären Verfassungsrevision auf Landesebene entgegenstehen könnten. Vor allem dann, wenn eine derartige Revision auch finanzielle Auswirkungen haben darf, ist ein Verstoß gegen bundesrechtliche Vorschriften denkbar.

a) Artikel 109 Abs. 2 GG

Artikel 109 Abs. 2 GG verpflichtet die Länder, bei ihrer Haushaltswirtschaft den Erfordernissen des gesamtwirtschaftlichen Gleichgewichts Rechung zu tragen. Diese Norm richtet sich nicht nur an die Länder selbst, sondern auch an deren Einrichtungen und gesetzgebende Körperschaften[412]. In der Realität kann jedoch nur die Volksvertretung als Inhaberin des Budgetrechts dieser Verpflichtung nachkommen[413]. Wenn in Bayern das Volk, ohne an das Deckungsprinzip des Artikels 79 BV gebunden zu sein[414], finanzwirksame Gesetze beschließen darf, besteht die Gefahr, dass der Landtag nicht mehr in der Lage ist, einen Haushalt aufzustellen, der den Vorgaben des Artikels 109 Abs. 2 GG entspricht[415]. Dies gilt in besonderem Maße bei plebiszitären Verfassungsrevisionen mit finanzieller Tragweite. Die finanziellen Folgen eines volksbeschlossenen verfassungsändernden Gesetzes kann der Landtag nicht mehr revidieren (zumindest nicht, ohne gemäß Artikel 75 Abs. 2 Satz 2 BV erneut eine Volksabstimmung zu veranlassen).

Artikel 109 Abs. 2 GG besagt aber lediglich, dass die Bundesländer gesamtwirtschaftliche Erwägungen in den haushalts- und finanzpolitischen Prozess mit einbeziehen müssen[416]. Die Länder und ihre Organe verfügen also über einen ganz erheblichen Spielraum bei der Ausgestaltung ihrer Haushaltswirtschaft[417]. Im Übrigen liegt es auch im Bereich des Möglichen, dass die Parlamentsmehr-

---

412 Vgl. *H. Siekmann*, in: Sachs, Grundgesetz, 3. Aufl., 2003, Art. 109 Rn. 18.

413 Insoweit zutreffend BremStGH, in: LVerfGE 11, 179 (197).

414 Siehe S. 105.

415 So BremStGH, in: LVerfGE 11, 179 (197), wenngleich auf das Bundesland Bremen bezogen.

416 Vgl. *H. Siekmann*, in: Sachs, Grundgesetz, 3. Aufl., 2003, Art. 109 Rn. 20.

417 Siehe *W. Heun*, in: Dreier, Grundgesetz, 1998, Art. 109 Rn. 25 und *H. Ruhe*, in: Seifert/Hömig, Grundgesetz, 7. Aufl., 2003, Art. 109 Rn. 8.

heit die Anordnung des Artikels 109 Abs. 2 GG ignoriert. Eine Einschränkung der Rechte der Volksvertretung im Bereich der Haushaltspolitik fordert dennoch niemand.

Zudem muss auf das zu Artikel 28 Abs. 1 Satz 2 GG Gesagte verwiesen werden. Die (verfassungsändernde) Volksgesetzgebung als solche beinhaltet nicht automatisch einen Verstoß gegen Artikel 109 Abs. 2 GG, selbst wenn sie in der Lage ist, sich finanziell auf den Haushalt auszuwirken. Erst ein bestimmtes Begehren aus dem Volk vermag, bundesrechtliche Vorschriften zu verletzen. Derartige Initiativen sind durch verfahrensrechtliche Regelungen und durch die Überprüfung ihrer Vereinbarkeit mit Bundesrecht zu verhindern. Aus Artikel 109 Abs. 2 GG folgt mithin kein Verbot der Verfassungsrevision durch Volksbegehren und Volksentscheid auf Landesebene.

b) Das Haushaltsgrundsätzegesetz

Abschließend ist zu untersuchen, ob das Haushaltsgrundsätzegesetz den Ländern untersagt, eine verfassungsändernde Volksgesetzgebung, die zugleich finanzielle Folgen mit sich bringt, zuzulassen. Die Kompetenz des Bundes, auch für das Finanzwesen der Länder zwingende Vorschriften zu erlassen, ergibt sich aus Artikel 109 Abs. 3 GG. Die Bindungswirkung für die Länder spricht § 1 HGrG noch einmal eindeutig aus.

Es findet sich jedoch keine Vorschrift des Haushaltsgrundsätzegesetzes, die den Ländern vorschreiben würde, ihre Verfassungen so zu gestalten, dass nur die Volksvertretung über haushaltswirksame Gesetzentwürfe abstimmen dürfte[418]. Außerdem beinhaltet das Haushaltsgrundsätzegesetz namentlich in Abschnitt I und II seines ersten Teils eine Fülle von Pflichten, die bei der Haushaltsaufstellung zu beachten sind, ohne aber zugleich einen bestimmten Adressaten zu nennen. Das Gesetz wendet sich lediglich an "die Gesetzgebung des Bundes und der Länder"[419]. Ein bestimmtes Gesetzgebungsorgan wird nicht angesprochen. Damit respektiert das Haushaltsgrundsätzegesetz die Organisationshoheit

[418] Vgl. *H. Siekmann*, in: Die verfassungsrechtliche Ausgestaltung der Volksgesetzgebung, 1999, S. 220.

[419] Siehe die Überschrift des ersten Teils des HGrG.

der Bundesländer[420], die ohne Weiteres das Landesvolk über finanzwirksame Verfassungsinitiativen abstimmen lassen dürfen.

c) Zwischenergebnis

Der Umstand, dass die Bayerische Verfassung auch haushaltswirksame plebiszitäre Verfassungsrevisionen zulässt, stellt ebenfalls keinen Verstoß gegen höherrangiges Bundesrecht dar. Weder Artikel 109 Abs. 2 GG noch das Haushaltsgrundsätzegesetz verlangen, dass die Länder die Haushalts- und Finanzpolitik ausschließlich der Gesetzgebungszuständigkeit der Parlamente zuordnen.

D) Ergebnis zur Vereinbarkeit der verfassungsändernden Volksgesetzgebung in Bayern mit dem Grundgesetz und sonstigem Bundesrecht

Die verfassungsändernde Volksgesetzgebung ist nicht nur mit Artikel 28 Abs. 1 GG, sondern insgesamt mit dem Bundesrecht zu vereinbaren. Es bleibt der Verfassungsautonomie und der Organisationshoheit der Bundesländer überlassen, ob sie Änderungen der Landesverfassungen durch Volksbegehren und Volksentscheid zulassen.

III. Gesamtergebnis zu Kapitel 4

Die Verfassung des Freistaates Bayern erlaubt ihre Änderung im Wege der Volksgesetzgebung. Dies ergibt die Auslegung des Artikels 75 BV. Inhaltlich wird das plebiszitäre Verfassungsänderungsverfahren lediglich durch die Ewigkeitsklausel des Artikels 75 Abs. 1 Satz 2 BV und durch Artikel 73 BV begrenzt. Letzterer verbietet aber nur, den Haushaltsplan als solchen durch Volksbegehren und Volksentscheid festzustellen. Verfassungsinitiativen, die sich mittelbar auf den Haushaltsplan auswirken, sind zulässig.

---

[420] Zutreffend *H. Siekmann*, in: Die verfassungsrechtliche Ausgestaltung der Volksgesetzgebung, 1999, S. 221.

Das Grundgesetz steht der in Bayern praktizierten verfassungsändernden Volksgesetzgebung nicht entgegen. Insbesondere aus dem Homogenitätsgebot lässt sich kein grundsätzliches Verbot direktdemokratischer Mitwirkungsformen ableiten, selbst wenn es dadurch zu einer Verfassungsrevision gegen den Willen des Landtags kommen kann.

Kapitel 5:
Die Anforderungen der Bayerischen Verfassung an die plebiszitäre Mehrheit im Rahmen der verfassungsändernden Volksgesetzgebung

Die Schlussfolgerung, die Bayerische Verfassung erlaube ihre Änderung durch Volksbegehren und Volksentscheid, beantwortet noch nicht die Frage, wie hoch die Mehrheit bei der Volksabstimmung sein muss, um eine Verfassungsrevision zu beschließen. Da im Wortlaut der Verfassung die verfassungsändernde Volksgesetzgebung nirgends vorkommt, hilft die bloße Lektüre des Verfassungstextes bei der Lösung dieses Problems nicht weiter. Es bleibt nichts anderes übrig, als erneut die einschlägigen Verfassungsnormen auszulegen und zu untersuchen, ob sie bezüglich der plebiszitären Verfassungsänderung bestimmte Anforderungen an die Abstimmungsmehrheit stellen.

I. Die auszulegenden Vorschriften der Bayerischen Verfassung

Nach der Systematik der Bayerischen Verfassung bildet Artikel 75 Abs. 1 Satz 1 i.V.m. Artikel 72 Abs. 1, Artikel 74 Abs. 1 und 5 BV die Grundlage für die verfassungsändernde Volksgesetzgebung[421]. Folglich müssen die Voraussetzungen für einen erfolgreichen Volksentscheid auf Grund einer Verfassungsinitiative zunächst aus diesen Normen abgeleitet werden. In Artikel 2 Abs. 2 Satz 2 BV findet sich jedoch die Formulierung "Mehrheit entscheidet". Der wohl kürzeste deutsche Rechtssatz[422] steht im Abschnitt "Die Grundlagen des Bayerischen Staates" und stellt daher ein allgemeines Prinzip dar[423], das auch für die (verfassungsändernde) Volksgesetzgebung gilt. Folglich ist diese Vorschrift ebenfalls zur Interpretation heranzuziehen.

---

[421] Siehe S. 73ff und S. 82.

[422] *K. Engelken*, BayVBl. 2005, S. 270.

[423] BayVerfGHE 2, 181 (219) betont zurecht, dass es sich bei Art. 2 Abs. 2 Satz 2 BV nicht nur um ein bloßes Programm, sondern um einen verbindlichen Rechtssatz handle.

II. Die Wortlautinterpretation

A) Der allgemeine Sprachgebrauch

Die Artikel 72, 74 und 75 BV sagen über die Anforderungen an einen erfolgreichen Volksentscheid gar nichts aus. Somit muss sich die Auslegung nach dem Wortsinn auf Artikel 2 Abs. 2 Satz 2 BV konzentrieren. Was aber bedeutet "Mehrheit" im Sinne dieser Vorschrift? In seinem Urteil vom 2. Dezember 1949 ging der Bayerische Verfassungsgerichtshof wie selbstverständlich davon aus, dass die einfache Mehrheit der Abstimmenden gemeint sei[424]. Eine solche Auffassung steht im Einklang mit dem gewöhnlichen Sprachgebrauch[425]. Wer von "Mehrheit" spricht, denkt in aller Regel an eine Entscheidungsmöglichkeit, die im Rahmen einer Abstimmung die meisten Stimmen auf sich vereinigt hat.

B) Die juristischen Definitionsmöglichkeiten

Bei der Wortlautinterpretation ist jedoch darauf zu achten, dass der Sinn der Worte und Sätze einer Norm nicht nur in umgangssprachlicher, sondern auch in juristischer Hinsicht erforscht wird[426]. Die Rechtswissenschaft differenziert sehr genau zwischen vier verschiedenen Mehrheitsbegriffen.

Die *relative Mehrheit* ist erreicht, wenn eine Alternative mehr Stimmen erhalten hat, als jede andere Alternative[427]. Der Umstand, dass mehr als zwei Entscheidungsmöglichkeiten zur Auswahl stehen, stellt das charakteristische Merkmal der relativen Mehrheit dar[428] [429].
Die *einfache Mehrheit* zeichnet sich dadurch aus, dass ausschließlich die Ja- und Nein-Stimmen zur Ermittlung der Mehrheit herangezogen werden, so dass

---

[424] Siehe BayVerfGHE 2, 181 (218).
[425] Zutreffend *H.J. Varain*, ZfP n.F. 11 (1964), S. 242f und *H.-D. Horn*, Der Staat 38 (1999), S. 402.
[426] Vgl. *H. Maurer*, Staatsrecht I, 4. Aufl., 2005, S. 20.
[427] Siehe *C. Thum*, BayVBl. 2000, S. 38.
[428] So *W. Heun*, Das Mehrheitsprinzip in der Demokratie, 1983, S. 124.
[429] Die relative Mehrheit spielt bei Volksentscheiden in Bayern keine Rolle, da gemäß Artikel 76 Abs. 4 LWG über jeden Gesetzentwurf, der zur Abstimmung steht, einzeln mit „Ja" oder „Nein" abzustimmen ist. Es gibt also jeweils nur zwei Entscheidungsalternativen (Annahme oder Ablehnung des Entwurfs). Erreichen mehrere Gesetzesvorlagen mehr Ja- als Nein-Stimmen, so entscheidet eine Stichfrage.

der Beschluss bereits zustande kommt, wenn die Anzahl der Ja-Stimmen die der Nein-Stimmen um eins übersteigt, während man Stimmenthaltungen nicht mitzählt[430].

Eine *absolute Mehrheit* liegt vor, wenn die Hälfte der zu Grunde gelegten Zahlenganzheit überschritten wird[431]. Diese Form der Mehrheit gilt als die eigentliche (ursprüngliche) demokratische Mehrheitsform[432].

Bei der *qualifizierten Mehrheit* wird das Mehrheitserfordernis näher an das Einstimmigkeitsprinzip gerückt[433]. Eine traditionelle Variante der qualifizierten Mehrheit ist die Zweidrittelmehrheit. Aber auch Beteiligungs- und Zustimmungsquoren erschweren die Mehrheitsfindung und sind deshalb mit der qualifizierten Mehrheit gleichzusetzen[434].

Aus juristischer Sicht bedeutet somit "Mehrheit" ohne Attribut nicht automatisch "einfache Mehrheit"[435]. Das bloße Abstellen auf den allgemeinen Sprachgebrauch reicht für eine korrekte Auslegung des Wortlauts nicht aus[436]. Der Satz "Mehrheit entscheidet" ist sehr vieldeutig[437]. Er bestimmt weder die Art der Mehrheit, noch legt er fest, worauf sich diese Mehrheit bezieht[438]. Als Bezugspunkt kommen die gültig Abstimmenden, die insgesamt Abstimmenden oder alle Stimmberechtigten in Frage. Angesichts der (zu) knappen Formulierung wäre es verfehlt zu behaupten, der Inhalt des Artikels 2 Abs. 2 Satz 2 BV könne ohne jede weitere Interpretation ergründet werden.

---

[430] *W. Heun*, Das Mehrheitsprinzip in der Demokratie, 1983, S. 124f.

[431] *C. Thum*, BayVBl. 2000, S. 38.

[432] So *W. Heun*, Das Mehrheitsprinzip in der Demokratie, 1983, S. 124.

[433] Vgl. *C. Thum*, BayVBl. 2000, S. 38.

[434] Zutreffender Hinweis bei *W. Heun*, Das Mehrheitsprinzip in der Demokratie, 1983, S. 127 Fn. 129.

[435] Zutreffend *J. Isensee*, Verfassungsreferendum mit einfacher Mehrheit, 1999, S. 51 und *H.-D. Horn*, BayVBl. 1999, S. 432.

[436] Genau dies wollen aber etliche Autoren nicht einsehen; sie beharren darauf, dass Art. 2 Abs. 2 Satz 2 BV schon nach seinem Wortlaut eindeutig sei, vgl. *R. Gremer*, BayVBl. 1999, S.365; *K. Hahnzog*, in; Alternativen - Bürgerbegehren und Bürgerentscheid vor der Neufassung, 1998, S. 44; *C. Degenhart*, Der Staat 31 (1992), S. 86 und wohl auch *O. Jung*, BayVBl. 1998, S. 229 und 233.

[437] Siehe *C. Schmitt*, Verfassungslehre, 5. Aufl., 1970. S. 278; ebenso *K. Stern*, Das Staatsrecht der Bundesrepublik Deutschland, Bd. 1, 2. Aufl., 1984, S. 611.

[438] Vgl. BayVerfGH BayVBl. 1999, S. 723; *F.L. Knemeyer*, in: Alternativen - Bürgerbegehren und Bürgerentscheid vor der Neufassung, 1998, S. 18; *H.-D. Horn*, Der Staat 38 (1999), S. 402.

C) Zwischenergebnis

Die Auslegung des Wortlauts führt letztendlich zu keinem sicheren Ergebnis. Zwar mag in der Umgangssprache ein Unterschied zwischen "Mehrheit" und "einfacher Mehrheit" praktisch nicht existieren; der juristische Mehrheitsbegriff ist jedoch zu vielschichtig, um auf Anhieb die konkrete Bedeutung des Artikels 2 Abs. 2 Satz 2 BV sicher festzustellen.

III. Die Entstehungsgeschichte

A) Der Einfluss früherer deutscher und ausländischer Verfassungen auf die Verfassunggebung von 1946

Die Frage, welche Mehrheitshöhe beim Volksentscheid den Ausschlag geben sollte, stellte sich nicht erst 1946, als der Verfassungsausschuss der Verfassunggebenden Landesversammlung zusammentrat[439]. Die Väter der Verfassung konnten vielmehr auf umfangreiche Erfahrungen mit plebiszitären Elementen zurückgreifen. Von besonderer Bedeutung für die Ausgestaltung der Volksgesetzgebung in der Bayerischen Verfassung von 1946 waren die (Vorgänger-) Regelungen in der Weimarer Reichsverfassung, der Bamberger Verfassung und der Schweizerischen Bundesverfassung. Dagegen darf der Einfluss des amerikanischen Verfassungsrechts in diesem Punkt eher als gering eingestuft werden[440].

a) Die Mehrheitserfordernisse nach der Weimarer Reichsverfassung

Die Weimarer Reichsverfassung ordnete in Artikel 75 und in Artikel 76 Abs. 1 Satz 4 WRV erhöhte Mehrheitserfordernisse für Volksentscheide auf Reichs-

---

[439] Siehe S. 65f.

[440] Zwar spielte bei der (Neu-) Formulierung des heutigen Art. 75 Abs. 2 Satz 2 BV eine Anregung der amerikanischen Besatzungsmacht in Bayern eine große Rolle (siehe S. 138), die konkrete verfassungsrechtliche Ausgestaltung der direkten Demokratie in den Vereinigten Staaten floss aber kaum in die Beratungen des Verfassungsausschusses ein. Das dürfte insbesondere daran gelegen haben, dass in den USA auf Bundesebene keine Plebiszite stattfanden und die Regelungen in den einzelnen Bundesstaaten hierzu zu unterschiedlich und zu vielseitig waren, um für die Verfassungsväter eine relevante Diskussionsgrundlage darstellen zu können (siehe dazu *H. Heußner*, Volksgesetzgebung in den USA und in Deutschland, 1994, S. 17 und S.23ff).

ebene an[441]. Gemäß Artikel 75 WRV konnte ein Reichstagsbeschluss durch eine Volksabstimmung nur aufgehoben werden, wenn die Mehrheit aller Stimmberechtigten am Plebiszit teilnahm. Dieses Beteiligungsquorum galt also lediglich für die einfache plebiszitäre Gesetzgebung. Für die verfassungsändernde Volksgesetzgebung traf Artikel 76 Abs. 1 Satz 4 WRV eine Spezialregelung: Eine Verfassungsrevision bedurfte der Zustimmung von mindestens 50% der Stimmberechtigten[442]. Daran lehnte sich auch der Entwurf des Vorbereitenden Verfassungsausschusses an, der in Artikel 50 Abs. 2 Satz 2 Verf-E ein identisches Zustimmungsquorum beim Verfassungsreferendum vorsah[443].

Über die Vor- und Nachteile der direktdemokratischen Elemente in der Reichsverfassung wurde lange Zeit gestritten. Die früher herrschende Meinung ging davon aus, dass insbesondere radikale Kräfte sich des Instruments des Volksbegehrens bedienten und so die junge Republik destabilisieren konnten[444]. Mittlerweile hat sich aber die zutreffende Ansicht durchgesetzt, dass Weimar nicht an der unmittelbaren Demokratie zu Grunde ging und Kommunisten und Nationalsozialisten viel weniger Nutzen aus der Volksgesetzgebung zogen, als ursprünglich angenommen[445].

b) Die Mehrheitserfordernisse nach der Bamberger Verfassung

Im Gegensatz zur Weimarer Reichsverfassung sah die Bamberger Verfassung von 1919 bei verfassungsändernden Plebisziten lediglich ein Beteiligungsquorum vor. Gemäß §10 Abs. 3 Satz 2 und 3 BambV war eine Verfassungsinitiative erfolgreich, wenn sie zwei Drittel der abgegebenen Stimmen auf sich vereinigen

---

[441] Vgl. *F. Poetzsch-Heffter*, Handkommentar der Reichsverfassung, 3. Aufl., 1928, S. 330ff zu Art. 75 und Art. 76; *H. Nawiasky*, BayVBl. 1929, S. 416ff; für Volksentscheide auf Landesebene, die der Neugliederung des Gebietsbestandes der Länder dienen sollten, sah Artikel 18 Abs. 5 WRV ebenfalls besondere Quoren vor.

[442] Ein Überblick über die wichtigsten Versuche direktdemokratischer Gesetzgebung in der Weimarer Republik findet sich bei *O. Jung*, Direkte Demokratie in der Weimarer Republik, 1989, S. 5ff.

[443] Siehe S. 67f.

[444] Vgl. *H. Schneider*, in: Forschungen und Berichte aus dem öffentlichen Recht, 1955, S. 158; *K. Fell*, Plebiszitäre Einrichtungen im gegenwärtigen deutschen Staatsrecht, 1964, S. 34 und *H. Schambeck*, in: Recht und Staat in Geschichte und Gegenwart, Heft 400/401, 1971, S. 16; unklar *K. Vogelsang*, DÖV 1991, S. 1052.

[445] Siehe hierzu *C. Pestalozza*, Der Popularvorbehalt, 1981, S. 29; *J. Fijalkowski*, in: Konsens und Konflikt, 1986, S. 254; *W. Berger*, Volksbegehren und Volksentscheid, 1978, S. 279 und *H.A. Winkler*, Weimar 1918-1933, 1993, S. 105f.

konnte und mindestens 40% der Stimmberechtigten an der Volksabstimmung teilnahmen[446]. Praktische Bedeutung erlangte dieses komplizierte Quorum nie. Zwischen 1919 und 1933 fand in Bayern nur ein einziger Volksentscheid über ein verfassungsänderndes Volksbegehren statt, das aber bereits keine Mehrheit unter den Abstimmenden erzielen konnte[447].

c) Die Mehrheitserfordernisse nach der Schweizerischen Bundesverfassung

Die Schweizerische Bundesverfassung zeichnet sich durch eine große Aufgeschlossenheit gegenüber Plebisziten aus. Sowohl die verfassungsändernde Volksgesetzgebung als auch Referenden über einfache Bundesgesetze sind verfassungsrechtlich verankert[448]. Besondere Abstimmungsquoren beim Volksentscheid sind den Eidgenossen fremd. Das war allerdings 1946, zur Zeit der Schaffung der Bayerischen Verfassung, noch etwas anders. Die Kantone durften nämlich gemäß Artikel 6 Abs. 2 lit. c der Schweizerischen Bundesverfassung selbst entscheiden, ob sie für die Annahme oder Änderung der Kantonsverfassung die Zustimmung der Mehrheit der Stimmberechtigten oder nur der Mehrheit der Abstimmenden vorsehen wollten[449]. Damit hätten die schweizerischen Gliedstaaten zumindest theoretisch ein Quorum einführen können. Letztendlich begnügten sich jedoch sämtliche Kantone mit der einfachen Mehrheit der Abstimmenden[450].

Das schweizerische Verfassungsrecht beeinflusste insbesondere Wilhelm Hoegner und Hans Nawiasky in ihren verfassungspolitischen Vorstellungen. Beide lebten während der nationalsozialistischen Herrschaft in Deutschland im schweizerischen Exil und sammelten auf diese Weise umfangreiche Erfahrungen mit der (funktionierenden) unmittelbaren Demokratie. Der Verfassungsent-

---

446 Siehe dazu *J. Kratzer*, Verfassungsurkunde des Freistaates Bayern, 1925, S. 17 zu §10 und *A. Mittenberger-Huber*, Das Plebiszit in Bayern, 1999, S. 79f.

447 Siehe S. 60 Fn. 157.

448 Siehe Artikel 138 bis 142 der Schweizerischen Bundesverfassung; einen Überblick über die (erneuerte) Verfassung der Schweiz bietet *R. Schweizer*, JöR n.F. 48 (2000), S. 263.

449 Vgl. *F. Fleiner/Z. Giacometti*, Schweizerisches Bundesstaatsrecht, 1978, S. 57 und 59.

450 Vgl. F. *Fleiner/Z. Giacometti*, Schweizerisches Bundesstaatsrecht, 1978, S. 57 Fn. 52 und *O. Jung*, BayVBl. 1999, S. 424.

wurf, den Wilhelm Hoegner dem Vorbereitenden Verfassungsausschuss vorlegte[451], war nicht nur bezüglich der Vorschriften über die Volksgesetzgebung geprägt von der Tradition der schweizerischen Kantone[452].

d) Bewertung

Führt man nun diese drei Verfassungen und ihre Regelungen über die verfassungsändernden Volksgesetzgebung zu einer Art Gesamtschau zusammen, so bleibt festzustellen, dass vor allem bezüglich der notwendigen Mehrheit beim Volksentscheid erhebliche Unterschiede bestanden. Die beiden deutschen Verfassungen ordneten relativ hohe Quoren an, die Schweizer Verfassung verzichtete fast vollständig darauf. Eine einheitliche Rechtstradition, die den bayerischen Verfassunggeber geleitet haben könnte, existierte folglich nicht.

Im Übrigen wäre es verfehlt anzunehmen, dass eine der drei besprochenen Verfassungen bei der Ausarbeitung der plebiszitären Rechtsetzung in Bayern einen größeren Einfluss gehabt habe als die anderen. Das Verfassungsrecht und die direkte Demokratie der Schweiz beeindruckten die zwei tonangebenden Akteure im Verfassungsausschuss, Wilhelm Hoegner und Hans Nawiasky, sicherlich in besonderem Maße, aber sie waren eben nicht die einzigen Verfassungsväter[453]. Andere Ausschussmitglieder emigrierten nach 1933 nicht in die Schweiz und machten keine Erfahrungen mit den Erfolgen der plebiszitären Demokratie der Eidgenossenschaft. Sie blickten beim Thema Volksgesetzgebung zuerst auf die Bamberger Verfassung und die Weimarer Reichsverfassung zurück[454].

Hinzu kommt, dass sich die Schöpfer der Bayerischen Verfassung der historischen Bedeutung ihrer Aufgabe durchaus bewusst waren. Sie wollten weder Weimar noch Bern kopieren und auch nicht in die alten Zeiten der Bamberger Verfassung zurückfallen, sondern ein völlig neues Regelwerk konstruieren, das

---

[451] Siehe auch S. 8f.

[452] Zutreffende Feststellung bei *C. Gebhard*, Direkte Demokratie im parlamentarischen System, 2000, S. 38; siehe auch *W. Siegel*, Bayerns Staatswerdung und Verfassungsentstehung, 1945/1946, 1978, S. 43f.

[453] Siehe dazu S. 66f.

[454] *Wilhelm Hoegner* gab später zu, sich bei der Ausgestaltung der Vorschriften über Volksbegehren und Volksentscheid auch an der Weimarer Reichsverfassung orientiert zu haben (siehe *W. Hoegner*, BayVBl. 1963, S. 99).

nur für den Freistaat maßgeschneidert sein sollte[455]. Die drei Verfassungen stellten für den bayerischen Verfassunggeber keine Richtschnur oder Direktive dar, sie lieferten den Verfassungsvätern jedoch Ideen und Vergleichsmaterial bei ihren Beratungen im Verfassungsausschuss der Verfassunggebenden Landesversammlung. Diese Beratungen sind die eigentliche Quelle für die Analyse der Entstehungsgeschichte derjenigen Verfassungsnormen, die die plebiszitäre Verfassungsänderung regeln.

B) Die Beratungen im Verfassungsausschuss

a) Die Beratungen zu Artikel 2 Abs. 2 Satz 2 BV

Am 18. Juli 1946 kam es im Verfassungsausschuss zur ersten Lesung des Artikels 2 Abs. 2 Verf-E[456]. Die Ausschussmitglieder stimmten diesem Absatz ohne größere Diskussion zu und übernahmen die vom Vorbereitenden Verfassungsausschuss gewählte Formulierung unverändert[457]. Auch die zweite Lesung am 20. August 1946 verlief völlig unspektakulär[458]. Der Sinn des Satzes "Mehrheit entscheidet" wurde nicht näher erörtert[459]. Die Entstehungsgeschichte des Artikels 2 Abs. 2 Satz 2 BV liefert somit keine greifbaren Hinweise für die Auslegung der Verfassungsvorschriften über die verfassungsändernde Volksgesetzgebung.

---

[455] Bezeichnend ist in diesem Zusammenhang folgende Äußerung *Hans Ehards* im Verfassungsausschuss zum Thema Volksgesetzgebung: "Es war mir außerordentlich interessant zu hören, wie die Verhältnisse in der Schweiz gewesen sind und wie sie heute sein mögen. Ich schlage aber, vor wir kehren wieder nach Bayern zurück" (StB VerfA VerfLV, Bd. 1, S. 185 (30. 7. 1946)).

[456] Art. 2 Abs. 2 Verf-E entsprach in seinem Wortlaut dem heutigen Art. 2 Abs. 2 BV.

[457] StB VerfA VerfLV, Bd. 1, S. 46 (18. 7. 1946).

[458] StB VerfA VerfLV, Bd. 2, S. 387 (20. 8. 1946).

[459] Insoweit zutreffender Hinweis bei BayVerfGH BayVBl. 1999, S. 723.

b) Die Beratungen zu Artikel 74 und 75 BV

aa) die siebte und die achte Sitzung des Verfassungsausschusses am 29. bzw. 30. 7. 1946

Die erste Lesung der verfassungsrechtlichen Normen, die die plebiszitäre Rechtsetzung zum Gegenstand hatten, fand während der siebten und der achten Sitzung des Verfassungsausschusses statt (29. und 30. Juli 1946). Wilhelm Hoegner und Hans Ehard eröffneten die Debatte mit allgemeinen Ausführungen zur direkten Demokratie. Der Ministerpräsident wies dabei auf die positiven Erfahrungen der Schweiz mit der unmittelbaren Mitbestimmung des Volkes hin[460], während Ehard über die Rechtslage zur Zeit der Bamberger Verfassung referierte und dabei den Ausschussmitgliedern auch die damals vorgesehenen Quoren beim verfassungsändernden Volksentscheid aufzeigte[461].

Bei der Debatte über Artikel 49 Verf-E[462] stellte Hoegner den Antrag, dass künftig ein Volksentscheid nicht nur auf Grund eines Volksbegehrens, sondern auch auf Verlangen von zwei Fünfteln der Landtagsabgeordneten stattfinden sollte. Unmittelbar darauf erfolgte ein Vorschlag des Ausschussmitglieds Dehler, die Volksgesetzgebung ganz abzuschaffen und stattdessen lediglich der Staatsregierung, dem Senat und (in Anlehnung an Hoegner) zwei Fünfteln der Volksvertreter das Recht einzuräumen, Volksabstimmungen über Gesetzentwürfe zu veranlassen[463]. Interessanterweise beinhaltete Dehlers Antrag eine Vorschrift, die ausdrücklich die erforderlichen Mehrheiten beim Volksentscheid regelte. Verfassungsändernde Gesetze hätten demnach nur mit Zweidrittelmehrheit der Abstimmenden beschlossen werden dürfen. Am Ende einer längeren Aussprache lehnte der Ausschuss Hoegners Vorschlag ab, woraufhin Dehler seinen Antrag zurückzog[464].

Die achte Sitzung des Gremiums führte außerdem, wie bereits aufgezeigt, zu Änderungen an Artikel 50 Abs. 1 Verf-E, während sich gegen den zweiten Absatz dieser Vorschrift keine Einwände erhoben. Zugleich scheiterte ein Antrag

---

460 StB VerfA VerfLV, Bd. 1, S. 166 (29. 7. 1946).
461 StB VerfA VerfLV, Bd. 1, S. 166f (29. 7. 1946).
462 Der heutige Art. 74 BV.
463 StB VerfA VerfLV, Bd. 1, S. 180 (30. 7. 1946).
464 StB VerfA VerfLV, Bd. 1, S. 185 (30. 7. 1946).

Nawiaskys, das Textänderungsgebot umzuformulieren, um so Verfassungsgesetze auch in einem Anhang zur Verfassung aufnehmen zu können[465].

bb) Die 19. Sitzung des Verfassungsausschusses am 21. 8. 1946

Auf der 19. Sitzung des Verfassungsausschusses vom 21. August 1946 wurde Artikel 49 Verf-E in zweiter Lesung bestätigt. Dagegen erfuhren die Absätze 2 und 4 des Artikels 50 Verf-E erhebliche Veränderungen. Nawiasky informierte die Ausschussmitglieder über eine Anregung der amerikanischen Militärregierung, das in Artikel 50 Abs. 2 Verf-E vorgesehene Zustimmungsquorum beim Verfassungsreferendum zu reduzieren[466]. Der Sachverständige teilte die Bedenken der Amerikaner, dass eine derart hohe Hürde Verfassungsrevisionen unmöglich machen könne[467]. Nun folgte eine sehr rege Diskussion über die Frage, wie Artikel 50 Abs. 2 Verf-E am besten zu formulieren sei[468]. Ehard und Hundhammer befürworteten eine analoge Übertragung der Bamberger Quoren auf das Verfassungsreferendum[469]. Dagegen brachte Dehler den einfachen Satz, *"Sie müssen dem Volk zur Entscheidung vorgelegt werden"* zur Sprache. Der Abgeordnete der FDP argumentierte, dass eine qualifizierte Mehrheit bei der Volksabstimmung nicht notwendig sei, wenn die Verfassungsrevision bereits eine Zweidrittelmehrheit im Landtag gefunden habe. Er fügte lapidar hinzu, "wer nicht abstimmt, stimmt zu, das kann man präsumieren"[470]. Sein Vorschlag fand schnell das allgemeine Einverständnis der Ausschussmitglieder. Auf eine Nachfrage Scheringers bestätigte Ehard, dass nach dieser Neufassung des Artikels 50 Abs. 2 Satz 2 Verf-E die einfache Mehrheit der Abstimmenden für die Bestätigung einer vom Landtag beschlossenen Verfassungsänderung ausreiche[471].

---

[465] Siehe S. 68f.

[466] Siehe dazu auch *W. Hoegner*, Lehrbuch des Bayerischen Verfassungsrechts, 1949, S. 113 und *J. Isensee*, Verfassungsreferendum mit einfacher Mehrheit, 1999, S. 57f.

[467] *H. Nawiasky* führte wörtlich aus : "Kein Mensch will, dass, weil ein schöner Sonntag ist und die Leute ins Gebirge gehen, eine Verfassungsänderung nicht zustande kommt, obwohl niemand sie verhindern will", StB VerfA VerfLV, Bd. 2, S. 413 (21. 8. 1946).

[468] Siehe *O. Jung*, Grundgesetz und Volksentscheid, 1994, S. 42.

[469] StB VerfA VerfLV, Bd. 2, S. 414 (21. 8. 1946).

[470] StB VerfA VerfLV, Bd. 2, S. 415 (21. 8. 1946).

[471] StB VerfA VerfLV, Bd. 2, S. 415 (21. 8. 1946).

Im Übrigen nahm der Verfassungsausschuss den von Nawiasky erneut gestellten Antrag auf Lockerung des Textänderungsgebotes an. Von nun an sollten Verfassungsänderungen auch in einem Anhang aufgenommen werden dürfen[472].

cc) Bewertung

Während seiner Tagungen hat der Verfassungsausschuss der Verfassunggebenden Landesversammlung nicht ein einziges Mal darüber debattiert, mit welcher Mehrheit ein verfassungsänderndes Volksbegehren durch Volksentscheid angenommen werden kann. Das erschwert die entstehungsgeschichtliche Interpretation der Normen, die die Grundlage der plebiszitären Verfassungsänderung darstellen.

Die Vermutung, die Verfassungsschöpfer hätten eine so wichtige Frage schlichtweg vergessen, darf man allerdings mit an Sicherheit grenzender Wahrscheinlichkeit als falsch zurückweisen. Eine solche These ist schon angesichts der stets gewissenhaft und sorgfältig arbeitenden Mitglieder des Verfassungsausschusses mehr als zweifelhaft[473]. Zudem brachte Ehard im Laufe der Beratungen mehrmals die Quoren der Bamberger Verfassung ins Spiel und Dehlers Antrag vom 30. Juli 1946 zeigt, dass die Abgeordneten durchaus über die erforderliche Mehrheit bei verfassungsändernden Volksentscheiden nachdachten.

Die Streichung des Zustimmungsquorums in Artikel 50 Abs. 2 Satz 2 Verf-E bedeutete allerdings nicht automatisch, dass die einfache Mehrheit auch im Rahmen eines Volksentscheides auf Grund einer Verfassungsinitiative ausreichen sollte[474]. Dehlers Äußerung, "wer nicht abstimmt, stimmt zu", bezog sich lediglich auf das Verfassungsreferendum, nicht aber auf die gesamte verfassungsändernde Volksgesetzgebung[475]. Der Vertreter der FDP betonte, dass nur der vorhergehende, mit Zweidrittelmehrheit gefasste Beschluss des Landtags eine qualifizierte Mehrheit bei der Volksabstimmung über eine Verfassungsrevision entbehrlich mache[476]. Konsequenterweise verlangte Dehler in seinem Antrag vom 30. Juli 1946 noch eine Zweidrittelmehrheit für die Annahme einer Verfas-

---

[472] Siehe S. 71.
[473] Siehe dazu S. 69f.
[474] Zutreffend BayVerfGH BayVBl. 1999, S. 722.
[475] So aber *O. Jung*, BayVBl. 1999, S. 421 Fn. 47 und *O. Jung*, Grundgesetz und Volksentscheid, 1994, S. 42.
[476] Siehe S. 137.

sungsänderung durch Volksabstimmung ohne vorherigen Beschluss des Parlaments. Der von amerikanischer Seite geltend gemachte und von Nawiasky aufgegriffene Gesichtspunkt, Verfassungsänderungen könnten wegen zu geringer Beteiligung beim Volksentscheid scheitern, war ebenfalls bloß auf Artikel 50 Abs. 2 Satz 2 Verf-E gemünzt[477]. Es wurde ausdrücklich von Verfassungsänderungen gesprochen, die niemand verhindern wolle[478]. Eine solche Verfassungsrevision kann nur gemeint sein, wenn das Vorhaben im Landtag schon eine breite Mehrheit gefunden hat, nicht aber, wenn lediglich die Unterstützung von 10% der Stimmberechtigten für das Volksbegehren vorliegt. Die Gründe, die zum Entfallen des Zustimmungsquorums bei Artikel 50 Abs. 2 Satz 2 Verf-E führten, sind stets im Zusammenhang mit dieser Vorschrift zu betrachten; sie galten ausschließlich für das Verfassungsreferendum, nicht aber für einen Volksentscheid über eine Verfassungsinitiative[479].

Zu untersuchen ist allerdings, ob Nawiasky die Umgestaltung des Artikels 50 Abs. 4 Verf-E unter anderem deshalb so energisch befürwortete, da er von quorenlosen Volksentscheiden ausging und daher mit einer sehr hohen Anzahl von plebiszitären Verfassungsänderungen rechnete[480]. Der Sachverständige hatte jedoch ganz vordergründig die "Schönheit der Verfassung"[481] und die Verhinderung der so genannten Verfassungsdurchbrechungen[482] im Auge. In den Sitzungsprotokollen finden sich keine Anhaltspunkte dafür, dass die Neufassung des Textänderungsgebotes auch noch anderen Zwecken dienen sollte. Selbst wenn Nawiasky an regelmäßige und häufige Verfassungsrevisionen durch Volksbegehren und Volksentscheid geglaubt hätte[483], heißt das nicht zwangsläufig, dass er erhöhte Mehrheitserfordernisse im Rahmen der verfassungsändernden Volksgesetzgebung für verfassungswidrig erachtete.

---

477 A.A. *K. Schweiger*, BayVBl. 2000, S. 196.

478 Siehe S. 138 Fn. 467.

479 So im Ergebnis auch *J. Isensee*, Verfassungsreferendum mit einfacher Mehrheit, 1999, S. 59.

480 Vgl. *O. Jung*, BayVBl. 1999, S. 422 Fn. 50.

481 So die Anmerkung *A. Hundhammers*, StB VerfA VerfLV, Bd. 2, S. 414 (21. 8. 1946).

482 Siehe S. 71.

483 Es ist keineswegs sicher, dass der Sachverständige tatsächlich von einer solchen Prämisse ausging; in seinem Kommentar zur Bayerischen Verfassung äußerte *H. Nawiasky* vielmehr die Annahme, dass das eine große Zahl plebiszitärer Gesetzesanregungen zwar möglich sei, das Unterstützungsquorum beim Volksbegehren aber „abkühlend" wirke (vgl. *Nawiasky/Leusser*, Die Verfassung des Freistaates Bayern, 1948, S. 45).

Aus den Beratungen des Verfassungsausschusses über die Artikel 49 und 50 Verf-E kann man mithin nicht erkennen, wie der Verfassunggeber über eine Erschwerung der plebiszitären Verfassungsänderung durch bestimmte Mehrheitsanforderungen dachte.

c) Zwischenergebnis

Die Analyse der Sitzungsprotokolle des Verfassungsausschusses erbringt keine klaren Hinweise für die entstehungsgeschichtliche Auslegung der relevanten Normen. Eine Diskussion über Artikel 2 Abs. 2 Satz 2 Verf-E fand praktisch nicht statt und auch im Laufe der Debatten zu Artikel 49 und 50 Verf-E wurde dem Satz "Mehrheit entscheidet" keine große Beachtung geschenkt. Die Beratungen über die direktdemokratische Rechtsetzung bringen jedoch ebenfalls kein Licht ins Dunkel. Der Umstand, dass die Verfassungsväter die Quorenproblematik erkannt haben müssen, aber keine ausdrückliche Lösung in den Verfassungstext schrieben, lässt nicht ohne Weiteres den (Umkehr-) Schluss zu, dass sie plebiszitäre Verfassungsänderungen mit einfacher Mehrheit beim Volksentscheid anstrebten. Die Sitzungsprotokolle des Verfassungsausschusses bestätigen eine solche Annahme jedenfalls nicht[484].

Es stellt sich dann aber die Frage, warum der pouvoir constituant eine Regelung unterließ, obwohl er wusste, dass sie politisch von größter Wichtigkeit gewesen wäre. Formell endet die Verfassunggebung mit dem Inkrafttreten der jeweiligen Verfassung. Will man die Motive der Verfassungsväter bei der Ausarbeitung des formellen Verfassungsrechts ergründen, dann kann es jedoch sinnvoll sein, auf ihr politisches und wissenschaftliches Wirken nach Abschluss der Verfassunggebung einzugehen. Zur Beantwortung der oben aufgeworfenen Fragestellung soll deshalb im Folgenden untersucht werden, welche Ansichten die vormaligen Schöpfer der Bayerischen Verfassung im Zusammenhang mit der verfassungsändernden Volksgesetzgebung vertraten. Von großem Interesse sind dabei die Meinungen der beiden einflussreichsten Personen, Hans Nawiasky und Wilhelm

---

[484] Im Übrigen deutet auch die ausführliche Diskussion über Art. 50 Abs. 2 Satz 2 Verf-E nicht auf eine abschließende Regelung zu Gunsten der einfachen Mehrheit beim Verfassungsreferendum hin. Die Verfassungsväter stellten lediglich fest, dass nach Streichung des Zustimmungsquorums nun die einfache Mehrheit „ausreiche" (siehe S. 138). Das heißt nicht, dass sie diese Mehrheitsform auch abschließend und zwingend anordnen wollten. Es liegt durchaus im Bereich des Möglichen, dass der Verfassunggeber die bloße Stimmenmehrheit als Minimalvoraussetzung für ein erfolgreiches Referendum ansah und dem späteren Gesetzgeber zugleich die Möglichkeit einräumte, höhere Maßstäbe zu setzen.

Hoegner, aber auch die Ansichten der Ausschussmitglieder, die der CSU angehörten, einer Partei, die der unmittelbaren Demokratie reserviert gegenüberstand.

C) Die Ansichten der Verfassungsväter nach Abschluss der Verfassunggebung

a) Hans Nawiasky

Der wissenschaftliche Berater des Verfassungsausschusses, Hans Nawiasky, kommentierte gemeinsam mit Claus Leusser als Erster die neue Bayerische Verfassung[485]. Sein Werk, das schon 1948, also knapp zwei Jahre nach dem Inkrafttreten der Verfassung, veröffentlicht wurde, darf in hohem Grad als repräsentativ für das Wollen des historischen Verfassunggebers gelten[486]. Der Staatsrechtslehrer hatte selbst die Verhandlungen des Verfassungsausschusses miterlebt und großen Einfluss auf sie genommen. Nach Nawiaskys Auffassung erlaubt die Verfassung des Freistaates dem einfachen Gesetzgeber, sowohl beim Verfassungsreferendum nach Artikel 75 Abs. 2 Satz 2 BV als auch beim Volksentscheid über eine Verfassungsinitiative die Einführung von Quoren[487]. Die Annahme, bei Artikel 2 Abs. 2 Satz 2 BV handle es sich um eine abschließende Regelung zu Gunsten der einfachen Mehrheit, die auf alle Volksentscheide anzuwenden sei, hielt Nawiasky offensichtlich nicht für diskussionswürdig[488].

b) Wilhelm Hoegner

Für die anderen Mitglieder des Verfassungsausschusses bot die Parlamentsdebatte über das neue Landeswahlgesetz eine Möglichkeit, zur verfassungsändernden Volksgesetzgebung Stellung zu beziehen. Der von der CSU dominierte Bayerische Landtag verabschiedete im Januar 1949 das Gesetz, das unter an-

---

[485] Siehe dazu auch S. 38.

[486] So *J. Isensee*, Verfassungsreferendum mit einfacher Mehrheit, 1999, S. 60.

[487] Siehe *Nawiasky/Leusser*, Die Verfassung des Freistaates Bayern, 1948, S. 154 zu Art. 74 BV und S. 156 zu Art. 75 BV.

[488] Dabei war *H. Nawiasky* kein Befürworter von Quoren. Die prohibitiv hohen Mehrheitsanforderungen im Rahmen der direkten Demokratie zur Zeit der Weimarer Republik wurden von ihm sehr kritisch hinterfragt (siehe *H. Nawiasky*, BayVBl. 1929, S. 417ff und den Hinweis bei *H. Zacher*, BayVBl. 1998, S. 740).

derem ein Beteiligungsquorum für Volksentscheide über verfassungsändernde Volksbegehren beinhaltete[489].

Namens des SPD-Fraktion bezeichnete der frühere Bayerische Ministerpräsident Wilhelm Hoegner diese Regelung als verfassungswidrig. Dabei zog er aber nicht Artikel 2 Abs. 2 Satz 2 BV heran, sondern stützte sich auf die Erfahrungen aus Weimar und auf die Entstehungsgeschichte zu Artikel 75 Abs. 2 Satz 2 BV[490].

c) Die Vertreter der CSU

Es fällt auf, dass es gerade ehemalige Mitglieder des Verfassungsausschusses aus den Reihen der CSU waren, die das von Hoegner so scharf angegriffene Landeswahlgesetz im Landtag verteidigten. Alois Hundhammer[491] und Friedrich von Prittwitz und Gaffron[492] vermochten keinen Verstoß gegen die Verfassung zu erkennen. Die Bayerische Staatsregierung, die das Landeswahlgesetz vorgelegt hatte, stand zudem unter dem Vorsitz von Ministerpräsident Hans Ehard, dem früheren Schriftführer des Verfassungsausschusses, der später das Gesetz ausfertigte und verkündete und damit ebenfalls zu erkennen gab, dass er die neuen Bestimmungen für verfassungsrechtlich unbedenklich erachtete.

d) Bewertung

In der Zeit nach 1946 herrschte unter den einstigen Mitgliedern des Verfassungsausschusses keine Einigkeit bei der Frage, mit welcher Mehrheit das Volk unmittelbar die Verfassung ändern dürfe. Das legt die Vermutung nahe, dass diese Meinungsverschiedenheiten schon während des Prozesses der Verfassunggebung bestanden. Nawiasky und die der CSU angehörenden Abgeordneten waren offensichtlich der Auffassung, dass die Verfassung die Festlegung von Quoren beim Volksentscheid dem einfachen Gesetzgeber überlassen solle[493]. Hoegner

---

[489] Siehe S. 39.

[490] StB Landtag, Nr. 97, S. 465f (12. 1. 1949).

[491] StB Landtag, Nr. 97, S. 457 (12. 1. 1949).

[492] StB Landtag, Nr. 97, S. 460ff (12. 1. 1949).

[493] Dabei differenzierten sie offenbar nicht zwischen Volksentscheiden über gewöhnliche Volksbegehren und Volksabstimmungen über Verfassungsinitiativen, wie die Kommentierung bei *Nawiasky/Leusser*, Die Verfassung des Freistaates Bayern, 1948, S. 154 zu Art. 74 BV zeigt.

und mit ihm wahrscheinlich auch die anderen sozialdemokratischen Verfassungsschöpfer gingen davon aus, dass die Modifizierung des Artikels 75 Abs. 2 Satz 2 BV (Artikel 50 Abs. 2 Satz 2 Verf-E) zugleich das Aus für sämtliche gesteigerte Mehrheitsanforderungen darstellte. Lediglich dem Artikel 2 Abs. 2 Satz 2 BV maßen alle Ausschussmitglieder in diesem Punkt keine entscheidende Bedeutung bei[494].

Warum diese Uneinigkeit nicht schon während der Sitzungen des Verfassungsausschusses zu Tage trat, ist nicht ersichtlich. Vielleicht bauten die Abgeordneten des Gremiums wie selbstverständlich auf die Richtigkeit ihrer jeweiligen Rechtsauffassung und betrachteten eine Diskussion als überflüssig. Eventuell gingen sie aber ganz bewusst einer Debatte aus dem Weg. Gründe für ein derartiges Verhalten lassen sich durchaus finden. Den Vertretern der SPD, der KPD und der WAV lag sehr viel an einer gut funktionierenden Volksgesetzgebung. Warum sollten sie die Quorenproblematik ansprechen und so riskieren, dass die CSU, die eine distanzierte Haltung zur direkten Demokratie einnahm, mit ihrer Mehrheit doch noch eine Erschwerung der plebiszitären Verfassungsänderung durchsetzte?
Andererseits gab es auch auf der Seite der CSU Erwägungen, die gegen eine ausdrückliche Festsetzung der Mehrheitsanforderungen im Verfassungstext sprachen. Zum einen hätte man im Falle einer Verfassungslücke die plebiszitäre Rechtsetzung durch ein Landesgesetz im Nachhinein entsprechend den eigenen Wünschen umgestalten können. Zum anderen dürfte so manchem königstreuen Konservativen die Möglichkeit, die Verfassung gegebenenfalls auch mit nur einfacher Mehrheit ändern zu können, durchaus sympathisch erschienen sein, wäre dies doch der beste Weg zur Wiedereinführung der Monarchie gewesen[495]. Solche Überlegungen sind aber nichts weiter als spekulative Vermutungen. Beweisen lassen sie sich nicht und daher wird man nie abschließend klären, warum die Sitzungsprotokolle zu einem so wichtigen Gesichtspunkt der unmittelbaren Demokratie in Bayern schweigen.

---

[494] Erst BayVerfGE 2, 181 (218f) griff auf diese Vorschrift zurück und sah sie als Norm mit abschließendem Charakter an.

[495] Erwägungen bezüglich der Wiedereinführung der Monarchie spielten gerade bei der Ausgestaltung der Normen über die verfassungsändernde Volksgesetzgebung eine große Rolle, siehe S. 71f.

D) Zwischenergebnis zur Entstehungsgeschichte

Die für eine plebiszitäre Verfassungsrevision notwendige Abstimmungsmehrheit kann durch eine Hinterfragung der Entstehungsgeschichte der Bayerischen Verfassung nicht in Erfahrung gebracht werden. Der Verfassunggeber von 1946 fand bezüglich der verfassungsändernden Volksgesetzgebung keine einheitliche Rechtstradition im deutschsprachigen Raum vor, die ihm als Orientierung hätte dienen können. Zu unterschiedlich waren die Vorschriften der Schweizerischen Verfassung, der Weimarer Reichsverfassung und der Bamberger Verfassung zu diesem Thema.

Die Beratungen und Gespräche im Verfassungsausschuss der Verfassunggebenden Landesversammlung drehten sich zu keinem Zeitpunkt ausdrücklich um die Frage, ob eine Verfassungsänderung im Wege der Volksgesetzgebung auch mit einfacher Mehrheit erfolgen dürfe.

Das politische und wissenschaftliche Wirken der Verfassungsschöpfer in den ersten Jahren nach Abschluss der Verfassunggebung lässt darauf schließen, dass sie gerade hierzu sehr unterschiedliche Auffassungen vertraten, ohne sie jedoch im Ausschuss zu diskutieren. Ihre Motive für dieses Verhalten bleiben im Dunkeln.

Eines kann aber mit ziemlicher Sicherheit festgehalten werden: Die Ansicht, Artikel 2 Abs. 2 Satz 2 BV meine grundsätzlich die einfache Mehrheit, findet in der Entstehungsgeschichte der Norm keine Stütze. Eine solche These stellte erstmals der Bayerische Verfassungsgerichtshof auf, ohne den erforderlichen Beweis anzutreten[496].

IV. Die systematische Auslegung

A) Rechtsvergleichende Erwägungen

Im Rahmen der systematischen Auslegung von Artikel 2 Abs. 2 Satz 2, Artikel 72 Abs. 1, Artikel 74 Abs. 1 und 5 und Artikel 75 Abs. 1 Satz 1 BV greifen Literatur und Rechtsprechung häufig auf Rechtsvergleiche zurück. Neben dem

---

[496] *J. Isensee*, Verfassungsreferendum mit einfacher Mehrheit, 1999, S. 51 spricht zutreffend von „eigenmächtiger Interpolation“.

schweizerischen und dem amerikanischen Verfassungsrecht wird vor allem die Rechtslage in den anderen Ländern der Bundesrepublik herangezogen.

a) Der Vergleich mit der Schweiz und den USA

aa) Die Rechtslage

Die Schweizerische Verfassung regelt in Artikel 139 die verfassungsändernde Volksgesetzgebung[497]. Nach Absatz 1 dieser Norm reichen schon 100000 Stimmberechtigte aus, um eine Verfassungsinitiative an das Bundesparlament zu richten. Bei der Volksabstimmung kommt der Beschluss einer Verfassungsrevision zustande, wenn die einfache Mehrheit zustimmt[498]. Die Tatsache, dass sich regelmäßig weniger als 50% der Eidgenossen an den Plebisziten beteiligen, wird relativ klaglos hingenommen[499].

In den USA finden auf Bundesebene keine Volksentscheide statt[500]. Verfassungsändernde Volksbegehren sind jedoch in 18 amerikanischen Bundesstaaten zulässig[501]. Über die Annahme eines solchen Begehrens entscheidet bei der Volksabstimmung in der Regel die einfache Stimmenmehrheit[502]. In sechs dieser 18 Bundesstaaten kann das Parlament die Verfassung nur mit qualifizierter Mehrheit revidieren, die plebiszitäre Verfassungsänderung unterscheidet sich dagegen nicht von der gewöhnlichen Volksgesetzgebung[503]. Es fällt auf, dass die direkte Demokratie insbesondere im Westen der Vereinigten Staaten

---

[497] Siehe auch S. 134f.

[498] Allerdings handelt es sich um eine „doppelte Mehrheit", d.h. die verfassungsändernde Vorlage muss sowohl auf Bundesebene als auch in mehr als der Hälfte der Kantone jeweils die einfache Mehrheit der abgegebenen Stimmen auf sich vereinigen (Art. 139 Abs. 6 i.Vm. Art. 142 Abs. 2 der Schweizerischen Bundesverfassung); siehe dazu *R. Schweizer*, JöR n.F. 48 (2000), S. 298f; *H.-J. Wipfelder*, BayVBl. 1983, S. 294f und *K. Loewenstein*, Über Wesen, Technik und Grenzen der Verfassungsänderung, 1961, S. 25.

[499] Vgl. dazu *A. Riklin/R. Kley*, Stimmabstinenz und direkte Demokratie, 1981, S. 34ff.

[500] Siehe *C. Stelzenmüller*, Direkte Demokratie in den Vereinigten Staaten von Amerika, 1994, S. 26 und H. Heußner, Volksgesetzgebung in den USA und in Deutschland, 1994, S. 17.

[501] Vgl. *H. Heußner*, Volksgesetzgebung in den USA und in Deutschland, 1994, S. 28.

[502] Siehe *C. Stelzenmüller*, Direkte Demokratie in den Vereinigten Staaten von Amerika, 1994, S. 139 und *H. Heußner*, Volksgesetzgebung in den USA und in Deutschland, 1994, S. 363.

[503] Vgl. *H. Heußner*, Volksgesetzgebung in den USA und in Deutschland, 1994, S. 31.

praktiziert wird, während die Verfassungen der östlicheren Bundesstaaten Plebiszite gar nicht oder bloß in begrenztem Umfang erlauben[504].

bb) Die Konsequenzen für die Auslegung der Bayerischen Verfassung

Im Schrifttum findet sich die nicht selten vertretene Ansicht, dass die (positiven) Erfahrungen der Schweiz und der USA mit der quorenlosen verfassungsändernden Volksgesetzgebung bei der Auslegung der Bayerischen Verfassung zu berücksichtigen seien[505].

Gerade der Vergleich mit den Vereinigten Staaten ist aber bereits im Ansatz höchst problematisch. Die amerikanische Bundesverfassung und die Mehrheit der Verfassungen der Bundesstaaten kennen eben keine plebiszitäre Verfassungsänderung[506], so dass die Rechtslage in den USA nicht per se als taugliches Vergleichsobjekt dargestellt werden darf.

Zudem verfügen die Vereinigten Staaten und die Schweiz über ein Verfassungsrechtssystem, das sich ganz erheblich von jenem unterscheidet, das in der Bundesrepublik und in Bayern maßgeblich ist[507]. Das in beiden Nationen seit Jahrhunderten vorherrschende Demokratieverständnis hat im Wesentlichen zu einem sehr verantwortungsbewussten Umgang mit plebiszitären Elementen geführt. Die Verfassungspraxis der Eidgenossen und der USA zeigt lediglich, dass die (verfassungsändernde) Volksgesetzgebung in größeren Flächenstaaten funktionieren kann, aber nicht, dass dies stets der Fall sein wird[508].
Ein gewisser Einfluss der Schweizer Verfassung auf den bayerischen Verfassunggeber war 1946 sicherlich vorhanden[509], verbindliche Argumente für die gegenwärtige Auslegung der Verfassung des Freistaates dürfen aber daraus

---

[504] So *H. Heußner*, Volksgesetzgebung in den USA und in Deutschland, 1994, S. 382; zur Entwicklung der direkten Demokratie in den amerikanischen Bundesstaaten siehe *M. Silagi*, JöR n.F. (1982), S. 271ff.
[505] Vgl. *H. Dreier*, BayVBl. 1999, S. 522f; *H. Schulze-Fielitz*, DÖV 1999, S. 659 und *O. Jung*, BayVBl. 1999, S. 424.
[506] Richtiger Hinweis bei BayVerfGH BayVBl. 1999, S. 723.
[507] Vgl. ThürVerfGH, in: LVerfGE 12, 405 (427).
[508] So aber wohl *W. Schürmann*, Die unmittelbare Demokratie in Bayern und im Bund im Vergleich zur Schweiz, 1961, S. 152f, der den Erfahrungen der Eidgenossen und der Amerikaner in Bezug auf die direkte Demokratie eine allgemeingültige Aussagekraft zuschreiben möchte.
[509] Siehe S. 134f.

nicht hergeleitet werden[510]. Die Bayerische Verfassung stellt ein eigenständiges Regelwerk dar; Erfahrungen auswärtiger Staaten sind für die Verfassungspolitik, nicht aber für die Verfassungsinterpretation von besonderem Interesse.

cc) Zwischenergebnis

Der Rechtsvergleich mit dem schweizerischen und dem amerikanischen Verfassungsrecht fördert keine brauchbaren Gesichtspunkte für die systematische Interpretation der Bayerischen Verfassung zu Tage.

b) Der Vergleich mit den übrigen Bundesländern

aa) Die Rechtslage

Die Verfassungen der deutschen Bundesländer weisen, was die Bestimmungen über die plebiszitäre Verfassungsrevision betrifft, ein recht heterogenes Bild auf. Dennoch kann man diesbezüglich drei "Kategorien" von Landesverfassungen bilden.
Die erste Kategorie erfasst jene Landesverfassungen, die von vornherein ihre Änderung durch Volksbegehren und Volksentscheid ausschließen. Dazu gehören die Verfassungen Berlins, Hessens und des Saarlandes[511]. Zur zweiten Kategorie zählen die Verfassungen, die eine verfassungsändernde Volksgesetzgebung zwar kennen, für die Annahme einer Verfassungs-initiative durch Volksentscheid jedoch ein Zustimmungsquorum von 50% der Stimmberechtigten vorsehen. Für ein solches System haben sich Baden-Württemberg, Bremen, Niedersachsen, Nordrhein-Westfalen, Rheinland-Pfalz, Sachsen und Thüringen entschieden[512].

---

[510] So BayVerfGH BayVBl. 1999, S. 723; allerdings war dies nicht immer der Standpunkt des Verfassungsgerichtshofes. Noch in BayVerfGH BayVBl. 1994, S. 207 leitete der Verfassungsgerichtshof aus dem Verfassungsrecht der Eidgenossen und der Rechtsprechung des Schweizerischen Bundesgerichtes Argumente für die Auslegung des Artikels 74 BV ab. Siehe außerdem die abweichende Richtermeinung in BayVBl. 2000, S. 431.

[511] Vgl. Art. 62 Abs. 5 BerlinV, Art. 123 Abs. 2 HV, Art. 100 Abs. 4 SaarlV; zu dem Sonderfall Hessen siehe auch S. 80.

[512] Vgl. Art. 64 Abs. 3 Satz 2 und 3 BW-V, Art. 72 Abs. 2 BremV, Art. 49 Abs. 2 Satz 2 NdsächsV, Art. 69 Abs. 2 Satz 2 NRW-V, Art. 129 Abs. 1 RhpflV, Art. 74 Abs. 3 Satz 2 und 3 SächsV, Art. 83 Abs. 2 Satz 2 ThürV.

In die letzte Kategorien fallen die Verfassungen Brandenburgs, Hamburgs, Mecklenburg-Vorpommerns, Sachsen-Anhalts und Schleswig-Holsteins. Sie fordern für den Beschluss einer Verfassungsrevision nicht nur die Zustimmung der Hälfte der Stimmberechtigten, sondern zusätzlich noch eine Mehrheit von zwei Dritteln der abgegebenen gültigen Stimmen[513].

bb) Die Konsequenzen für die Auslegung der Bayerischen Verfassung

Angesichts der Rechtslage in den übrigen Bundesländern wäre eine Bayerische Verfassung, die im Wege der Volksgesetzgebung auch mit einfacher Mehrheit geändert werden könnte, ein auffälliger Sonderweg innerhalb des deutschen Verfassungsrechts[514]. Dennoch bleibt festzuhalten, dass der Freistaat Bayern in seiner Verfassunggebung autonom ist und sein Verfassungsrecht völlig unabhängig von den Regelungen der anderen Bundesländer gestalten darf[515]. Die Bayerische Verfassung stellt zudem die zweitälteste deutsche Landesverfassung dar[516] und allein schon aus diesem Grund sind die restlichen (deutlich jüngeren) Landesverfassungen kein "Vorbild" für das Verfassungsrecht dieses Freistaates[517].

cc) Zwischenergebnis

Der Umstand, dass die plebiszitäre Verfassungsrevision in 3 Bundesländern nicht möglich ist und in 12 Bundesländern nur mit qualifizierter Stimmenmehrheit erfolgen kann, stellt kein zwingendes Argument für die Auslegung der Bayerischen Verfassung dar.

---

513 Vgl. Art. 78 Abs. 3 BbgV, Art. 50 Abs. 3 Satz 5 HambV, Art. 60 Abs. 4 Satz 2 MV-V, Art. 81 Abs. 5 SA-V, Art. 42 Abs. 2 Satz 5 SH-V.

514 Siehe *J. Isensee*, Verfassungsreferendum mit einfacher Mehrheit, 1999, S. 43f und *O. Funk*, Grenzen unmittelbarer Demokratie, 1999, S. 166.

515 Dies wurde bereits beim Rechtsvergleich zwischen Art. 75 Abs. 1 Satz 1 BV und Art. 123 Abs. 1 Satz 1 HV dargelegt, siehe S. 80-82.

516 Die älteste, noch geltende Landesverfassung, ist die Hessische Verfassung vom 1. 12. 1946.

517 A.A. offenbar BayVerfGH BayVBl. 1999, S. 723.

c) Zwischenergebnis

Der Vergleich der Bayerischen Verfassung mit dem Verfassungsrecht der Schweiz, der USA und der übrigen Länder der Bundesrepublik Deutschland erbringt keine Anhaltspunkte für die systematische Interpretation der Artikel 2 Abs. 2 Satz 2, 72 Abs. 1, 74 Abs. 1, 5 und 75 Abs. 1 Satz 1 BV. Das liegt insbesondere an der Verfassungsautonomie des Freistaates Bayern, der sich jederzeit eine Verfassung geben kann, ohne auf die Staatsgrundgesetze anderer Nationen oder deutscher Bundesländer Rücksicht zu nehmen. Die Bundesverfassung der Schweiz hat zwar den Verfassunggeber von 1946 und damit die Entstehungsgeschichte der Bayerischen Verfassung zu einem gewissen Grad beeinflusst; für die systematische Auslegung der Verfassung des Freistaates Bayern ist sie dagegen bedeutungslos.

B) Das Regel - Ausnahme - Verhältnis zwischen einfacher und qualifizierter Mehrheit

Die Formulierung des Artikels 2 Abs. 2 Satz 2 BV ist, wie bereits erwähnt, sehr allgemein gehalten[518]. Möglicherweise führt jedoch die Zusammenschau mit anderen Verfassungsnormen zu dem Ergebnis, dass dieser verbindliche Rechtssatz[519] doch die einfache Stimmenmehrheit meint.

a) Die Bedeutung des Artikels 23 Abs. 1 BV

Mehrere Vorschriften der Verfassung des Freistaates ordnen für bestimmte Entscheidungen eine qualifizierte Mehrheit an[520]. Daraus folgern einige Autoren, dass für erhöhte Mehrheitsanforderungen das Enummerationsprinzip gelten müsse[521] [522]. Allerdings ist dieser Schluss voreilig. Artikel 23 Abs. 1 BV setzt die einfache Mehrheit der abgegebenen Stimmen für Beschlüsse des Landtags

---

[518] Siehe S. 130-132.

[519] Zutreffend BayVerfGHE 2, 181 (218) und BayVerfGH BayVBl. 1999, S. 723.

[520] Art 18 Abs. 1, Art. 22 Abs. 1 Satz 2, Art. 48 Abs. 2 Satz 2, Art. 61 Abs. 4 Satz 1 und Art. 75 Abs. 2 Satz 1 BV.

[521] So *O. Jung*, BayVBl. 1999, S. 419 und wohl auch *K. Schweiger,* in: Nawiasky/Schweiger/Knöpfle, Die Verfassung des Freistaates Bayern, Art. 2 Rn. 12.

[522] Zu den erschwerten Mehrheitsanforderungen, bzw. zu den qualifizierten Mehrheiten gehören auch die Beteiligungs- und Zustimmungsquoren beim Volksentscheid, siehe S. 130f.

voraus. Die Vorschrift wäre überflüssig, wenn sich schon aus Artikel 2 Abs. 2 Satz 2 BV ein Regel-Ausnahme-Verhältnis zwischen einfacher und qualifizierter Mehrheit ergäbe[523].

Dagegen wird eingewandt, bei Artikel 23 Abs. 1 BV handle es sich nur um eine deklaratorische Bestimmung, die den Inhalt des Artikels 2 Abs. 2 Satz 2 BV wiederhole[524]. Diese These klingt plausibel, sie erklärt aber nicht, warum die Bayerische Verfassung eine für die verfassungsändernde Volksgesetzgebung angeblich so entscheidende Norm wie Artikel 2 Abs. 2 Satz 2 BV recht unklar formuliert, den auf den Landtag beschränkten Artikel 23 Abs. 1 BV dagegen mit einem eindeutigen Wortlaut versieht[525]. Wesentlich zwangloser erscheint folgende Auslegung: Artikel 23 Abs. 1 BV ist eben doch eine konstitutive Vorschrift[526] und verwendet deshalb auch den unstreitigen Begriff "einfache Mehrheit". Artikel 2 Abs. 2 Satz 2 BV legt dagegen keine konkrete Mehrheitshöhe fest und musste konsequenterweise nicht schärfer gefasst werden.

b) Die systematische Stellung des Artikels 2 Abs. 2 Satz 2 BV

Hinzu kommt, dass Artikel 2 Abs. 2 Satz 2 im ersten Abschnitt der Verfassung steht, der die Grundlagen des Freistaates behandelt. Der Abschnitt kann als "allgemeiner Teil der Verfassung" bezeichnet werden. Regelungen, die sich im allgemeinen Teil eines Gesetzes oder einer Verfassung befinden, sind im Rahmen der systematischen Interpretation prinzipiell weit auszulegen[527]. Dieser Grundsatz spricht dafür, dass sich Artikel 2 Abs. 2 Satz 2 BV nicht auf eine bestimmte Mehrheitsform bezieht, sondern lediglich das allgemeine Mehrheitsprinzip normiert.

---

[523] Zutreffend *J. Isensee*, Verfassungsreferendum mit einfacher Mehrheit, 1999, S. 52.

[524] So *O. Jung*, BayVBl. 1999, S. 419.

[525] Es stellt sich auch die Frage, warum die Bayerische Verfassung im Abschnitt über die Gesetzgebung keine dem Artikel 23 Abs. 1 BV entsprechende deklaratorische Regelung getroffen hat, um so sie ausschlaggebende Mehrheit beim Volksentscheid nochmals zu verdeutlichen.

[526] Vgl. *J. Isensee*, Verfassungsreferendum mit einfacher Mehrheit, 1999, S. 52.

[527] Siehe *W. Rohr*, Staatsrecht, 2001, S. 25 Rn. 57.

c) Zwischenergebnis

Zusammenfassend bleibt festzuhalten, dass die Systematik der Bayerischen Verfassung kein Regel-Ausnahme-Verhältnis zwischen einfacher und qualifizierter Mehrheit nahe legt.

C) Parallelen zur repräsentativen Demokratie

Sowohl die Anhänger der Quorumstheorie als auch die Vertreter der Theorie der abschließenden Regelung versuchen, Parallelen zwischen den Grundsätzen der direkten und der repräsentativen Demokratie aufzuzeigen, um so Rückschlüsse auf die verfassungsändernde Volksgesetzgebung in Bayern ziehen zu können. Ob derartige Parallelen tatsächlich existieren, bedarf jedoch einer genaueren Prüfung.

a) Wahlen und Volksentscheide

aa) Die verfassungsrechtlichen Anforderungen an die Landtagswahl

Im Schrifttum werden häufig Wahlen als Vorbild für Volksabstimmungen genannt[528]. Die Bayerische Verfassung kennt bei Landtagswahlen kein Quorum und die in Artikel 14 Abs. 4 BV festgeschriebene 5%-Hürde bezieht sich lediglich auf die abgegebenen gültigen Stimmen[529]. Infolgedessen könnte man den Standpunkt vertreten, dass die Verfassung auch an die verfassungsändernde Volksgesetzgebung keine erhöhten Anforderungen stellen wolle und daher eine Interpretation im Sinne der Quorumstheorie unzulässig sei[530]

---

[528] Vgl. *K. Hahnzog*, in: Alternativen - Bürgerbegehren und Bürgerentscheid vor der Neufassung, 1998, S. 39; *K. Hahnzog*, in: Mehr direkte Demokratie wagen, 1999, S. 172; *P. Huber*, Volksgesetzgebung und Ewigkeitsgarantie, 2003, S. 84f; *O. Jung*, BayVBl. 1999, S. 425; *O. Jung*, ZPol 9 (1999), S. 875; *P. Neumann*, in: Die verfassungsrechtliche Ausgestaltung der Volksgesetzgebung, 1999, S. 47; *D. Schaal/G. Habermann*, in: Mehr direkte Demokratie wagen, 1999, S. 335 und *M. Sachs*, in: Die verfassungsrechtliche Ausgestaltung der Volksgesetzgebung, 1999, S. 162f.

[529] Richtiger Hinweis bei *O. Jung*, BayVBl. 1999, S. 425.

[530] Von den in Fn. 528 genannten Autoren beziehen sich ausdrücklich auf die Bayerische Verfassung *K. Hahnzog*, in: Alternativen - Bürgerbegehren und Bürgerentscheid vor der Neufassung, 1998, S. 39; *K. Hahnzog*, in: Mehr direkte Demokratie wagen, 1999, S. 172 und *O.*

bb) Die Zielsetzung von Wahlen und Volksentscheiden nach der Bayerischen Verfassung

Auf den ersten Blick gibt es in der Tat Gemeinsamkeiten zwischen Wahlen und Plebisziten. Beide sind Emanationen des Volkswillens und dienen der Ermittlung des Willens der demokratischen Basis[531]. Wahlen vermitteln jedoch in erster Linie demokratische Legitimation, während die abstimmenden Staatsbürger gemäß Artikel 72 Abs. 1 BV als Organ der Gesetzgebung tätig werden[532]. Durch die Wahl wird also Herrschaft auf die Volksvertretung übertragen. Diese übernimmt Verantwortung für die gesamte Politik und ist für die Funktionsfähigkeit eines Staates zwingend erforderlich[533]. Dagegen finden Volksentscheide ausschließlich über einzelne Sachfragen statt[534].

Die Behauptung, Wahlen seien, psychologisch betrachtet, ebenfalls nur Äußerungen zu punktuellen Sachthemen[535], trifft nicht zu. Zwar spielen in Wahlkämpfen stets bestimmte strittige Fragen eine hervorgehobene Rolle, aber es ist nicht realistisch anzunehmen, die Bürger ließen sich beim Urnengang nur von einem einzigen Thema leiten. Vielmehr wird das Wahlverhalten des Einzelnen von mehreren Gesichtspunkten und Erwägungen beeinflusst[536]. Angesichts der sehr grundsätzlich formulierten Parteiprogramme und der Notwendigkeit von Kompromissen in der Politik muss außerdem jedem Wähler klar sein, dass sein Kreuz auf dem Wahlzettel noch keine konkrete Sachentscheidung bewirkt.

Jung, BayVBl. 1999, S. 425.

531 So *O. Jung*, ZPol 9 (1999), S. 875.

532 Vgl. BayVerfGH BayVBl. 1994, S. 205; BayVBl. 1999, S. 723; BayVerfGH BayVBl. 2000, S. 401; *W. Schmitt Glaeser/H.-D. Horn*, BayVBl. 1994, S. 297; *J. Isensee*, DVBl. 2001, S. 1167; *H. Tilch*, in: Verfassung als Verantwortung und Verpflichtung, 1997, S. 289 und *M. Kriele*, VVDStRL 29 (1971), S. 63.

533 Zutreffend BremStGH BayVBl. 2000, S. 343f und BayVerfGH BayVBl. 1994, S. 205.

534 Vgl. *K. Schweiger*, BayVBl. 2002, S. 68; *R. Bocklet*, in: Das Regierungssystem des Freistaates Bayern, Bd. 2, 1979, S. 297; *A. Mittenberger-Huber*, Das Plebiszit in Bayern, 1999, S. 4; *R. Hendler*, Der Landkreis 65 (1995), S. 322; BayVerfGH BayVBl. 1994, S. 205 und BremStGH BayVBl. 2000, S. 343f.

535 So *O. Jung*, ZPol 9 (1999), S. 875.

536 *J. Menzel*, Landesverfassungsrecht, 2002, S. 400 spricht sehr zutreffend von einer „Bündelungsfunktion bei Parlamentswahlen".

cc) Das Stufenverhältnis zwischen Wahlen und Volksentscheiden

Sehr interessant ist auch folgende in der Literatur vertretene Ansicht: Landtagswahlen betreffen die Gesamtpolitik des Freistaates und man muss sie deshalb als wesentlich weit reichender einstufen als Volksabstimmungen, die sich bloß um punktuelle Sachfragen drehen. Wenn nun die Bayerische Verfassung die Gültigkeit einer Wahl nicht von irgendeiner Mindestbeteiligung abhängig macht, wird sie folglich für die weit weniger bedeutenden Volksentscheide ebenfalls keine Quoren verlangen[537].

Jedoch gilt auch hier das oben Gesagte. Wahlen und Plebiszite sind, was ihre Zielsetzung anbelangt, völlig voneinander verschieden und bringen deshalb auch unterschiedliche Verfahrensregelungen mit sich. Im Übrigen besteht durchaus die Möglichkeit, Mindestwahlbeteiligungen gesetzlich einzuführen, sofern die Politik einen solchen Schritt für notwendig erachtet. Weder das Grundgesetz noch die Bayerische Verfassung würden dem entgegenstehen[538].

Die politische Bedeutung von Wahlen gegenüber Volksabstimmungen relativiert sich zudem, wenn man bedenkt, dass Erstere periodisch wiederholt werden, während direktdemokratische Gesetzesbeschlüsse auf Dauer angelegt sind[539]. Der Bürger ist also in der Lage, seine Wahlentscheidung nach Ablauf einer gewissen Zeit wieder zu korrigieren, während ein vom Volk beschlossenes Gesetz nur in den seltensten Fällen erneut Gegenstand eines Volksbegehrens sein wird.

dd) Zwischenergebnis

Es bleibt festzustellen, dass zwischen Wahlen und Volksabstimmungen keine aussagekräftigen Parallelen existieren, die bei der systematischen Auslegung weiterhelfen würden. Die beiden demokratischen Instrumente weisen einige wenige Gemeinsamkeiten auf, in ihrer Zielrichtung unterscheiden sie sich aber fundamental, so dass ein Vergleich ihrer Verfahrensregelungen nicht in Frage kommt.

---

[537] So *M. Sachs*, in: Die verfassungsrechtliche Ausgestaltung der Volksgesetzgebung, 1999, S. 163.

[538] Siehe dazu *W. Kadel*, JR 1988, S. 57 und *P. Neumann*, in: Die verfassungsrechtliche Ausgestaltung der Volksgesetzgebung, 1999, S. 47.

[539] Vgl. BremStGH BayVBl. 2000, S. 344.

b) Landtagsbeschlüsse und Volksentscheide

aa) Plebiszite und Beschlüsse des Landtags als Sachentscheidungen

Neben der Gegenüberstellung von Wahlen und Plebisziten taucht in der Literatur der Vorschlag auf, die für Landtagsbeschlüsse geltenden Vorschriften analog auf Volksentscheide zu übertragen oder sie doch zumindest im Rahmen der Auslegung der Artikel 74 und 75 BV zu berücksichtigen[540]. Diese Ansicht ist tatsächlich nicht aus der Luft gegriffen, stellen doch Beschlüsse der Volksvertretung, anders als Wahlen, Entscheide über einzelne Sachfragen dar. Damit besteht zumindest eine gewisse Nähe zu Volksabstimmungen.

Die Bayerische Verfassung ordnet gemäß Artikel 23 Abs. 2 BV an, dass zur Beschlussfähigkeit des Landtags mehr als die Hälfte der Abgeordneten anwesend sein muss. Verfassungsändernde Beschlüsse kommen gemäß Artikel 75 Abs. 2 Satz 1 BV sogar nur mit Zustimmung von zwei Dritteln der Volksvertreter zustande. Im Sinne einer einheitlichen Systematik der Bayerischen Verfassung wäre es vielleicht angebracht, von ähnlichen Anforderungen an die verfassungsändernde Volksgesetzgebung auszugehen.
Man könnte beispielsweise für die Annahme einer Verfassungsinitiative ein Beteiligungsquorum von 50% der Stimmberechtigten vorsehen oder die Zweidrittelmehrheit der Abstimmenden fordern. Auch eine Kombination dieser beiden Hürden käme in Frage.

bb) Beschlussfähigkeitsregelungen und qualifizierte Mehrheiten als Besonderheit des bayerischen Repräsentativsystems

Artikel 23 Abs. 2 BV bezieht sich jedoch seinem Wortlaut nach ausschließlich auf den Landtag. Auch seine Stellung im 2. Abschnitt der Verfassung lässt darauf schließen, dass er keinen allgemeinen Grundsatz beinhaltet, sondern nur für das Parlament gelten soll. Dieser Befund wird auch durch allgemeine Erwägungen gestützt. Beschlussfähigkeitsregelungen sind auf die repräsentative Demokratie zugeschnitten[541]. Sie erweisen sich als sinnvoll, wenn ein kleines, professionelles Gremium zusammentritt[542]. In diesem Fall besteht tatsächlich die

---

[540] So *O. Funk*, Grenzen unmittelbarer Demokratie, 1999, S. 168f und S. 179.
[541] *C. Thum*, BayVBl. 2000, S. 41.
[542] Sehr anschaulich *O. Jung*, BayVBl. 1998, S. 230, der die Beschlussfähigkeit als „Technik

Gefahr, dass Entscheidungen von großer Tragweite von zu wenigen Personen gefällt werden. Es ist auch nicht weiter problematisch, die Mehrheit der 180 Landtagsmitglieder[543] zur Anwesenheit im Parlamentsgebäude zu bewegen, um eine Abstimmung nicht an der Beschlussunfähigkeit der Volksvertretung scheitern zu lassen. Artikel 23 Abs. 2 BV darf aber nicht ohne Weiteres auf einen Volksentscheid übertragen werden, an dem Millionen von Stimmberechtigten teilnehmen; zu unterschiedlich sind die Abstimmungen im Plenum des Landtags und im Stimmlokal.

Ganz ähnlich liegen die Dinge bei Artikel 75 Abs. 2 Satz 1 BV. Diese Norm beschreibt ihren Anwendungsbereich ebenfalls eindeutig: *"Beschlüsse des Landtags"* bedürfen der qualifizierten Mehrheit, sofern sie eine Verfassungsrevision mit sich bringen. Die Teilnehmerzahl bei Landtagsbeschlüssen ist von vornherein auf 180 begrenzt. Vor einem solchen Hintergrund erscheint die Erschwerung weit reichender Entscheidungen absolut notwendig. Außerdem stellt Artikel 75 Abs. 2 Satz 1 keine unüberwindliche Hürde für den Landtag dar, die Zweidrittelmehrheit wird bereits durch eine Absprache der beiden großen Volksparteien regelmäßig erreicht[544]. Dagegen wäre es ungleich schwieriger, diese große Mehrheit im Wege eines Volksentscheides zustande zu bringen. Eine (analoge) Übertragung des Artikels 75 Abs. 2 Satz 1 BV auf die verfassungsändernde Volksgesetzgebung würde erst recht zu Ungleichgewichten zwischen der parlamentarischen und der plebiszitären Verfassungsrevision führen[545].

cc) Zwischenergebnis

Abschließend muss festgehalten werden, dass Artikel 23 Abs. 2 und Artikel 75 Abs. 2 Satz 1 BV keinen Einfluss auf die systematische Interpretation haben können. Beide Normen tragen den Besonderheiten der parlamentarischen Arbeitsweise Rechnung. Die vom Landtag vorgenommene Verfassungsrevision ist

---

der Berufspolitik“ bezeichnet; a.A. offenbar BayVerfGH BayVBl. 1997, S. 627, wenngleich sich diese Entscheidung auf das Kommunalrecht bezog.

543 Art. 13 Abs. 1 BV.

544 Siehe auch S. 78.

545 Selbst *J. Isensee*, Verfassungsreferendum mit einfacher Mehrheit, 1999, S. 69 lehnt eine „schematische Übertragung“ des Artikels 75 Abs. 2 Satz 1 BV auf die verfassungsändernde Volksgesetzgebung ab.

kaum mit der plebiszitären Verfassungsänderung vergleichbar[546]; beide Verfahren sind streng voneinander zu trennen[547].

c) Zwischenergebnis

Die vielfach postulierten Parallelen zwischen der repräsentativen und der unmittelbaren Demokratie sind in Wirklichkeit nur sehr schwach ausgeprägt. Wahlen und Volksabstimmungen können von vornherein nicht gegenübergestellt werden. Erstere dienen der demokratisch legitimierten Übertragung von Herrschaft auf ein Organ, Letztere sollen einzelne Sachfragen entscheiden. Die Bayerische Verfassung unterscheidet zudem sorgsam zwischen dem parlamentarischen und dem plebiszitären Verfahren, so dass Normen über die Beschlussfähigkeit der Volksvertretung nichts zur verfassungsändernden Volksgesetzgebung aussagen.

D) Zwischenergebnis zur systematischen Auslegung

Die systematische Interpretation der Artikel 2 Abs. 2 Satz 2, 72 Abs. 1, 74 Abs. 1, 5 und 75 Abs. 1 Satz 1 BV bringt ebenso wenig ein eindeutiges Ergebnis zu Tage wie die Wortlautinterpretation und die Analyse der Entstehungsgeschichte. Mit der Systematik der Bayerischen Verfassung wäre eine verfassungsändernde Volksgesetzgebung ohne besondere Mehrheitserfordernisse genauso zu vereinbaren wie eine Erschwerung der plebiszitären Verfassungsrevision mit Hilfe eines Quorums. Damit kommt der teleologischen Auslegung entscheidendes Gewicht zu.

V. Die teleologische Auslegung

Die Frage, mit welcher Mehrheit eine Verfassungsinitiative im Wege des Volksentscheides angenommen werden kann, hat insbesondere im Rahmen der teleologischen Interpretation der Bayerischen Verfassung zu einer äußerst intensiven und umfangreichen Diskussion geführt. Eine Fülle von Argumenten, die den Sinn und Zweck der Artikel 2 Abs. 2 Satz 2, 72 Abs. 1, 74 Abs. 1, 5 und 75 Abs. 1 Satz 1 BV betreffen, ist seit 1946 ausgetauscht worden. Um einen bes-

---

546 Vgl. beispielsweise *O. Jung*, ZPol. 9 (1999), S. 875.

547 Siehe dazu auch S. 76f.

seren Überblick zu gewährleisten, ist es sinnvoll, zunächst auf solche Auslegungsansätze einzugehen, die die Theorie der abschließenden Regelung stützen. Anschließend sollen jene teleologischen Erwägungen geprüft werden, die auf die Notwendigkeit eines Quorums bei der verfassungsändernden Volksgesetzgebung hinführen.

A) Die Argumente der Theorie der abschließenden Regelung

a) Das Mehrheitsprinzip

Artikel 2 Abs. 2 Satz 2 BV verankert das Mehrheitsprinzip als Subprinzip des Demokratieprinzips[548] in der Bayerischen Verfassung. Es stellt sich nun die Frage, ob der Zweck des Mehrheitsprinzips auch darin besteht, die einfache Mehrheit als grundsätzlichen Entscheidungsmodus für demokratische Abstimmungen festzulegen[549]. Wenn dem so wäre, dann müsste die Bayerische Verfassung Ausnahmen von diesem Grundsatz, also erschwerte Mehrheitsanforderungen[550], ausdrücklich im Verfassungstext nennen, was bei der verfassungsändernden Volksgesetzgebung unterblieben ist.

aa) Das traditionelle Verständnis vom Mehrheitsentscheid

Mit einem traditionellem Verständnis von Demokratie und Mehrheitsentscheid lässt sich die Theorie der abschließenden Regelung nicht begründen. Schon in der Volksversammlung Athens war zur Beschlussfassung ein (Zustimmungs-) Quorum von 6000 Stimmen erforderlich[551]. Erhöhte Mehrheitsanforderungen sind also praktisch genauso alt wie volksunmittelbare Entscheidungen selbst.

---

548 *J. Isensee*, Verfassungsreferendum mit einfacher Mehrheit, 1999, S. 51; siehe auch BVerfGE 1, 299 (215) und BVerfGE 29, 154 (165).

549 Eine solche Annahme würde erneut auf ein Regel-Ausnahme-Verhältnis zwischen einfacher und qualifizierter Mehrheit hinauslaufen, das aus der Systematik der Verfassung nicht hergeleitet werden kann (siehe S. 150ff).

550 Dazu gehören auch Quoren, siehe S. 131.

551 Siehe *W. Heun*, Das Mehrheitsprinzip in der Demokratie, 1983, S. 43f und *U. Scheuner*, Das Mehrheitsprinzip in der Demokratie, 1973, S. 56.

bb) Die Wertung der Stimmenthaltungen

aaa) Die Umwandlung von Stimmenthaltungen in Nein-Stimmen

Entschließt sich ein Stimmberechtigter, aus welchen Gründen auch immer, einem Volksentscheid fernzubleiben, so trägt er logischerweise nichts zur Kundgabe des Volkswillens gemäß Artikel 2 Abs. 2 Satz 1 BV bei. Einige Autoren stehen deshalb auf dem Standpunkt, dass der passive Staatsbürger keinesfalls erwarten dürfe, dass sein nicht geäußerter oder nicht gebildeter Wille bei der Ermittlung des Abstimmungsergebnisses berücksichtigt werde[552]. Ein Quorum habe zur Folge, dass automatisch sämtliche nicht abgegebenen Stimmen als Nein-Stimmen, also als Stimmen gegen den Vorschlag des Volksbegehrens gewertet würden[553]. Es sei geradezu der Zweck des Majoritätsgrundsatzes, eine solche Wertung zu verhindern, und deshalb müsse die Aktivbürgerschaft für die untätigen Bürger bei der Abstimmung quasi mitentscheiden[554].

bbb) Der Sinn des Mehrheitsprinzips

Es erscheint jedoch zweifelhaft, eine so weitgehende Auffassung als festen Bestandteil des allgemeinen Mehrheitsprinzips anzusehen. Der Sinn des Mehrheitsgrundsatzes liegt richtigerweise darin, ein Entscheidungsverfahren für Abstimmungen im demokratischen Rechtsstaat festzulegen[555]. Die Mehrheit soll den Ausschlag geben, nicht Wahrheit, Richtigkeit, Schönheit oder irgendwelche intellektuellen, moralischen oder politischen Qualitäten[556]. Die Mehrheit ist

---

[552] Vgl. *O. Jung*, BayVBl. 1999, S. 423.

[553] Siehe *O. Jung*, BayVBl. 1999, S. 423; *K. Schweiger*, BayVBl. 2002, S. 68 und *K. Schweiger*, in: Nawiasky/Schweiger/Knöpfle, Die Verfassung des Freistaates Bayern, Art. 2 Rn. 12.

[554] So *O. Jung*, ZPol 9 (1999), S. 878; *H. Dreier*, BayVBl. 1999, S. 520; *K. Schweiger*, in: Nawiasky/Schweiger/Knöpfle, Die Verfassung des Freistaates Bayern, Art. 2 Rn. 12; ähnlich auch *C. Schmitt*, Verfassungslehre, 5. Aufl., 1970, S. 279 und BayVerfGHE 2, 181 (218).

[555] So *K. Stern*, Das Staatsrecht der Bundesrepublik Deutschland, Bd. 1, 2. Aufl., 1984, S. 611; *E. Benda*, in: Mehrheitsprinzip, Konsens und Verfassung, 1986, S. 62; *H.J. Varain*, ZfP n.F. 11 (1964), S. 245; *K. Herrmann*, Volksgesetzgebungsverfahren, 2002, S. 130 und *C. Gusy*, AöR 106 (1981), S. 335.

[556] Zutreffend *J. Isensee*, Verfassungsreferendum mit einfacher Mehrheit, 1999, S. 51, 62; *H. Dreier*, ZParl 17 (1986), S. 118; *H.J. Varain*, ZfP n.F. 11 (1964), S. 247; *H.-D. Horn*, Der Staat 38 (1999), S. 402 und *K. Engelken*, BayVBl. 2005, S. 270.

aber abhängig von ihrer Bezugsgröße, d.h. von der Zahlenganzheit, auf die sie sich bezieht[557]. Entscheidende Bedeutung kommt folglich der Frage zu, wer diese Bezugsgröße definieren darf.

Das Majoritätsprinzip existiert nun nicht um seiner selbst willen, vielmehr setzt es die Bereitschaft der Bürger, Mehrheitsentscheidungen zu akzeptieren, voraus. In der Gesellschaft muss ein gewisser Grund- oder Basiskonsens über die Anwendung der Mehrheitsregel bestehen[558]. Der Basiskonsens findet seinen Ausdruck in der Verfassung, die somit die Grundlage für das Mehrheitsprinzip darstellt[559]. Die Konkretisierung des Mehrheitsbegriffs und damit auch die Umschreibung der Bezugsgröße der Mehrheit obliegt daher ausschließlich der Verfassung, ein Herauslesen dieser Größe aus dem Majoritätsprinzip wäre unzulässig[560].
Sowohl das Mehrheits- als auch das Demokratieprinzip weisen Offenheit und Unschärfe auf und lassen unterschiedliche Gestaltungen durch die Rechtsordnung zu[561]. Solche offenen und allgemeinen juristischen Begriffe sind sehr ideologieanfällig[562], es wird häufig versucht, subjektive Vorstellungen in sie hineinzuinterpretieren[563]. Deshalb ist gerade bei der teleologischen Auslegung von so grundsätzlichen Formulierungen wie "Mehrheit entscheidet" größte Zurückhaltung geboten.

---

[557] Vgl. *J. Isensee*, Verfassungsreferendum mit einfacher Mehrheit, 1999, S. 51f; *v.Mangoldt/ Klein/Achterberg/Schulte*, Das Bonner Grundgesetz, 3. Aufl., 1991, Art. 42 Abs. 2 .Rn. 26; *H.J. Varain*, ZfP n.F. 11 (1964), S. 242f; *H.-D. Horn*, Der Staat 38 (1999), S. 401; *K. Engelken*, DÖV 2000, S. 885; *H. Maurer*, Staatsrecht I, 4. Aufl., 2005, S. 208 und ThürVerfGH, in: LVerfGE 12, 405 (430).

[558] Vgl. *U. Scheuner*, Das Mehrheitsprinzip in der Demokratie, 1973, S. 54; *H. Sahner*, in: Mehrheitsprinzip, Konsens und Verfassung, 1986, S. 93, 97f, 110; *E. Benda*, in: Mehrheitsprinzip, Konsens und Verfassung, 1986, S. 68ff.

[559] Siehe *K. Stern*, Das Staatsrecht der Bundesrepublik Deutschland, Bd. 1, 2. Aufl., 1984, S. 611f und *E. Benda*, in: Mehrheitsprinzip, Konsens und Verfassung, 1986, S. 71, 74.

[560] Zutreffend *K. Herrmann*, Volksgesetzgebungsverfahren, 2002, S. 130.

[561] Vgl. *M. Sachs*, in: Die verfassungsrechtliche Ausgestaltung der Volksgesetzgebung, 1999, S. 160. Zur Unbestimmtheit des Demokratieprinzips siehe *K. Bugiel*, Volkswille und repräsentative Entscheidung, 1991, S. 29; *J.F. Lindner*, BayVBl. 1999, S. 486f; *C. Stelzenmüller*, Direkte Demokratie in den Vereinigten Staaten von Amerika, 1994, S. 29; *I. v.Münch*, Staatsrecht I, Bd. 1, 6. Aufl., 2000, S. 50 und *M. Kriele*, VVDStRL 29 (1971), S. 48.

[562] *R. Dreier*, in: Probleme der Verfassungsinterpretation, 1976, S. 14.

[563] So *K. Bugiel*, Volkswille und repräsentative Entscheidung, 1991, S. 30.

ccc) Die Bewertung der nicht abgegebenen Stimmen als notwendige Konsequenz des demokratischen Verfassungsstaates

Erhöhte Anforderungen an die plebiszitäre Mehrheit würden tatsächlich die beim Volksentscheid nicht abgegebenen Stimmen als Stimmen gegen das jeweilige Volksbegehren werten. Insoweit muss man der Theorie der abschließenden Regelung Recht geben.
Werden die passiven Stimmberechtigten dagegen bei der Feststellung des Abstimmungsergebnisses ignoriert, dann wirkt sich das stets zu Gunsten derjenigen aus, die beim Volksentscheid die Mehrheit der abgegebenen Stimmen errungen haben. Die Mehrheit der Abstimmenden siegt nicht nur über die Minderheit der Aktivbürger, sie setzt sich praktisch auch noch gegen die Zahl der Abstimmungsverweigerer durch[564].
Das Verhalten derjenigen, die einem Volksentscheid fernbleiben, wird das Resultat eines Plebiszits immer in die eine oder andere Richtung beeinflussen, ganz gleich, ob die Bayerische Verfassung nun von einem Quorum beim verfassungsändernden Volksentscheid ausgeht oder nicht. Stimmenthaltungen sind niemals wirklich "neutral", die Verfassung kommt also um eine Wertung der nicht abgegebenen Stimmen gar nicht herum.

ddd) Zwischenergebnis

Das Vorhandensein eines Quorums hat zur Folge, dass die Nichtausübung des Stimmrechts sich zu Gunsten der Gegner einer Verfassungsinitiative auswirkt. Dieses Phänomen würde aber nicht automatisch gegen das sehr weit gefasste Mehrheitsprinzip im Sinne des Artikels 2 Abs. 2 Satz 2 BV verstoßen. Die Abstimmungsverweigerung einzelner Stimmberechtigter beeinflusst das Ergebnis der jeweiligen Volksabstimmung auf jeden Fall, so dass die Bayerische Verfassung das Verhalten der Passivbürgerschaft ohnehin werten muss.

cc) Die Vertretung der Passivbürger durch die Aktivbürger

Möglicherweise ist eine Wertung der nicht abgegebenen Stimmen als Nein-Stimmen aber unzulässig, da diejenigen, die nicht zur Urne gehen, auf ihre Teilnahmemöglichkeit verzichtet haben und sich bewusst von den Abstimmungs-

---

[564] Siehe *H.-D. Horn*, Der Staat 38 (1999), S. 414f.

teilnehmern vertreten lassen[565]. Das trifft aber nur auf die Gleichgültigen zu, die tatsächlich jede Entscheidung hinnehmen wollen. Wer aus Protest zu Hause bleibt oder am Abstimmungstag verhindert ist, wird kaum jede Entscheidung der Aktivbürger akzeptieren. Gleiches gilt für die, die sich über den Gegenstand des Volksbegehrens nicht ausreichend informiert fühlen und daher ihre Stimme nicht abgeben[566]. Es gibt eben kein einheitliches Motiv der Abstimmungsverweigerer[567].

dd) Zwischenergebnis

Folgendes kann festgehalten werden: "Der Begriff des Mehrheitsprinzips umfasst (...) als allgemeinen Grundsatz nur, dass in Abhängigkeit von einer bestimmten Bezugsgröße eine bestimmte Quote der abgegebenen Ja-Stimmen, die als Mehrheit gilt, das Abstimmungsergebnis und damit den gemeinsamen Willen bestimmt"[568]. Die Bezugsgröße und die Quote darf man nicht aus dem Majoritätsgrundsatz als solchem herleiten, stattdessen ist die konkrete Ausgestaltung zu untersuchen, die dieser Grundsatz in der Bayerischen Verfassung gefunden hat.

Artikel 2 Abs. 2 Satz 2 BV normiert das Mehrheitsprinzip nur, ohne es näher zu umschreiben. Ob die plebiszitäre Verfassungsrevision das Erreichen eines Quorums voraussetzt, ist mit Hilfe der teleologischen Auslegung anderer Verfassungsvorschriften und -prinzipien zu klären.

---

[565] So *H. Schulze-Fielitz*, DÖV 1999, S. 659, ebenso *D. Schaal/G. Habermann*, in: Mehr direkte Demokratie wagen, 1999, S. 335, sowie *C. Welzel*, in: Demokratie in Gefahr?, 1997, S. 64 und *O. Jung*, ZPol 9 (1999), S. 878, die von einem „implizierten Mandat" der Aktivbürgerschaft sprechen.

[566] Siehe dazu *C. Stelzenmüller*, Direkte Demokratie in den Vereinigten Staaten von Amerika, 1994, S. 294f.

[567] Vgl. *W. Kadel*, JZ 1988, S. 56; ähnlich *K. Herrmann*, Volksgesetzgebungsverfahren, 2002, S. 133.

[568] *V.Mangoldt/Klein/Achterberg/Schulte*, Das Bonner Grundgesetz, 3. Aufl., 1991, Art. 42 Abs. 2 Rn. 26.

b) Die Funktionsfähigkeit der verfassungsändernden Volksgesetzgebung

aa) Die hohe Wertschätzung der Bayerischen Verfassung gegenüber der Volksgesetzgebung

Die Bayerische Verfassung bringt der Volksgesetzgebung im Allgemeinen und folglich auch der plebiszitären Verfassungsrevision ein hohes Maß an Wertschätzung entgegen[569]. Es muss deshalb ein vorrangiges Ziel der Artikel 72 Abs. 1, 74 Abs. 1, 5 und 75 Abs. 1 Satz 1 BV sein, die Funktionsfähigkeit der verfassungsändernden Volksgesetzgebung zu gewährleisten[570]. Anderenfalls würde die Wertschätzung der Verfassung für dieses Instrument direktdemokratischer Mitwirkung negiert[571].

bb) Die prohibitive Wirkung erhöhter Mehrheitsanforderungen

Die Beteiligung an Volksabstimmungen ist traditionell geringer als bei Wahlen[572]. Das liegt nicht nur an der Freiheit der Bürger, dem Urnengang fernzubleiben, sondern auch an der begrenzten Zweckrichtung der Plebiszite. Einzelne Sachfragen haben keine so anziehende Wirkung wie die Vergabe von Parlamentssitzen[573] und die meisten Gesetzesvorlagen, die zum Gegenstand eines Volksbegehrens werden, betreffen weite Teile der Staatsbürgerschaft gar nicht. Verfahrenshindernisse, wie beispielsweise erhöhte Mehrheitsanforderungen, erschweren daher die plebiszitäre Rechtsetzung.
Das in der Weimarer Republik und gegenwärtig in den meisten Bundesländern vorgesehene Zustimmungsquorum von 50% bei Verfassungsänderungen durch Volksbegehren und Volksentscheid[574] wurde bisher noch kein einziges Mal übersprungen[575]. Hürden dieser Art machen die verfassungsändernde Volksge-

---

[569] Siehe S. 88-90.
[570] Dies verkennt *J. Isensee*, Verfassungsreferendum mit einfacher Mehrheit, 1999, S. 67, wenn er fälschlicherweise annimmt, dass die Funktionsfähigkeit der direkten Demokratie lediglich bei der einfachen Gesetzgebung einen beachtlichen Gesichtspunkt darstelle.
[571] Vgl. BayVerfGH BayVBl. 1999, S. 724.
[572] Diese Feststellung findet sich bereits bei BayVerfGHE 2, 181 (216f).
[573] Zutreffend *K. Schweiger*, BayVBl. 2002, S. 68; *O. Jung*, ZParl 24 (1993), S. 12 und *C. Degenhart*, Der Staat 31 (1992), S. 95f; ähnlich auch BayVerfGHE 2, 181 (217).
[574] Siehe S. 132f und S.148f.
[575] Eine Zustimmung von mehr als 50% der Stimmberechtigten kam nur bei vereinzelten Verfassungsreferenden zustande. In allen Fällen hatte die zur Abstimmung stehende Vorlage

setzgebung impratikabel[576], sie wirken prohibitiv[577] und sind daher mit dem Telos von Artikel 72 Abs. 1, Artikel 74 Abs. 1 und 5 und Artikel 75 Abs. 1 Satz 1 BV unvereinbar.
Anders sieht es jedoch aus bei niedrigeren Quoren und den "internen Qualifizierungen". Letztere beziehen sich ausschließlich auf das Verhältnis der gültig abgegebenen Ja- und Nein-Stimmen zueinander, ohne das Erreichen einer bestimmten Mindeststimmenzahl zu fordern[578]. Ein Zustimmungsquorum von 25% oder ein Beteiligungsquorum von 35% würden zum Beispiel die plebszitäre Verfassungsrevision (noch) nicht lahm legen[579]. Entscheidend ist die Höhe des Quorums[580]. Gleiches gilt für die interne Qualifizierung[581].

cc) Zwischenergebnis

Erhöhte Mehrheitsanforderungen stehen dem Grundsatz der praktischen Wirksamkeit der verfassungsändernden Volksgesetzgebung nicht prinzipiell entgegen. Allerdings müssten sie vom bayerischen Gesetzgeber näher ausgestaltet werden, was die Gefahr beinhaltet, dass wechselnde Landtagsmehrheiten jeweils unterschiedliche Quoren festlegen und gegebenenfalls die plebiszitäre Verfassungsrevision damit nach eigenem Gutdünken erschweren könnten[582].

---

zuvor eine deutliche Mehrheit in der Volksvertretung gefunden, ohne jemals Gegenstand eines Volksbegehrens gewesen zu sein. Siehe dazu beispielsweise *O. Jung*, JöR 48 (2000), S. 57, 68 und *O. Jung*, ZParl 24 (1993), S. 8.

[576] Vgl. *O. Jung* ZParl 24 (1993), S. 5; *O. Jung*, BayVBl. 1999, S. 428; *C. Degenhart*, Der Staat 31 (1992), S. 88f, 96f; *R. Bocklet*, in: Das Regierungssystem des Freistaates Bayern, Bd. 2, 1979, S. 418 und auch schon *G. Kaisenberg*, in: Handbuch des deutschen Staatsrechts, 1932, §75, S. 216.

[577] So *O. Jung*, ZParl 24 (1993), S. 5; *K. Hernekamp*, Formen und Verfahren direkter Demokratie, 1979, S. 287 spricht sehr anschaulich vom „Erdrosselungseffekt" der Quoren.

[578] Die klassischen Beispiele für interne Qualifizierungen sind die Zweidrittel- und die Dreiviertelmehrheit der abgegebenen Stimmen; zum Begriff siehe *O. Jung*, ZPol 9 (1999), S. 893 und *K. Hernekamp*, Formen und Verfahren direkter Demokratie, 1979, S. 288.

[579] Vgl. BayVerfGH BayVBl. 1999, S. 725.

[580] Dies wurde in BayVerfGHE 2, 181 (217) nicht ausreichend gewürdigt; zutreffend dagegen mittlerweile BayVerfGH BayVBl. 1999, S. 724.

[581] Hier dürfte das Erfordernis einer Zweidrittelmehrheit der abgegebenen gültigen Stimmen mit dem Grundsatz der praktischen Wirksamkeit der verfassungsändernden Volksgesetzgebung noch vereinbar sein.

[582] Siehe BayVerfGHE 2, 181 (219) und *O. Jung*, BayVBl. 1999, S. 428. Dieser Gesichtspunkt ist durchaus beachtlich, es handelt sich keineswegs um ein belangloses obiter dictum des Verfassungsgerichtshofes (so aber *J. Isensee*, Verfassungsreferendum mit einfacher Mehrheit, 1999, S. 54).

Die Volksvertretung hätte jedoch in jedem Fall die Wertschätzung der Verfassung für die direkte Demokratie zu berücksichtigen und somit für die ausreichende Funktionsfähigkeit der verfassungsändernden Volksgesetzgebung zu sorgen. Selbst wenn man der Theorie der abschließenden Regelung nicht folgte, würde das eben kein unbegrenztes Ermessen, sondern lediglich einen engen Gestaltungsspielraum des Landtags bei der Entscheidung über die Mehrheitsvoraussetzungen mit sich bringen[583].

c) Die Einschränkung des status activus der Staatsbürger

Die Staatsgewalt wird gemäß Artikel 4 BV unter anderem durch die stimmberechtigten Staatsbürger ausgeübt. Damit nennt die Bayerische Verfassung - soweit es die Staatsbürger betrifft - nur eine einzige Voraussetzung für die Rechtsgültigkeit einer Volksabstimmung: Die Abstimmenden müssen stimmberechtigt sein. Ein Quorum macht die Gültigkeit einer Abstimmung von einer weiteren Bedingung, nämlich vom Erreichen einer bestimmten Mindeststimmenzahl abhängig und schränkt deshalb das Recht des Einzelnen, an Plebisziten teilzunehmen, eventuell zusätzlich ein. Man könnte sich auf den Standpunkt stellen, dass eine so weitgehende Einschränkung sich eindeutig aus dem Verfassungstext ergeben müsse[584].

Das Subjekt der Volksgesetzgebung ist aber nicht das Individuum, sondern das Volk[585]. Dieses fungiert als Träger der Staatsgewalt und tut seinen Willen durch Wahlen und Abstimmungen kund (Artikel 2 Abs. 1 und Abs. 2 Satz 1 BV). Zum "Volk" gehören auch diejenigen, die einer Abstimmung fernbleiben, unabhängig davon, ob sie bei der Ermittlung des Abstimmungsergebnisses berücksichtigt werden oder nicht. Konsequenterweise hat das Bundesverfassungsgericht das Gesetzesinitiativrecht, das einem Volksbegehren als solchem zusteht, sehr genau unterschieden von den politischen Individualrechten der Aktivbürger[586].
Die Mitwirkungsrechte schützen nicht wie die Abwehrrechte einen Raum privater Selbstbestimmung gegen staatliche Ingerenzen, sondern die Teilhabe an der

---

[583] So auch BayVerfGH BayVBl. 1999, S. 724f; in die gleiche Richtung gehend *J. Isensee*, Verfassungsreferendum mit einfacher Mehrheit, 1999, S. 54.
[584] Diese alte Auffassung wurde erstmals in BayVerfGHE 2, 181 (218) vertreten; zustimmend *O. Jung*, ZPol 9 (1999), S. 880.
[585] Zutreffend *J. Isensee*, Verfassungsreferendum mit einfacher Mehrheit, 1999, S. 53 und *H.-D. Horn*, BayVBl. 1999, S. 433.
[586] Siehe BVerfGE 96, 231 (240).

staatlichen Willensbildung. Deren Verfahren sind Voraussetzungen, nicht aber Inhalt der Mitwirkungsrechte. Der Staatsbürger übt seine Befugnisse des status activus im Rahmen und nach Maßgabe der Regeln der demokratischer Willensbildung aus, wie sie Verfassung und Gesetz vorgeben. Wenn die Verfassung qualifizierte Mehrheiten verlangte, läge darin keine Einschränkung des Stimmrechts[587]. Lediglich innerhalb des Verfahrens der Volksgesetzgebung muss das Stimmrecht allgemein, unmittelbar, frei, gleich und geheim sein.

d) Die Parallele zur Verfassunggebung

Die Bayerische Verfassung wurde am 1. Dezember 1946 von den Staatsbürgern durch ein Referendum bestätigt; für die Annahme des Verfassungsgesetzes war die einfache Mehrheit der Abstimmenden ausreichend[588]. Bei der Abstimmung votierten 70,6% der Teilnehmer für das neue Regelwerk, was einer Quote von 49,6% der insgesamt Stimmberechtigten entsprach[589].

Es erscheint zunächst folgerichtig, dass eine Verfassung, die das Volk ohne qualifizierte Mehrheit annehmen konnte, im Wege der Volksgesetzgebung auch wiederum mit einfacher Majorität geändert werden darf[590]. Ein solcher Gedankengang lässt sich möglicherweise noch auf ein anderes Argument stützen. Nach dem Mehrheitsprinzip muss die Minderheit von heute die Gelegenheit haben, jederzeit zur Mehrheit von morgen zu werden[591]. Deshalb darf die gegenwärtige Mehrheit an ihre eigene Entscheidung nicht geringere Anforderungen stellen, als sie künftigen Mehrheiten für die Änderung dieser Entscheidung vorschreibt. Der Majoritätsgrundsatz deutet auf den ersten Blick darauf hin, dass die Hürden für eine Verfassungsänderung nicht höher liegen können als für die Verabschiedung der Verfassung selbst[592].

Dem Volksentscheid vom 1. Dezember 1946 ging aber keine Verfassungsinitiative voraus, ein Fall von verfassungsändernder Volksgesetzgebung lag gar nicht

---

[587] Zutreffend *J. Isensee*, Verfassungsreferendum mit einfacher Mehrheit, 1999, S. 53.

[588] Art. 3 Abs. 1 des Gesetzes betreffend den Volksentscheid über die Bayerische Verfassung und die Wahl des Bayerischen Landtags, GVBl. 1945/46, S. 309ff (3.10.1946).

[589] Siehe S. 37f.

[590] Auf diese Konsequenz hatten bereits die Antragssteller im Rahmen des 1949 stattfindenden verfassungsgerichtlichen Verfahrens über das Landswahlgesetz hingewiesen, siehe BayVerfGHE 2, 181 (189); zum Hintergrund dieses Verfahrens siehe S. 39f.

[591] Siehe BVerfGE 44, 125 (142).

[592] So die Ansicht *R. Steinbergs*, ZParl 23 (1992), S. 510f.

vor[593]. Beim Volksentscheid über die Bayerische Verfassung bestimmte zudem die amerikanische Militärverwaltung, welche Stimmenmehrheit den Ausschlag geben sollte und nicht die Verfassunggebende Landesversammlung[594]. Allein schon aus diesen Gründen verbietet sich ein Umkehrschluss von der Verfassunggebung auf die plebiszitäre Verfassungsänderung.

Hinzu kommt, dass die verfassunggebende und die verfassungsändernde Gewalt, wie bereits nachgewiesen, nicht miteinander vergleichbar sind[595]. Der pouvoir constituant ist an kein vorgesehenes Verfahren gebunden, wohl aber der pouvoir constitué, der ausschließlich im Rahmen der Verfassung tätig wird[596]. Der Verfassunggeber muss das Mehrheitsprinzip erst in der Verfassung installieren, bevor es überhaupt bindende Wirkung entfalten kann[597]. Der pouvoir constituant agiert im Zustand der Regellosigkeit, er unterliegt deshalb nicht dem allgemeinen Mehrheitsgrundsatz, der folglich keine Verbindung zwischen der Verfassunggebung und der plebiszitären Verfassungsrevision herstellen kann. Letztendlich müssen die Verfahrenskautelen, die 1946 für das Verfassungsreferendum galten, bei der teleologischen Auslegung der Artikel 72 Abs. 1, 74 Abs. 1, 5 und 75 Abs. 1 Satz 1 BV unbeachtet bleiben.

e) Das fehlende Ausführungsgesetz

In Artikel 14 Abs. 5 BV hat die Bayerische Verfassung die Legislative ermächtigt, durch einfaches Landesgesetz das Verfahren bei Landtagswahlen näher auszugestalten. In Bezug auf Volksbegehren und Volksentscheide existiert keine derartige Ermächtigung. Dadurch könnte die Verfassung zum Ausdruck bringen wollen, die gesamte Volksgesetzgebung sei verfassungsrechtlich abschließend und erschöpfend geregelt. In diesem Fall dürfte ein Vollzugsgesetz ausschließlich technische Details beinhalten, nicht aber so wesentliche materielle Voraussetzungen wie Zustimmungs- oder Beteiligungsquoren normieren[598].

---

593 Richtiger Hinweis bei BayVerfGH BayVBl. 1999, S. 722f.
594 Vgl. *O. Jung*, ZPol 9 (1999), S. 879 Fn. 22.
595 Siehe S. 59-61.
596 Vgl. *J. Isensee*, Verfassungsreferendum mit einfacher Mehrheit, 1999, S. 64.
597 Siehe dazu S. 160.
598 So BayVerfGH 2, 181 (217f); 21, 110 (117f); 47, 265 (271); *O. Jung*, BayVBl. 1999, S. 418; *K. Kruis*, BayVBl. 1973, S. 512; *O. Hanning*, Die Stellung des Bayerischen Landtags in dem durch Volksbegehren eingeleiteten Gesetzgebungsverfahren, 1975, S. 12; ähnlich *H. Tilch*, in: Verfassung als Verantwortung und Verpflichtung, 1997, S. 279.

In den Artikeln 72 und 74 BV fehlen aber neben den Anforderungen an die plebiszitäre Mehrheit noch eine ganze Reihe entscheidender Bestimmungen über die gesamte plebiszitäre Rechtsetzung. Ungeklärt ist beispielsweise, von wie vielen Bürgern der Antrag auf Zulassung eines Volksbegehrens getragen werden muss[599], ob die Unterschriften für ein Begehren nur in öffentlichen Räumen oder an der Haustüre zu sammeln sind[600] und welche Zeitspanne für die Unterschriftensammlung zur Verfügung steht[601]. Jeder einzelne dieser drei Punkte hat einen ähnlich bedeutenden Einfluss auf den Erfolg einer Volksinitiative wie die Frage nach dem Quorum bei der Volksabstimmung. Das zeigt, dass die Artikel über die plebiszitären Elemente der Verfassung einen sehr fragmentarischen Charakter aufweisen[602] und kein abgeschlossenes Regelungssystem verkörpern. Die Verfassung geht davon aus, dass ein Vollzugsgesetz sowohl die einfache als auch die verfassungsändernde Volksgesetzgebung materiellrechtlich erheblich ergänzen muss[603].

f) Das Unterlaufen der demokratischen Mehrheitsentscheidung durch taktische Manöver

Schon zur Zeit der Weimarer Republik wurde auf eine spezifische Gefahr hingewiesen, die Beteiligungs- und Zustimmungsquoren in sich bergen. Beide machen den Erfolg einer Volksabstimmung vom Erreichen einer bestimmten Mindeststimmenzahl abhängig und verleiten daher die Gegner eines Volksbegehrens zum passiven Zusehen, in der Hoffnung, auf diese Weise zum Scheitern der Vorlage am Quorum beizutragen[604]. Das Ziel eines demokratischen Rechtsstaates und seiner Verfassung muss aber darin liegen, die Staatsbürger zur aktiven Teilnahme an Wahlen und Plebisziten zu bewegen. Es stellt sich daher die Frage, ob Quoren mit diesem Ziel überhaupt vereinbar sind, sofern sie die Verfassung

---

[599] Art. 63 Abs. 1 Satz 3 LWG (25000 Stimmberechtigte); siehe dazu auch den Hinweis bei *J. Isensee*, Verfassungsreferendum mit einfacher Mehrheit, 1999, S. 50.

[600] Art. 68 LWG (nur Unterschriftensammlung in amtlichen Räumen der jeweiligen Gemeinde).

[601] Art. 65 Abs. 3 Satz 1 LWG (14 Tage).

[602] Zutreffend *W. Schmitt Glaeser*, DÖV 1998, S. 829 Fn. 43 und *J. Isensee*, Verfassungsreferendum mit einfacher Mehrheit, 1999, S. 49.

[603] Der Bayerische Verfassungsgerichtshof geht mittlerweile wie selbstverständlich davon aus, dass die verfassungsrechtlichen Bestimmungen über die verfassungsändernde Volksgesetzgebung auch in wesentlichen materiellen Punkten vom einfachen Gesetzgeber zu ergänzen sind, vgl. BayVerfGH BayVBl. 1999, S. 725 und BayVBl. 2000, S. 398.

[604] Siehe beispielsweise *H. Nawiasky*, BayVBl. 1929, S. 419.

nicht explizit anordnet. Im Folgenden soll geprüft werden, inwieweit die verschiedenen Arten erhöhter Mehrheitsanforderungen Abstimmungsboykott oder andere taktische Manöver[605] begünstigen und welchen Einfluss dies auf die teleologische Interpretation der Bayerischen Verfassung hat.

aa) Taktisches Verhalten bei Beteiligungsquoren

Ordnet die Verfassung ein Beteiligungsquorum an, so entscheidet die Höhe der Stimmbeteiligung über die Rechtsgültigkeit der Volksabstimmung und damit (indirekt) auch über die Annahme des Volksbegehrens[606]. Angesichts der Tatsache, dass sich bei Plebisziten im Regelfall weniger Stimmberechtigte mobilisieren lassen als bei Wahlen[607], erweist sich eine Boykottstrategie für diejenigen, die der Volksinitiative ablehnend gegenüberstehen, oftmals als sehr effektiv. Die Chancen für ein Überspringen des Beteiligungsquorums sinken deutlich, wenn ein großer Teil der Wählerschaft zu Hause bleibt, anstatt mit "Nein" zu stimmen.

Die negativen Auswirkungen eines solchen Quorums wurden bereits in der Weimarer Republik deutlich. SPD und KPD führten 1926 erfolgreich ein Volksbegehren zur entschädigungslosen Enteignung der ehemaligen deutschen Fürsten durch. Beim anschließenden Volksentscheid erreichten Sozialdemokraten und Kommunisten zwar eine einfache Mehrheit, die gemäß Artikel 75 WRV notwendige Mindeststimmbeteiligung von 50% der Stimmberechtigten kam aber nicht zustande, was zum Scheitern des Begehrens führte. Vor der Abstimmung hatten bürgerliche Parteien dazu aufgerufen, nicht am Plebiszit teilzunehmen. In ländlichen Gebieten übten Gutsbesitzer einen massiven Druck auf ihre Arbeiter und Angestellten aus, um sie vom Urnengang abzuhalten. Wer sich trotzdem zum Stimmlokal aufmachte, lief Gefahr, als Anhänger der bei seinem Arbeitgeber verhassten politischen Linken abgestempelt zu werden. Das Abstimmungsgeheimnis war in diesen Regionen nicht mehr gewährleistet. Millionen von Stimmberechtigten hatten sich umsonst an der Abstimmung beteiligt, das Vertrauen in die damals noch junge Demokratie erlitt einen schweren Schlag[608].

---

605 *A. Riklin/R. Kley*, Stimmabstinenz und direkte Demokratie, 1981, S. 116.
606 Siehe S. 34.
607 Siehe S. 163.
608 Zu dem Volksbegehren über die Fürstenenteignung siehe *O. Jung*, Direkte Demokratie in der Weimarer Republik, 1989, S. 49ff.

Hohe Beteiligungsquoren laden also tatsächlich zum Abstimmungsboykott geradezu ein[609]. Auch die Gefahr, dass Stimmberechtigte auf Grund sozialen Drucks nicht abstimmen, und das Abstimmungsgeheimnis auf diese Art und Weise ausgehöhlt wird, besteht durchaus[610]. Gerade in kleineren Gemeinden, in denen jeder jeden kennt, kann die Teilnahme an dem jeweiligen Plebiszit stigmatisierend wirken.

bb) Taktisches Verhalten bei Zustimmungsquoren

Das Zustimmungsquorum bezieht sich, anders als das Beteiligungsquorum, nicht auf die Beteiligung an der Volksabstimmung, sondern auf die Zahl der Ja-Stimmen, die ein Begehren beim Volksentscheid auf sich vereinigt. Demnach ist eine Initiative angenommen, wenn die einfache Mehrheit der Abstimmenden für die Vorlage votiert und diese Mehrheit zugleich einen bestimmten Prozentsatz an Stimmberechtigten ausmacht[611]. Eine derartige Konstruktion führt automatisch dazu, dass ein Abstimmungsboykott völlig sinnlos wird, ja sogar kontraproduktiv wirkt. Die Befürworter eines Volksbegehrens müssen das Zustimmungsquorum ohnehin erfüllen, ganz gleich, wie hoch die Stimmbeteiligung ausfällt. Verweigern die Gegner der Initiative die Stimmabgabe, erhöhen sie sogar die Erfolgschancen des Volksbegehrens, da dieses nun zumindest die einfache Mehrheit der abgegebenen Stimmen leicht erreicht[612].

Dennoch wäre es verfehlt, das Zustimmungsquorum als eine Art Patentlösung zu betrachten, das jedes taktische Verhalten von vornherein ausschließt. Zu denen, die ein Volksbegehren ablehnen, gehören häufig die Regierung und die Parlamentsmehrheit. Letztere kann dem Gesetzentwurf der Initiative einen zwar nicht identischen, aber doch sehr ähnlichen Alternativentwurf gegenüberstellen, so dass die Bürger über zwei Vorlagen abstimmen müssen. Dadurch wird das

---

[609] Dies wird mittlerweile kaum mehr bestritten, vgl. BayVerfGH BayVBl. 1999, S. 724; *O. Jung* ZPol 9 (1999), S. 882; *O. Jung*, JöR n.F. 41 (1993), S. 38f; *G. Hüllen*, Rechtsschutzprobleme beim Bürgerbegehren, 1999, S. 128; *K. Bugiel*, Volkswille und repräsentative Entscheidung, 1991, S. 459.

[610] Vgl. *K. Hernekamp*, Formen und Verfahren direkter Demokratie, 1979, S. 287 und *D. Schaal/G. Habermann*, in: Mehr direkte Demokratie wagen, 1999, S. 334f; a.A dagegen *K. Herrmann*, Volksgesetzgebungsverfahren, 1999, S. 124.

[611] Siehe S. 34.

[612] Vgl. BayVerfGH BayVBl. 1999, S. 724; *H. Heußner*, Volksgesetzgebung in den USA und in Deutschland, 1994, S. 370f; *H.-D. Horn*, Der Staat 38 (1999), S. 409; *W. Berger*, Volksbegehren und Volksentscheid, 1978, S. 109f.

Lager der Befürworter des Gesetzesvorhabens aufgespalten und ein Erreichen des Zustimmungsquorums erheblich erschwert[613].
Die Regierung hat ebenfalls die Möglichkeit, die Zustimmungshürde in ihrem Sinne auszunutzen. Sie ist nämlich in der Lage, durch eine geschickte Festsetzung des Abstimmungstermins zu verhindern, dass der Volksentscheid zeitgleich mit einer Parlaments- oder Kommunalwahl stattfindet. Dadurch bleibt die Beteiligung am Plebiszit niedrig und die Mobilisierung der Anhänger des Volksbegehrens wird schwierig[614].

cc) Taktisches Verhalten bei internen Qualifizierungen

Interne Qualifizierungen verlangen keine Mindeststimmenzahl, sondern bloß ein besonderes Verhältnis zwischen den abgegebenen gültigen Ja- und Nein-Stimmen[615]. Boykottaufrufe oder die taktische Auswahl des Abstimmungstermins könnten das Erreichen einer solchen qualifizierten Mehrheit nicht verhindern. Allerdings würde die Einbringung einer Konkurrenzvorlage durch das Parlament erneut ein wirkungsvolles Mittel darstellen, um die Befürworter eines Vorhabens auseinanderzudividieren. In diesem Falle wäre wie beim Zustimmungsquorum das Erreichen der geforderten qualifizierten Mehrheit unwahrscheinlich.

dd) Bewertung

Gleichgültig, welche erhöhten Anforderungen man an die Annahme einer Verfassungsinitiative durch Volksentscheid stellt, stets existiert die Gefahr, dass diejenigen, die der angestrebten Verfassungsänderung ablehnend gegenüberste-

---

613 Zutreffende Feststellung bei *O. Jung*, JöR n.F. 41 (1993), S. 38 und *K. Herrmann*, Volksgesetzgebungsverfahren, S. 124; siehe hierzu auch das Beispiel bei *G. Hüllen*, Rechtsschutzprobleme beim Bürgerbegehren, 1999, S. 38 Fn. 166.
614 So geschehen am 30. November 1997 in Schleswig-Holstein. Das Volksbegehren bezog sich auf die Wiedereinführung des Buß- und Bettages. Die Landesregierung, die dieses Vorhaben ablehnte, weigerte sich, die Volksabstimmung mit den im März des folgenden Jahres stattfindenden Kommunalwahlen zusammenzulegen. Das Volksbegehren erreichte beim Volksentscheid zwar knapp 68% der Stimmen, das Zustimmungsquorum von 25% der Stimmberechtigten wurde aber verfehlt. Zu diesem Vorgang siehe *E. Busch/S. Werner*, DÖV 1998, S. 684f und *O. Jung*, ZPol 9 (1999), S. 872f.
615 Siehe S. 164.

hen, auf taktische Manöver aller Art zurückgreifen. Das Ziel der Bayerischen Verfassung liegt aber darin, eine funktionierende Volksgesetzgebung anzugstreben, an der sich regelmäßig möglichst viele Staatsbürger beteiligen[616].

Quoren bringen die aufgezeigten Nachteile nicht per se mit sich. Vieles hängt von der Ausgestaltung dieser Hürden ab. Die Verfassung oder die Wahlgesetze könnten beispielsweise bestimmen, dass ein Zustimmungsquorum nur dann erreicht werden muss, sofern die Volksvertretung keine Konkurrenzvorlage beschließt[617]. Der Landtag wäre dann nicht mehr in der Lage, die Befürworter eines Gesetzesvorhabens auseinanderzudividieren. Einen ähnlichen Effekt hätte eine Regelung, die jedem Abstimmenden erlaubt, zugleich für den Entwurf des Volksbegehrens und für den Alternativentwurf des Parlaments zu votieren[618]. Eine verfassungsrechtlich angeordnete Bündelung von Wahlen und Volksentscheiden würde den Ermessenspielraum der Regierung bei der Festlegung des Abstimmungstermins spürbar beschneiden. Die häufig angesprochene Gefahr der Boykottaufrufe existiert zudem vornehmlich bei hohen Beteiligungsquoren. Senkt man das Quorum deutlich unter 50%, minimiert sich der Anreiz zur Verweigerung der Stimmabgabe[619]. Dieser Anreiz tendiert außerdem gegen Null, wenn ein Teilnahme- und ein Zustimmungsquorum dahingehend kombiniert werden, dass für einen volksunmittelbaren Beschluss entweder die eine oder die andere Hürde zu überspringen ist[620].

Ein Auslegungsergebnis im Sinne der Quorumstheorie ist demnach mit der Teleologie der Bayerischen Verfassung im Prinzip zu vereinbaren. Lediglich die konkrete Ausformung des Quorums unterliegt gewissen Einschränkungen.

---

[616] Siehe S. 168.

[617] Diesen Weg hat die Verfassung von Sachsen-Anhalt gewählt, siehe Art. 81 Abs. 3 und 4 SA-V (allerdings bezieht sich diese Vorschrift nur auf die einfache Volksgesetzgebung).

[618] Vgl. Art. 76 Abs. 4 LWG.

[619] Zutreffend BayVerfGH BayVBl. 1999, S. 724.

[620] Diese recht phantasievolle Lösung findet sich in Art. 63 Abs. 2 BerlinV: „Ein Gesetz ist durch Volksentscheid angenommen, wenn sich entweder mindestens die Hälfte der zum Abgeordnetenhaus von Berlin Wahlberechtigten am Volksentscheid beteiligt und die Mehrheit für das Gesetz stimmt oder bei geringerer Stimmbeteiligung mindestens ein Drittel der Wahlberechtigten für das Gesetz stimmt.“

g) Zwischenergebnis

Die Argumente, die von der Theorie der abschließenden Regelung im Rahmen der teleologischen Auslegung der Bayerischen Verfassung vorgebracht werden, überzeugen nicht. Die Tatsache, dass Artikel 74 BV kein Ausführungsgesetz vorsieht, bedeutet nicht, dass der einfache Landesgesetzgeber daran gehindert wäre, ein Quorum festzulegen. Das in Artikel 2 Abs. 2 Satz 2 BV verankerte allgemeine Mehrheitsprinzip sagt über die für die Annahme einer Verfassungsinitiative notwendige Mehrheit genauso wenig aus wie der am 1. Dezember 1946 durchgeführte Volksentscheid über die Bayerische Verfassung. Die These, erhöhte Mehrheitsanforderungen schränkten das Recht der Staatsbürger, an Volksabstimmungen teilzunehmen, ein, basiert auf einem falschen Verständnis vom status activus der Bürger und ist deshalb unzutreffend.

Lediglich die erkennbare Absicht der Verfassung, eine funktionsfähige verfassungsändernde Volksgesetzgebung mit hoher Stimmbeteiligung zu gewährleisten, setzt der Einführung von Quoren gewisse Schranken. Mit diesem Ziel der Verfassung sind niedrigere Beteiligungs- und Zustimmungsquoren bis 30% sowie interne Qualifizierungen aber problemlos zu vereinbaren, da dadurch taktisches Verhalten und Boykottaufrufe der Beteiligten weitgehend ausgeschlossen werden können.

Wenn die Artikel 2 Abs. 2 Satz 2, 72 Abs. 1, 74 Abs. 1 und 5, 75 Abs. 1 Satz 1 BV demnach erhöhte Mehrheitsanforderungen bei der plebiszitären Verfassungsrevision erlauben, bedeutet dies nicht automatisch, dass sie solche besonderen Mehrheiten zwingend vorsehen. Das behauptet jedoch die Quorumstheorie, deren Argumente bezüglich der teleologischen Interpretation der Bayerischen Verfassung im Anschluss näher zu untersuchen sind.

B) Die Argumente der Quorumstheorie

a) Der Vorrang der Verfassung

Der Bayerischen Verfassung kommt der Vorrang vor den einfachen Landesgesetzen zu. Dieser Vorrang könnte dazu führen, dass die Verfassungsnormen über die verfassungsändernde Volksgesetzgebung teleologisch im Sinne der Quorumstheorie auszulegen sind.

aa) Die erschwerte Verfassungsänderung als Teil des Verfassungsvorrangs

Die bislang herrschende Meinung leitet aus dem Prinzip des Verfassungsvorrangs ab, dass die Verfassung Bestandsschutz genieße, also ein gewisses Maß an Kontinuität und Stabilität aufzuweisen habe[621] und eine Änderung der Verfassung deshalb nur unter erschwerten Bedingungen erfolgen dürfe. In der Tat müsste man mit einer sehr großen Zahl von Verfassungsrevisionen rechnen, wenn hierzu nur das gewöhnliche Gesetzgebungsverfahren einzuhalten wäre. Der Bestandsschutz der Verfassung würde dadurch geschwächt werden[622].

In letzter Zeit hat sich aber eine beachtliche Mindermeinung Gehör verschafft, die den Bestandsschutz und damit auch die erschwerte Abänderbarkeit der Verfassung nicht zum festen Inhalt des Verfassungsvorrangs rechnet[623]. Nach dieser Auffassung sprechen weder die geschichtliche Entwicklung[624] noch das eigentliche Ziel des Verfassungsvorrangs[625] für die herrschende Anschauung.

Die Diskussion spielt aber in Bezug auf den Vorrang der Bayerischen Verfassung keine Rolle. Die Verfassung des Freistaates unterwirft ihre Änderung ganz eindeutig erschwerten Anforderungen[626]. Verfassungsrevisionen dürfen nur im Wege der Gesetzgebung stattfinden (Artikel 75 Abs. 1 Satz 1 BV), sie müssen von einer Zweidrittelmehrheit der Landtagsabgeordneten und unmittelbar vom Volk bestätigt werden (Artikel 75 Abs. 2 BV) und unterliegen dem Textänderungsgebot (Artikel 75 Abs. 4 BV)[627]. Die Ewigkeitsklausel (Artikel 75 Abs. 1 Satz 2 BV), über deren Einhaltung der Verfassungsgerichtshof wacht (Artikel 75 Abs. 3 BV), schützt die demokratischen Grundgedanken der Verfassung vor

---

621 Siehe dazu S. 85.

622 So *R. Herzog*, Allgemeine Staatslehre, 1971, S. 316; *J. Isensee*, Verfassungsreferendum mit einfacher Mehrheit, 1999, S. 62 und 67; *A. Rinken*, in: Verfassung-Philosophie-Kirche, 2001, S. 421f; *R. Steinberg*, ZParl 23 (1992), S. 509f und wohl auch *K. Engelken*, BayVBl. 2005, S. 271.

623 Siehe *H. Dreier*, BayVBl. 1999, S. 516f; *M. Sachs*, in: Die verfassungsrechtliche Ausgestaltung der Volksgesetzgebung, 1999, S. 148 bis 152 und *P. Neumann*, in: Die verfassungsrechtliche Ausgestaltung der Volksgesetzgebung, 1999, S. 46.

624 Zur Geschichte des Verfassungsvorrangs siehe insbesondere *C. H. Schmidt*, Vorrang der Verfassung und konstitutionelle Monarchie, 2000, S. 28ff.

625 Nach dieser Auffassung stellt der Verfassungsvorrang primär eine Kollisionsnorm dar, die Widersprüche zwischen der Verfassung und einem Gesetz zu Gunsten der Ersten auflöst und so die lex posterior-Regel für diesen Konfliktfall aufhebt (vgl. *M. Sachs*, in: Die verfassungsrechtliche Ausgestaltung der Volksgesetzgebung, 1999, S. 147f und S. 151).

626 Zutreffend *H. Dreier*, BayVBl. 1999, S. 518f.

627 Siehe *J. Isensee*, Verfassungsreferendum mit einfacher Mehrheit, 1999, S. 63.

Veränderung. Dies belegt, dass die Bayerische Verfassung auf ihre Stabilität sehr wohl großen Wert legt und deshalb der verfassungsrechtliche Bestandsschutz einen Teil des bayerischen Verfassungsvorrangs darstellt[628].

bb) Die relative oder die absolute Erschwerung der Verfassungsrevision

Wenn also die Bayerische Verfassung ihre Änderung nur unter erschwerten Bedingungen erlaubt, dann bleibt die Frage, welche Art von Erschwerung gemeint ist. In Betracht kommt zunächst eine relative Erschwerung, d.h., der Prozess der Verfassungsrevision muss im Vergleich zum gewöhnlichen Gesetzgebungsverfahren qualifizierte Anforderungen aufweisen[629]. Dieser Lösungsansatz beinhaltet aber eine entscheidende Schwachstelle. Er macht die Hürden der verfassungsändernden Volksgesetzgebung völlig von den Voraussetzungen der einfachen Volksgesetzgebung abhängig. Einige Landesverfassungen verlangen für den volksunmittelbaren Beschluss eines normalen Landesgesetzes keine besondere Mehrheit[630]; ein leicht angehobenes Unterstützungsquorum beim Volksbegehren oder ein niedriges Zustimmungsquorum von zum Beispiel 20% wären eine relative Erschwerung der direktdemokratischen Verfassungsrevision. Andere Landesverfassungen fordern dagegen schon im Rahmen der gewöhnlichen plebiszitären Rechtsetzung ein Zustimmungsquorum von 33%[631]; sie müssten an die verfassungsändernde Volksgesetzgebung konsequenterweise wesentlich höhere Anforderungen stellen, als die zuerst genannten Bundesländer. Allein schon deshalb ist ein solches abgestuftes "Quoren-System" wenig sinnvoll.

Der Sinn des verfassungsrechtlichen Bestandsschutzes liegt außerdem gerade darin, der Verfassung Stabilität zu verleihen und sie vor zu häufigen Umgestaltungen zu bewahren. Dieses Ziel erreicht man aber nur, wenn das Verfassungsrevisionsverfahren konkret so ausgestaltet ist, dass es erheblicher politischer Anstrengung bedarf, um eine Verfassungsänderung zustande zu bringen. Dem

---

[628] So auch BayVerfGH BayVBl. 1999, S. 723f; *J. Isensee*, Verfassungsreferendum mit einfacher Mehrheit, 1999, S. 63; *H. Dreier*, BayVBl. 1999, S. 518f; *A. Rinken*, in: Verfassung-Philosophie-Kirche, 2001, S. 421 und auch schon *Nawiasky/Leusser*, Die Verfassung des Freistaates Bayern, 1948, S. 45.

[629] Siehe *A. Rinken*, in: Verfassung-Philosophie-Kirche, 2001, S. 411 und *H. Schneider*, Gesetzgebung, 3. Aufl., 2002, S. 134; ähnlich auch BayVerfGH BayVBl. 1999, S. 723.

[630] Vgl. zum Beispiel Art. 109 Abs. 4 Satz 2 RhpflV und Art. 72 Abs. 4 Satz 2 SächsV.

[631] Siehe beispielsweise Art. 60 Abs. 4 Satz 1 MV-V; Art. 82 Abs. 6 Satz 2 ThürV.

Verfassungsvorrang wird nur die Möglichkeit einer Verfassungsrevision unter absolut erschwerten Bedingungen gerecht[632].

cc) Die unmittelbare Beteiligung des Volkes als Erschwerung der Verfassungsänderung

aaa) Die parlamentarische Verfassungsänderung als Normalfall

Ohne jeden Zweifel würden vorgeschriebene Mindestbeteiligungen die verfassungsändernde Volksgesetzgebung einschränken und damit zugleich eine Erschwerung für die Revision der Bayerischen Verfassung darstellen[633].

Quoren wären jedoch nicht zwingend notwendig, sofern bereits in der verfassungsändernden Volksgesetzgebung als solcher eine Erschwerung läge. Die Ansicht, der Beschluss einer Verfassungsänderung unmittelbar durch das Volk genüge ohne Weiteres erhöhten Anforderungen, wurde schon sehr früh vertreten[634]. In der Tat ist der Normalfall der Gesetzgebung die Gesetzgebung durch das Parlament[635]. Für Verfassungsänderungen gilt diesbezüglich das Gleiche. Eine ganz entscheidende Bedeutung kommt demnach der Frage zu, ob die Bayerische Verfassung der verfassungsändernden Volksgesetzgebung bereits so hohe Schranken auferlegt hat, dass ein zusätzliches Quorum entbehrlich wird.

bbb) Die drohende Minderheitenherrschaft als Konsequenz einer quorenlosen verfassungsändernden Volksgesetzgebung

Falls bereits die einfache Mehrheit der an der Volksabstimmung Teilnehmenden einer Verfassungsinitiative zum Erfolg verhelfen kann, dann besteht die Gefahr, dass die Verfassung von einer kleinen, gut organisierten Gruppe geändert wird,

---

632 So auch *M. Sachs*, in: Die verfassungsrechtliche Ausgestaltung der Volksgesetzgebung, 1999, S. 174; *O. Jung*, KritV 84 (2001), S. 45 und *H. Dreier*, BayVBl. 1999, S. 518; wohl auch *J. Isensee*, Verfassungsreferendum mit einfacher Mehrheit, 1999, S. 69.

633 In diesem Fall käme es sowohl zu einer relativen als auch zu einer absoluten Erschwerung der Verfassungsrevision gegenüber der einfachen Gesetzgebung im Freistaat.

634 Siehe *G. Jellinek*, Allgemeine Staatslehre, 3. Aufl., 1922, S. 531 und *H. Kelsen*, Allgemeine Staatslehre, 1966, S. 253.

635 Vgl. dazu *H. Dreier*, BayVBl. 1999, S. 518 und *W. Hoegner*, Lehrbuch des Bayerischen Verfassungsrechts, 1949, S. 63.

während der größere Teil des Stimmvolkes, aus welchen Gründen auch immer, dem Plebiszit fernbleibt[636]. Die Beteiligung an Abstimmungen fällt regelmäßig geringer aus als bei Wahlen[637] und theoretisch wäre sogar eine Verfassungsrevision durch einen einzigen Stimmberechtigten möglich[638]. Ein direktdemokratisch beschlossenes verfassungsänderndes Gesetz bindet aber nicht nur die Abstimmenden, sondern alle Staatsbürger. Die verfassungsändernde Volksgesetzgebung könnte also das Tor zu einer Minderheitenherrschaft öffnen und zur Dominanz einer aktiven Elite über eine apathische und ambitionslose Bevölkerungsmehrheit führen[639]. Ein derartiges Szenario würde kaum für eine erschwerte Verfassungsrevision sprechen.

In Bayern liegen die Dinge aber anders. Die verfassungsändernde Volksgesetzgebung setzt zunächst eine Verfassungsinitiative voraus, die gemäß Artikel 74 Abs. 1 BV der Unterstützung von mindestens einem Zehntel der Stimmberechtigten bedarf. Diese Eingangshürde galt lange Zeit als unüberwindbar[640], zumal die notwendigen Unterschriften innerhalb von zwei Wochen in amtlichen Räumen der jeweiligen Gemeinde gesammelt werden müssen[641]. 10% der Stimmberechtigten, in Bayern also ca. 900000 Personen, stellen keineswegs eine kleine Gruppe dar[642]. Lediglich solche Initiativen, die große Teile der Bevölkerung interessieren, sind in der Lage, die Eingangshürde überhaupt zu überspringen; Anliegen von vereinzelten Interessenvertretern haben von vornherein kaum Aussicht auf Erfolg[643]. In aller Regel kommt ein verfassungsänderndes Volksbe-

---

636 So schon BayVerfGHE 2, 181 (217); ebenso BayVerfGH BayVBl. 1999, S. 724; BayVerfGH BayVBl. 2000, S. 399; *T. Meder*, Die Verfassung des Freistaates Bayern, 4. Aufl., 1992, Art. 74 Rn. 9; *J. Menzel*, Landesverfassungsrecht, 2002, S. S. 400; *J. Isensee*, Verfassungsreferendum mit einfacher Mehrheit, 1999, S. 45 und S. 65; *C. Stelzenmüller*, Direkte Demokratie in den Vereinigten Staaten von Amerika, 1994, S. 294; *J. Isensee*, DVBl. 2001, S. 1167; *H.-D.* Horn, BayVBl. 1999, S. 433 und *R. Grawert*, Der Staat 18 (1979), S. 235.

637 Siehe S. 163; so waren beispielsweise beim Volksentscheid über die Abschaffung des Bayerischen Senates diejenigen, die sich an der Abstimmung beteiligten, in der Minderheit (siehe S. 51f).

638 Vgl. *R. Bocklet*, in: Das Regierungssystem des Freistaates Bayern, Bd. 2, 1979, S. 417 und *J. Isensee*, Verfassungsreferendum mit einfacher Mehrheit, 1999, S. 41.

639 Vgl. *W. Schmitt Glaeser*, DÖV 1998, S. 826. Auf die elitären Strukturen, die sich im Rahmen der Organisation eines Volksbegehrens bilden, weist auch *S. Müller-Franken*, DÖV 2005, S. 494 hin.

640 Vgl. *H. Dreier*, BayVBl. 1999, S. 518 und *K. Kruis*, BayVBl. 1973, S. 509.

641 Siehe *J. Lege*, DÖV 2000, S. 285.

642 Zutreffend *K. Schweiger*, BayVBl. 2002, S. 68; ähnlich *R. Bocklet*, in: Das Regierungssystem des Freistaates Bayern, Bd. 2, 1979, S. 417.

643 So *O. Jung*, BayVBl. 1999, S. 423; *C. Degenhart*, Der Staat 31 (1992), S. 85; *K.*

gehren nur zustande, wenn es von großen Organisationen wie Parteien oder Gewerkschaften durchgeführt wird[644] und die Aufmerksamkeit der Medien auf sich zieht[645]. Das Unterstützungsquorum schränkt damit die Aktivität von Minderheiten auf dem Gebiet des Verfassungsrechts schon im Vorfeld ein.

ccc) Die Minderheitenherrschaft als reale Gefahr?

Die Möglichkeit, dass weniger Menschen am Volksentscheid als am Volksbegehren teilnehmen oder sogar nur ein einziger Bürger mit seiner Stimme die Verfassung ändert, existiert bloß in der Theorie. Eine teleologische Auslegung hat jedoch vor allem solche Risiken zu beachten, die einen gewissen Realitätsgehalt aufweisen[646]. Im Freistaat lag die Beteiligung an Volksentscheiden bisher durchschnittlich bei ungefähr 40%[647] und damit deutlich über dem Eingangsquorum des Volksbegehrens[648]. Erst drei Mal erfolgte eine plebiszitäre Verfassungsrevision[649].

Fakt ist auch, dass weder in Bayern noch in einem anderen Bundesland die verfassungsändernde Volksgesetzgebung zu einer Minderheitenherrschaft oder gar zu einer Destabilisierung der repräsentativen Demokratie geführt hat[650]. Auch

---

Schweiger, NVwZ 2002, S. 1472; *R. Bocklet*, in: Das Regierungssystem des Freistaates Bayern, Bd. 2, 1979, S. 421; *W. Heun*, Das Mehrheitsprinzip in der Demokratie, 1983, S. 143; *K. Hernekamp*, Formen und Verfahren direkter Demokratie, 1979, S. 293f.

644 Vgl. *A. Mittenberger-Huber*, Das Plebiszit in Bayern, 1999, S. 231; *H. Heußner*, Volksgesetzgebung in den USA und in Deutschland, 1994, S. 404; *U. Steiner*, Schweizer Verhältnisse in Bayern?, 2000, S. 22; *U. Berlit*, KritV 76 (1993), S. 348; *P. Krause*, in: Handbuch des Staatsrechts der Bundesrepublik Deutschland, 1992, §39 Rn. 4, 23; *H. Schneider*, in: Forschungen und Berichte aus dem öffentlichen Recht, 1955, S. 156; *R. Bocklet*, in: Das Regierungssystem des Freistaates Bayern, Bd. 2, 1979, S. 423, 427; *H. Naßmacher*, ZParl 28 (1997), S. 450 und *R. Kampwirth*, in: Mehr direkte Demokratie wagen, 1999, S. 185.

645 So *P. Krause*, in: Handbuch des Staatsrechts der Bundesrepublik Deutschland, 1992, §39 Rn. 4.

646 Dies betont auch BayVerfGH BayVBl. 1999, S. 724; siehe dazu ferner S. 83f.

647 *C. Gebhardt*, Direkte Demokratie im parlamentarischen System, 2000, S. 55.

648 Vgl. *O. Jung*, KritV 84 (2001), S. 34.

649 Siehe S. 41f, S. 49 und S. 51f.

650 Siehe *K. Schweiger*, NVwZ 2002, S. 247; *A. Mittenberger-Huber*, Das Plebiszit in Bayern, 1999, S. 219, 222; *U. Steiner*, Schweizer Verhältnisse in Bayern?, 2000, S. 26; *A. Steins*, Chancen und Grenzen der Landesverfassungen im deutschen Bundesstaat der Gegenwart, 1997, S. 201f; *U. Berlit*, KritV 76 (1993), S. 325; *P. Neumann*, in: Die verfassungsrechtliche Ausgestaltung der Volksgesetzgebung, 1999, S. 49; *A. Bleckmann*, JZ 1978, S. 218f und *A. Weber*, DÖV 1985, S. 184.

Fälle, in denen versucht wurde, eine Verfassungsinitiative zur Durchsetzung von Partikularinteressen zu missbrauchen, sind nicht bekannt[651]. Interessenvertreter, die vorgeben, die wahren Vertreter des Volkes zu sein, würden zudem riskieren, durch eine Niederlage im Plebiszit leicht demaskiert zu werden[652]. Lobbyisten konzentrieren sich vielleicht gerade deshalb vornehmlich auf die Volksvertretung. Das parlamentarische System bietet ihnen größere Erfolgschancen als das aufwendige direktdemokratische Verfahren[653]. Die indirekte Demokratie eröffnet im Übrigen kleineren Parteien die Möglichkeit, im Wege des (Koalitions-) Kompromisses ihre Ansichten durchzusetzen[654]. Die Gefahr, dass eine Minorität der Majorität ihren Willen aufzwingt, ist im Repräsentativsystem daher sogar noch größer als bei der Volksgesetzgebung.

ddd) Erhöhte Mehrheitsanforderungen als Bonus für die konservative Minderheit

Es wäre auch nicht korrekt anzunehmen, erhöhte Mehrheitsanforderungen würden die Bevorzugung von Minderheiten eingrenzen; im Gegenteil. Eine Vorlage kann beim Volksentscheid eine knappe Stimmenmehrheit erreichen, aber dennoch am Quorum scheitern. Das Quorum verhindert in diesem Fall einen Mehrheitsbeschluss und begünstigt damit die ablehnende (konservative) Minderheit[655]. Folglich wirken sich sowohl die einfache als auch die qualifizierte Mehrheit stets zu Gunsten einer Minorität aus; lediglich die Einführung der Stimmpflicht könnte dieses Problem lösen.

eee) Zwischenergebnis

Die 10%ige Eingangshürde sorgt für einen angemessen Schutz der Verfassung vor zu leichten Änderungen und schiebt der Bedienung von Sonderinteressen schon im Vorfeld einen wirksamen Riegel vor. Praktische Erfahrungen zeigen

---

[651] So *S. Storr*, Verfassunggebung in den Ländern, 1995, S. 265.

[652] Siehe *H. Maurer*, Staatsrecht I, 4. Aufl., 2005, S. 204.

[653] Richtige Feststellung bei *D. Schaal/G. Habermann*, in: Mehr direkte Demokratie wagen, 1999, S. 340; ähnlich auch SächsVerfGH, in: LVerfGE 13, 315 (336).

[654] Vgl. *O. Jung*, KritV 84 (2001), S. 35f und *B. Weixner*, Direkte Demokratie in den Bundesländern, 2002, S. 43.

[655] Zutreffend *D. Schaal/G. Habermann*, in: Mehr direkte Demokratie wagen, 1999, S. 335; *C. Thum*, BayVBl. 2000, S. 42 und *R. Herzog*, in: Evangelisches Staatslexikon, 2. Aufl., 1975, Sp. 1549.

zudem, dass auch plebiszitäre Verfassungsänderungen ohne Quorum als erschwerte Verfassungsrevisionen einzustufen sind.

dd) Zwischenergebnis

Entgegen einer häufig vertretenen Auffassung ist eine quorenlose verfassungsändernde Volksgesetzgebung mit dem Vorrang der Bayerischen Verfassung zu vereinbaren. Dieses Prinzip beinhaltet in der Tat einen verfassungsrechtlichen Bestandsschutz, der eine Verfassungsrevision nur unter erschwerten Bedingungen erlaubt. Das plebiszitäre Änderungsverfahren der Verfassung muss sich nicht unbedingt von der gewöhnlichen Volksgesetzgebung abheben; entscheidend ist vielmehr, ob die direktdemokratischen Verfassungsrevisionen in der Praxis einen erheblichen politischen Kraftaufwand erfordern. Trifft das zu, dann stellt die Tatsache, dass das Volk die Verfassungsänderung selbst unmittelbar vornimmt, die Erschwerung dar, während die Verfassung ihre Änderung durch Landtagsbeschluss weiterhin als Normalfall betrachtet.

In Bayern ist die verfassungsändernde Volksgesetzgebung zweigliedrig ausgestaltet. Auf der ersten Stufe steht die Verfassungsinitiative, auf der zweiten der Volksentscheid. Die Anforderungen an das Zustandekommen eines solchen Volksbegehrens (Unterstützungsquorum, Eintragungsfrist und Modalitäten der Unterschriftensammlung) sind sehr schwer zu erfüllen und daher haben Begehren nur Aussicht auf Erfolg, sofern sie dem Allgemeinwohl entsprechen und die Unterstützung größerer Organisationen genießen. Initiativen von kleinen, aktivistischen Gruppen sind chancenlos. Solange die genannten Hürden so hoch bleiben, besteht keine Gefahr für den Vorrang und den Bestandsschutz der Bayerischen Verfassung[656]. Die beiden Prinzipien machen keine teleologische Auslegung der Verfassung im Sinne der Quorumstheorie erforderlich.

[656] Ein Absenken dieser Hürden im Wege einer (plebiszitären) Verfassungsänderung würde tatsächlich den verfassungsrechtlichen Bestandsschutz gefährden und damit gegen Art. 75 Abs. 1 Satz 2 BV verstoßen (BayVerfGH BayVBl. 2000, S. 399f).

b) Die Funktionsfähigkeit der repräsentativen Demokratie

Der Bayerische Verfassungsgerichtshof[657] und Teile des Schrifttums[658] sehen in einer verfassungsändernden Volksgesetzgebung ohne Quorum eine Beeinträchtigung für die Funktionsfähigkeit der repräsentativen Demokratie[659]. Es sei äußerst problematisch, dass das Volk mit einfacher Mehrheit die Verfassung umgestalten könne, während parlamentarisch beschlossene Verfassungsrevisionen der Bestätigung durch ein Referendum bedürften. Das Repräsentativsystem würde plebiszitär überrollt[660].

Direktdemokratische Verfassungsänderungen kommen aber nur selten vor. Die Anforderungen an eine Verfassungsinitiative verhindern den Zugriff kleiner Minderheiten auf das Verfassungsrecht[661]. Zudem garantiert Artikel 75 Abs. 1 Satz 2 BV die Funktionsfähigkeit der repräsentativen Demokratie[662] und der Ministerpräsident prüft volksunmittelbar beschlossene Verfassungsgesetze vor der Ausfertigung auf ihre Vereinbarkeit mit der Verfassung (Artikel 76 Abs. 1 BV)[663]. Der Landtag ist in das Verfahren der verfassungsändernden Volksgesetzgebung ebenfalls eingebunden. Er kann die Rechtsgültigkeit eines Volksbegehrens bestreiten (Artikel 74 Abs. 5 BV i.V.m. Artikel 73 Abs. 5 LWG)[664] und eine Konkurrenzvorlage mit zur Abstimmung stellen[665].
Die Bayerische Verfassung verfügt demnach über genügend Schutzvorrichtungen zu Gunsten der repräsentativen Demokratie. Auch ohne Quorum stellt die verfassungsändernde Volksgesetzgebung keine Bedrohung für das Repräsentativsystem dar.

---

[657] BayVerfGH BayVBl. 1999, S. 724; BayVerfGH BayVBl. 2000, S. 399f.
[658] Vgl. *J. Isensee*, Verfassungsreferendum mit einfacher Mehrheit, 1999, S. 64ff; *H.-D. Horn*, BayVBl. 1999, S. 434 und *H. Zacher*, BayVBl. 1998, S. 742.
[659] Siehe dazu auch S. 87f; zum Begriff der Funktionsfähigkeit im Verfassungsrecht siehe *P. Lerche*, BayVBl. 1991, S. 517ff.
[660] So *J. Isensee*, Verfassungsreferendum mit einfacher Mehrheit, 1999, S. 64f.
[661] Siehe S. 177f.
[662] Siehe S. 88.
[663] Vgl. *K. Schweiger*, BayVBl. 2002, S. 68 und *K. Schweiger*, NVwZ 2002, S. 1472.
[664] Siehe *Boettcher/Högner*, Landeswahlgesetz, 14. Aufl., 1994, Art. 73 Rn. 12ff.
[665] Zutreffend *K. Schweiger*, NVwZ 2002, S. 1472; *J.F. Lindner*, BayVBl. 1999, S. 488 und *D. Schaal/G. Habermann*, in: Mehr direkte Demokratie wagen, 1999, S. 338.

c) Praktische Probleme bei der Durchführung der verfassungsändernden Volksgesetzgebung

In Deutschland hat man seit 1919 auf gesamt- und gliedstaatlicher Ebene viele Erfahrungen mit plebiszitären Elementen gesammelt und dabei festgestellt, dass die gesamte Volksgesetzgebung in der Praxis mit zum Teil erheblichen Nachteilen verbunden ist. Die teleologische Verfassungsauslegung darf die politische Realität nie aus den Augen verlieren[666] und muss diese Erfahrungen berücksichtigen.

Ein Ziel der Bayerischen Verfassung liegt gerade darin, eine weitestgehend reibungslos funktionierende direkte Demokratie zu gewährleisten. Sollten sich die angesprochenen praktischen Schwierigkeiten bei erhöhten Mehrheitsanforderungen reduzieren, dann spräche dies eindeutig gegen eine Verfassungsinterpretation, die auf eine quorenlose verfassungsändernde Volksgesetzgebung hinausliefe.

aa) Die sachliche Überforderung des Volkes

Gesetzentwürfe sind meist sehr umfangreich und recht kompliziert. Viele Bürger fühlen sich deshalb von dem Gegenstand eines Volksbegehrens überfordert und bleiben der Abstimmung fern[667]. Hinzu kommt, dass der Teilnehmer am Volksentscheid nur mit "Ja" oder "Nein" votieren darf, den Entwurf bloß als ganzen annehmen oder ablehnen kann. Es ist ihm, anders als einem Landtagsabgeordneten, nicht möglich, im Rahmen des Gesetzgebungsverfahrens seine konkreten Ansichten zu einzelnen Teilen des Vorhabens einzubringen[668].

Diese Probleme stellen sich sowohl bei der einfachen als auch bei der verfassungsändernden Volksgesetzgebung. Eventuell lassen sie sich aber durch die Installierung eines Quorums eingrenzen. Es würden dann lediglich solche Verfassungsinitiativen, die die Staatsbürger nicht sachlich überfordern, im Volksentscheid die erforderliche Hürde überspringen. Die Initiatoren eines Begehrens müssten schon im Vorfeld darauf achten, ausschließlich die Themen zur Ab-

---

[666] Siehe S. 83f.

[667] Vgl. *H. Holzheid*, Maßgebliche Verfassungsgrundsätze bei Wahlen und Volksentscheiden, 1995, S. 31; *A. Riklin/R. Kley*, Stimmabstinenz und direkte Demokratie, 1981, S. 36, 38; *J. Harbich*, in: Aktuelle Probleme des Rechtsstaates, 2003, S. 29 und *A. Bleckmann*, Staatsrecht I, 1993, S. 137.

[668] So *H. Holzheid*, Maßgebliche Verfassungsgrundsätze bei Wahlen und Volksentscheiden, 1995, S. 31 und *G. Gerhard*, Plebiszitäre Scherbenhaufen, 1997, S. 24; siehe auch die Hinweise bei *K. Engelken*, BayVBl. 2005, S. 297.

stimmung zu bringen, die auch allgemein verständlich sind und sich deshalb für ein Plebiszit besonders eignen.

Die Problematik der sachlichen Überforderung des Staatsvolkes betrifft aber nicht nur die Volksgesetzgebung, sondern alle Formen der Demokratie[669]. Bereits die Einführung des allgemeinen Wahlrechts wurde mit dem Hinweis auf die Inkompetenz des Volkes in politischen Belangen bekämpft[670]. Es ist nicht einzusehen, warum die Bürger bei der Wahl ihrer Repräsentanten als sachverständig, hingegen bei der Entscheidung einzelner und grundlegender politischer Fragen als unselbständig gelten sollen[671]. Der Bayerische Ministerpräsident Wilhelm Hoegner hat in diesem Zusammenhang eine sehr treffende Aussage gemacht: "Wenn man dem Wähler (...) nicht die geistige Fähigkeit zur Beurteilung von Gesetzen zutraut, so spricht man ihm letzten Endes auch die Fähigkeit ab, die richtigen Vertreter in das Parlament zu wählen und bricht damit über jede Volksherrschaft den Stab"[672].

Der durchschnittlich gebildete Bürger kann in der Tat mit komplexen Gesetzentwürfen häufig wenig anfangen; aber das darf in einem demokratischen Rechtsstaat keine maßgebliche Rolle spielen. Die Demokratie unterscheidet eben nicht zwischen Fähigen und Unfähigen[673]. Es entscheidet die Mehrheit, nicht aber die Wahrheit oder die Richtigkeit[674], daher kommen Fehlentscheidungen immer wieder vor. Sogar Parlamentsabgeordnete stimmen nicht selten über Gesetzesvorhaben ab, deren Inhalt sie nicht oder nicht ausreichend kennen, und orientieren sich dabei an den Empfehlungen der Partei- oder Fraktionsführung[675].

Im Übrigen sind Verfassungsnormen ziemlich allgemein gehalten und daher auch einfacher zu verstehen als normale Gesetze. Sie bieten sich aus diesem

---

669 Vgl. *H. Heußner*, Volksgesetzgebung in den USA und in Deutschland, 1994, S. 416; *C. Welzel*, in: Demokratie in Gefahr?, 1997, S. 62 und *B. Huber*, ZRP 1984, S. 250.
670 Zutreffend *H. Krüger*, DÖV 1976, S. 619.
671 So *P. Unruh*, Der Verfassungsbegriff des Grundgesetzes, 2002, S. 457.
672 Gedanken von *W. Hoegner*, aufgeschrieben im Schweizer Exil, zitiert bei *A. Mittenberger-Huber*, Das Plebiszit in Bayern, 1999, S. 236.
673 Zutreffend *H. Krüger*, DÖV 1976, S. 619.
674 Siehe S. 159f.
675 Vgl. *D. Schaal/G. Habermann*, in: Mehr direkte Demokratie wagen, 1999, S. 336; *H. Fliegauf*, LKV 1993, S. 185 und *H. Maurer*, Staatsrecht I, 4. Aufl., 2005, S. 203; zu den Fehlentscheidungen, die gerade im repräsentativen System vorkommen, siehe *H. Maasen*, NJW 1979, S. 1473ff und *R. Zuck*, NJW 1979, S. 1681ff.

Grund in besonderer Weise für die Volksgesetzgebung an[676]. Der Zeitfaktor kommt hinzu. Zwischen einer rechtsgültigen Verfassungsinitiative und der Durchführung des Volksentscheides liegen meistens mehrere Monate[677]. In dieser Zeit kann über den Gegenstand der Initiative ausführlich im Landtag, in der Öffentlichkeit und in den Medien diskutiert werden. Die Bürger, die in ihrer Gesamtheit ein hohes Bildungsniveau aufweisen[678], sind also in der Lage, ausführliche Informationen und Argumente zu sammeln[679]. Die niedrige Beteiligung an verfassungsändernden Volksentscheiden ist deshalb im Wesentlichen auf Desinteresse oder Politikverdrossenheit zurückzuführen[680], nicht aber auf die Inkompetenz der Stimmberechtigten.

bb) Die Emotionalisierung und Radikalisierung der Stimmbürger

Häufig warnen einige Autoren vor dem Potential an Ideologisierung und Radikalisierung, die die öffentliche Mobilisierung im Rahmen eines Plebiszits beinhalte[681]. Politiker, Interessenverbände und vor allem die Medien übten einen starken Einfluss auf die Stimmberechtigten aus[682]; Abstimmungskämpfe würden äußerst emotional geführt und rissen tiefe Gräben innerhalb der Staatsbürgerschaft auf[683].

---

[676] So *C. Degenhart*, Der Staat 31 (1992), S. 81 und *B. Huber*, ZRP 1984, S. 247.

[677] Dazu trägt insbesondere Art. 74 Abs. 6 BV bei, der eine Bündelung von Volksentscheiden im Frühjahr oder Herbst vorsieht.

[678] Vgl. *H. Heußner*, Volksgesetzgebung in den USA und in Deutschland, 1994, S. 410 und 417.

[679] Siehe *D. Schaal/G. Habermann*, in: Mehr direkte Demokratie wagen, 1999, S. 336.

[680] In diesem Zusammenhang zeigt sich auch ein Vorteil der niedrigen Stimmbeteiligung: zumeist gehen nur solche Menschen zur Abstimmung, die sich für den Gegenstand des Volksbegehrens wirklich interessieren und sich zuvor informiert haben, so dass beim Plebiszit fast keine „inkompetenten" Bürger entscheiden (siehe dazu *H. Heußner*, Volksgesetzgebung in den USA und in Deutschland, 1994, S. 414f; *O. Jung*, ZPol 9 (1999), S. 878; *D. Schaal/G. Habermann*, in: Mehr direkte Demokratie wagen, 1999, S. 335 und auch schon *C. Schmitt*, Verfassungslehre, 5. Aufl., 1970, S. 279).

[681] Siehe *J. Fijalkowski*, in: Konsens und Konflikt,1987, S. 265.

[682] Vgl. *T. Meder*, Die Verfassung des Freistaates Bayern, 4. Aufl., 1992, Art. 74 Rn. 9; *G. Gerhard*, Plebiszitäre Scherbenhaufen, 1997, S. 16f; *K. Engelken*, BayVBl. 2005, S. 297; *H. Schambeck*, in: Recht und Staat in Geschichte und Gegenwart, Heft 400/4001, 1971, S. 26, 38; *R. Zippelius*, BayVBl. 2000, S. 193, 195; *U. Preuß*, ZRP 1993, S. 136 und *H.-D. Horn*, Die politische Meinung, 2001 Nr. 379, S. 64.

[683] So *G. Gerhard*, Plebiszitäre Scherbenhaufen, 1997, S. 14; ebenso *J. Fijalkowski*, in: Konsens und Konflikt, 1987, S. 265, der von einer „Dissens-Eskalation" spricht.

Auch vor Zufallsmehrheiten und großer Stimmabstinenz wird gewarnt; sie könnten dazu führen, dass die Akzeptanz der Bevölkerung gegenüber den Ergebnissen einer Volksabstimmung verloren ginge[684].

Quoren verhindern tatsächlich solche Zufallsmehrheiten und sorgen dafür, dass die beim Volksentscheid erzielte Mehrheit auch eine hinreichend große Zahl an Stimmberechtigten ausmacht. Sie emotionalisieren aber ebenfalls, wenngleich auf andere Art und Weise. Wenn ein Volksbegehren in der Volksabstimmung zwar die meisten Stimmen auf sich vereinigt, aber an einem Beteiligungs- oder Zustimmungsquorum scheitert, löst dies bei den Befürwortern der Initiative stets große Frustration aus[685]. Man kann den Menschen kaum klarmachen, dass ihr Vorhaben keinen Erfolg hatte, obwohl es die Stimmenmehrheit erzielte[686]. Die dadurch entstehende Politikverdrossenheit schadet dem demokratischen Rechtsstaat mindestens genauso sehr wie knappe Mehrheitsbeschlüsse bei niedriger Abstimmungsbeteiligung[687].

Eine quorenlose verfassungsändernde Volksgesetzgebung und ein harter Abstimmungskampf spornen außerdem die Gegner einer Verfassungsinitiative zur Beteiligung an[688], zumal sich ein Abstimmungsboykott nicht lohnt[689]. Man darf Plebisziten ohne erhöhte Mehrheitsanforderungen deshalb durchaus auch ein "erzieherisches Moment"[690] zuschreiben.

Die große Einflussnahme der Medien, der Politik oder der Interessenverbände auf die Stimmabgabe der Bürger ist unbestreitbar. Dieses Problem besteht aber grundsätzlich in der Demokratie. Es kann durch ein Quorum nicht gemindert werden. Demagogen werben auch bei Wahlen (und das in der Regel mit sehr

---

684 Vgl. *A. Weber*, DÖV 1985, S. 183.

685 Siehe *O. Jung*, ZPol 9 (1999), S. 872f und *K. Hahnzog*, in: Alternativen - Bürgerbegehren und Bürgerentscheid vor der Neufassung, 1998, S. 39.

686 Eine solche Frustration und Politikverdrossenheit konnte man beispielsweise beobachten, als in Schleswig-Holstein das Volksbegehren zur Wiedereinführung des Buß- und Bettages an dem 25%igen Zustimmungsquorum scheiterte (siehe Fn. 614).

687 Die Gefahr hauchdünner Zufallsmehrheiten wird in Bayern ohnehin durch die strengen Voraussetzungen, die ein rechtsgültiges verfassungsänderndes Volksbegehren erfüllen muss, begrenzt. Diese sorgen dafür, dass von Anfang an eine große Zahl von Stimmberechtigten hinter dem Begehren steht (siehe dazu S. 176ff).

688 So *O. Jung*, KritV 84 (2001), S. 37; *C. Thum*, BayVBl. 2000, S. 39f und auch schon *H. Nawiasky*, BayVBl. 1929, S. 419.

689 Siehe dazu S. 168-173.

690 *C. Thum*, BayVBl. 2000, S. 39f.

konkreten Themen) für sich und die Repräsentanten des Volkes sehen sich einem starken Druck seitens des Fernsehens und der Interessenvertreter ausgesetzt. Es wurde aber bereits darauf hingewiesen, dass Verfassungsinitiativen relativ leicht verständlich sind und dem gewöhnlichen Bürger ein eigenes Urteil erlauben[691]. Gerade in Bezug auf die verfassungsändernde Volksgesetzgebung sollte man die Beeinflussbarkeit der Stimmberechtigten nicht überschätzen.

cc) Zwischenergebnis

Die Probleme, die bei der Durchführung der verfassungsändernden Volksgesetzgebung in der Realität auftreten, sind bei weitem nicht so gravierend, wie gemeinhin behauptet wird. Der Inhalt einer Verfassungsinitiative überfordert die Stimmberechtigten nur selten; die Wahlentscheidung setzt oft einen genauso großen Sachverstand voraus wie die Stimmabgabe beim Volksentscheid. Wenn man kein Vertrauen in die geistige Fähigkeit eines Volkes, die richtige Sachentscheidung zu treffen, besitzt, bezweifelt man zugleich die Funktionsfähigkeit der gesamten Demokratie.

Sicherlich werden Abstimmungskämpfe auch vor dem Hintergrund einer stetig wachsenden Medienmacht recht emotional geführt. Quoren stellen aber in Bezug darauf keine Abhilfe dar. Sie können selbst Frustration und Politikverdrossenheit hervorrufen. Die bis 1999 in Bayern vorherrschende Praxis der quotenlosen plebiszitären Verfassungsrevision liefert keine Erfahrungen, die die teleologische Auslegung der Verfassung beeinflussen könnten und die Einführung erhöhter Mehrheitserfordernisse als notwendig erscheinen ließen.

d) Das demokratische Legitimationsniveau plebiszitärer Entscheidungen

aa) Abstimmungsfreiheit und Repräsentation des Volkswillens

Der Vorrang der Bayerischen Verfassung, die Funktionsfähigkeit des Repräsentativsystems und die praktischen Schwierigkeiten bei der Durchführung der direkten Demokratie stellten bisher die Hauptargumentationslinien der Quorumstheorie dar. In jüngster Zeit wurde diese Theorie aber um einen weiteren, interessanten Ansatzpunkt bereichert. Danach soll sich die verfassungsrechtliche

---

[691] Siehe S. 183f.

Notwendigkeit eines Quorums (bei allen Volksentscheiden) direkt aus dem Mehrheitsprinzip, also aus Artikel 2 Abs. 2 Satz 2 BV ergeben[692]. Diese These trifft im Wesentlichen folgende Aussagen:

Erstens: In der Bundesrepublik und in allen Bundesländern herrscht Abstimmungsfreiheit, d. h., die tatsächliche Artikulation des unmittelbaren Volkswillens liegt in den Händen der Abstimmenden[693]. Da die Beteiligung an einem Plebiszit niemals 100% beträgt, ist die Zahl der Abstimmenden regelmäßig geringer als die der Stimmberechtigten. Die Mehrheit der Stimmberechtigten kann in der Realität fast nie erreicht werden[694]. Demnach erscheint es unwahrscheinlich, dass sich das Mehrheitsprinzip generell auf die Gesamtheit der Stimmberechtigten bezieht[695].

Zweitens: Die Mehrheit entscheidet verbindlich für das Ganze; der Wille der Mehrheit wird zum bindenden Willen der Gesamtheit bestimmt. Die Folgepflicht aller schließt aber nicht nur die unterlegene Minderheit, sondern auch diejenigen ein, die an der Abstimmung nicht teilgenommen haben[696]. Es muss also ein legitimierendes Band zwischen den Stimmberechtigten und den Abstimmenden existieren, das Erstere zur Befolgung des direktdemokratischen Mehrheitsbeschlusses verpflichtet[697]. Ein solches Band besteht lediglich, solange die im Rahmen eines Volksentscheides zustande gekommene Mehrheit einen ausreichend großen Anteil an der gesamten Stimmbürgerschaft ausmacht und somit den Volkswillen ausreichend repräsentiert[698]. Bei einer sinkenden Stimm-

---

[692] Der Urheber dieser Ansicht ist *Hans-Detlef Horn;* siehe *H.-D. Horn*, Der Staat 38 (1999), S. 399ff. Seine Meinung hat in der Literatur bisher ein positives Echo hervorgerufen, vgl. *C. Gebhardt*, Direkte Demokratie im parlamentarischen System, 2000, S. 153ff und *K. Engelken*, DÖV 2000, S. 885 Fn. 26 und S. 888 Fn. 50.

[693] Vgl. *H.-D. Horn*, Der Staat 38 (1999), S. 413.

[694] Siehe dazu auch S. 163f.

[695] Vgl. *H.-D. Horn*, Der Staat 38 (1999), S. 419f.

[696] *H.-D. Horn*, Der Staat 38 (1999), S. 413. Siehe außerdem *H.-D. Horn*, BayVBl. 1999, S. 728 und *K. Engelken*, DÖV 2000, S. 884.

[697] Vgl. *H.-D. Horn*, Der Staat 38 (1999), S. 413 und *C. Gebhardt*, Direkte Demokratie im parlamentarischen System, 2000, S. 154.

[698] Siehe dazu *H.-D. Horn*, BayVBl. 1999, S. 433; *H.-D. Horn*, BayVBl. 1999, S. 728; *C. Gebhardt*, Direkte Demokratie im parlamentarischen System, 2000, S. 154; *K. Engelken*, DÖV 2000, S. 885 und *K. Hernekamp*, Formen und Verfahren direkter Demokratie, 1979, S. 286. Auch der Bayerische Verfassungsgerichtshof geht davon aus, dass ein Zustimmungsquorum einem Plebiszit eine „gewisse Repräsentativität" verleihen könne (BayVerfGH BayVBl. 1997, S. 627, ähnlich auch BayVerfGH BayVBl. 2000, S. 399) und bezieht das Mehrheitsprinzip zumindest „dem Gedanken nach" auf die Gesamtheit der stimmberechtigten Bürger (BayVerfGH BayVBl. 2000, S. 401).

beteiligung gerät das Mehrheitsprinzip somit unter eine Art "Legitimitätsdruck"[699] [700]. Deshalb darf man die Mehrheit beim Plebiszit nicht pauschal mit der einfachen Stimmenmehrheit gleichsetzen.
Drittens: Im Wege der Verfassungsinterpretation muss entsprechend dem Grundsatz der Einheit der Verfassung ein Ausgleich gefunden werden zwischen dem Recht der Stimmberechtigten, einer Abstimmung fernzubleiben, und dem Erfordernis der ausreichenden Repräsentation des Volkswillens[701]. Das Ergebnis der teleologischen Auslegung kann deshalb nur zu Gunsten eines maßvollen Quorums ausfallen, das einerseits der verfassungsrechtlich garantierten Abstimmungsfreiheit Rechnung trägt und andererseits ein hohes Legitimationsniveau plebiszitärer Beschlüsse sichert[702]. Dem Zustimmungsquorum von 25% kommt dabei eine paradigmatische Bedeutung[703] zu. Es "verteilt" die für die Demokratie problematische Nichtabstimmendenquote von bis zu 50% der Berechtigten zu gleichen Teilen auf die entstehende Stimmenmehrheit und Stimmenminderheit. Anders formuliert: Die 25%ige Hürde rechnet die Passivität der Bürger je zur Hälfte den Befürwortern und den Gegnern der jeweiligen Abstimmungsvorlage zu[704].

---

[699] *H.-D. Horn*, Der Staat 38 (1999), S. 415; ähnlich *C. Gebhardt*, Direkte Demokratie im parlamentarischen System, 2000, S. 154 und *H. Naßmacher*, ZParl 28 (1997), S. 449.

[700] Dieser Legitimitätsdruck wird vor allem dann sehr stark, wenn die Stimmbeteiligung weniger als 50% ausmacht, die nicht abstimmenden Bürger also die Überzahl darstellen. In einem solchen Fall lässt sich nach der Ansicht *H.-D. Horns* besonders schwer erklären, warum auch die passiven Staatsbürger der Mehrheit der Aktivbürger folgen sollten, vgl. *H.-D. Horn*, Der Staat 38 (1999), S. 415f.

[701] Es wird folglich das Prinzip der praktischen Konkordanz angewandt, siehe *H.-D. Horn*, Der Staat 38 (1999), S. 420; *C. Gebhardt*, Direkte Demokratie im parlamentarischen System, 2000, S. 154 und *K. Engelken*, DÖV 2000, S. 888.

[702] Vgl. *H.-D. Horn*, Der Staat 38 (1999), S. 420f.

[703] *H.-D. Horn*, Der Staat 38 (1999), S. 421, siehe auch *H.-D. Horn*, Die politische Meinung, 2001 Nr. 379, S. 65 und *C. Gebhardt*, Direkte Demokratie im parlamentarischen System, 2000, S. 155 (wenngleich auf die kommunalen Bürgerentscheide bezogen); unentschieden dagegen *K. Engelken*, DÖV 2000, S. 888.

[704] Vgl. *H.-D. Horn*, Der Staat 38 (1999), S. 421; ebenso *H.-D. Horn*, BayVBl. 1999, S. 728.

bb) Das Quorum als unabdingbare Sicherstellung demokratischer Legitimation?

aaa) Der Begriff der "Legitimation" im Zusammenhang mit plebiszitären Gesetzesbeschlüssen

Der Begriff "Legitimation" wirkt im Zusammenhang mit Volksabstimmungen auf den ersten Blick irreführend. Die Kriterien der (personellen, materiellen, inhaltlichen, institutionellen, etc.) demokratischen Legitimation wurden von der Literatur und der Rechtsprechung des Bundesverfassungsgerichts im Hinblick auf die vom Volk abgeleitete Staatsgewalt entwickelt[705]. Beim Plebiszit dagegen handelt die Gesamtheit der Staatsbürger unmittelbar und es erscheint fragwürdig,ob sich das Volk als Quelle der Staatsgewalt überhaupt legitimieren muss[706].

Demokratische Legitimation bedeutet, dass die Äußerungen der Staatsgewalt ihren Ausgangspunkt im Willen des Volkes haben und dementsprechend durch das Volk begründet und gerechtfertigt (legitimiert) sein müssen[707]. Im Rahmen der verfassungsändernden Volksgesetzgebung fungiert das Volk als Gesetzgebungsorgan[708] und damit auch als ein Teil der Staatsgewalt. Die durch Volksabstimmung gefassten Gesetzesbeschlüsse haben folglich sehr wohl ihre demokratische Legitimation nachzuweisen[709]. Es ist auch richtig, dass Quoren die Re-

---

[705] Grundlegend dazu BVerfGE 93, 37 (66ff).

[706] So die Ansicht von *P. Huber*, Volksgesetzgebung und Ewigkeitsgarantie, 2003, S. 85; ganz ähnlich *M. Sachs*, in: Die verfassungsrechtliche Ausgestaltung der Volksgesetzgebung, 1999, S. 163.

[707] *H. Maurer*, Staatsrecht I, 4. Aufl., 2005, S. 195.

[708] Ganz herrschende Meinung, siehe nur BayVerfGHE 2, 181 (218), *A. Mittenberger-Huber*, Das Plebiszit in Bayern, 1999, S. 218; *O. Hanning*, Die Stellung des Bayerischen Landtags in dem durch Volksbegehren eingeleiteten Gesetzgebungsverfahren, 1975, S. 97; *K. Hernekamp*, Formen und Verfahren direkter Demokratie, 1979, S. 18; *A. Bleckmann*, Staatsrecht I, 1993, S. 160; *F.-J. Peine*, Der Staat 18 (1979), S. 384, 392 und *U. Preuß*, DVBl. 1985, S. 711ff; a.A. *K. Herrmann*, Volksgesetzgebungsverfahren, 2002, S.76, 82, 86.

[709] Unklar BVerfGE 83, 60 (73) und BVerfGE 93, 37 (68); das Bundesverfassungsgericht bezog sich bei seinen Ausführungen zur demokratischen Legitimation bisher lediglich auf „amtliches" Handeln, also auf die Ausübung der vom Volk abgeleiteten Staatsgewalt. Diese bedarf nach Ansicht des Gerichts der demokratischen Legitimation, sobald sie „Entscheidungscharakter" aufweist. Direktdemokratische Gesetzesbeschlüsse stellen kein amtliches Handeln dar, als ausgeübte Staatsgewalt mit Entscheidungscharakter kann man sie aber auf jeden Fall bezeichnen. Es darf deshalb angenommen werden, dass die hier vertretene Ansicht im Einklang mit der bundesverfassungsgerichtlichen Rechtsprechung steht.

präsentation des Volkswillens durch die beim Volksentscheid zustande gekommene Mehrheit sicherstellen und so das Legitimationsniveau der direktdemokratischen Gesetzgebungsakte erhöhen.

bbb) Die Bayerische Verfassung als Legitimationsquelle

Die erste und wichtigste Legitimationsbasis bildet jedoch die Verfassung selbst[710]. Die auf dieser Basis agierenden Staatsorgane besitzen bereits kraft der am Demokratieprinzip orientierten Verfassung die erforderliche demokratische Legitimation, so dass allgemeine Legitimationserwägungen allenfalls noch ergänzend und konkretisierend heranzuziehen sind[711].

Die Bayerische Verfassung erlaubt ihre Revision durch Volksbegehren und Volksentscheid; dem verfassungsändernden Plebiszit kommt also von vornherein eine hohe demokratische Legitimation zu[712], ganz gleich, welche verfassungsrechtlich angeordnete Mehrheitsform den Ausschlag gibt[713]. Die Verfassung kann gegebenenfalls auch die einfache Mehrheit bei (verfassungsändernden) Volksentscheiden ausreichen lassen, ohne einen "Legitimitätsdruck" auf die Beschlüsse des Volkes zu erzeugen. Die Folgepflicht gegenüber einem plebiszitären Mehrheitsvotum ergibt sich aus der demokratischen Verfassung; sie trifft auch diejenigen, die an der Abstimmung nicht teilgenommen haben.

Das legitimierende Band zwischen den Stimmberechtigten und den Abstimmenden stellt das Verfassungsrecht dar. Ein Quorum würde dieses Band sicherlich verstärken, zwingend notwendig ist es aber nicht. Ein Volk, das sich eine Verfassung gibt, unterwirft sich in seiner Gesamtheit dem Ergebnis einer künftigen,

---

[710] Vgl. *H. Maurer*, Staatsrecht I, 4. Aufl., 2005, S. 195; *H. Dreier*, in: Dreier, Grundgesetz, 1998, Art. 20 Rn. 29; *B. Weixner*, Direkte Demokratie in den Bundesländern, 2002, S. 39 und *E. Denninger*, KritV 1 (1986), S. 308; eindrucksvoll auch *H. Ehmke*, Grenzen der Verfassungsänderung, 1953, S. 133f.

[711] *H. Maurer*, Staatsrecht I, 4. Aufl., 2005, S. 195.

[712] Nicht zutreffend ist die Meinung von R. Hendler, Der Landkreis 65 (1995), S. 323, der dem kommunalen Bürgerentscheid (und damit wohl allen volksunmittelbaren Entscheidungen) auf Grund seines direktdemokratischen Charakters einen „kaum zu überbietenden Legitimitätswert" zuspricht.

[713] Auch Beschlüsse der Volksvertretung werden vorrangig durch die Verfassung legitimiert. Vor diesem Hintergrund bezweifelt der Sächsischen Verfassungsgerichtshof in LVerfGE 13, 315 (329) zu Recht einen „Legitimationsvorrang des parlamentarischen Gesetzgebers".

nach Maßgabe dieser Verfassung stattfindenden Volksabstimmung, unabhängig von den verfassungsrechtlich festgelegten Mehrheitsanforderungen.

Die Bereitschaft, einem direktdemokratischen Beschluss zu folgen, ist in der Bevölkerung sehr groß. Nicht nur die unterlegene Minderheit der Abstimmungsteilnehmer, sondern auch jene, die dem Volksentscheid ferngeblieben sind, akzeptieren das Mehrheitsvotum zumeist problemlos[714]. So hat die Abschaffung des Bayerischen Senats zwar innerhalb der Wissenschaft, aber nicht unter den Bürgern größere Diskussionen ausgelöst. Die Behauptung, die Verfassung selbst beinhalte eine Loyalitätspflicht gegenüber jeder demokratisch zustande gekommenen volksunmittelbaren Entscheidung, stellt folglich nicht "nur" eine verfassungsdogmatische These dar; sie findet eine eindrucksvolle Bestätigung in der politischen Realität.

Die Loyalitätspflicht ist sozusagen die Kehrseite der Abstimmungsfreiheit. Eine Verfassung, die den Staatsbürgern gestattet, an den für die Demokratie lebenswichtigen Wahlen und Abstimmungen nicht teilzunehmen, kann und muss sogar verlangen, dass der passive Citoyen zumindest das Ergebnis dieser Urnengänge vorbehaltlos akzeptiert[715]. Ob das Verfassungsrecht erhöhte Mehrheitsanforderungen an die Annahme einer Volksinitiative stellt, spielt bloß eine untergeordnete Rolle.

ccc) Zwischenergebnis

Das demokratische Legitimationsniveau plebiszitärer Beschlüsse wird schon durch die Verankerung des Volksgesetzgebungsverfahrens in der Bayerischen Verfassung ausreichend gesichert. Ein Quorum würde das Legitimationsniveau solcher Beschlüsse zwar erhöhen; unbedingt erforderlich ist es jedoch nicht.

---

[714] Richtige Feststellung bei *C. Welzel*, in: Demokratie in Gefahr?, 1997, S. 64 und *O. Jung*, ZPol 9 (1999), S. 878.

[715] Abstimmungsfreiheit und Legitimität der Abstimmungsentscheidung sind aus der Warte demokratischer Verfassungslehre eben doch nicht so eindeutig zu unterscheiden, wie *H.-D. Horn*, Der Staat 38 (1999), S. 420 meint. Die Tatsache, dass direktdemokratische Mehrheitsvoten in Demokratien, die eine Abstimmungspflicht kennen oder hohe Quoren eingeführt haben, über eine gesteigerte Legitimationskraft verfügen, ist unbestreitbar. Die Abstimmungsfreiheit weist jedoch auf die Verfassung als eine zweite und ausreichende, von *H.-D. Horn* (Fn. 692) aber nicht akzeptierte Legitimationsquelle hin.

cc) Zwischenergebnis

Die teleologische Handhabung des Mehrheitsprinzips kann die Quorumstheorie nicht bestätigen. Dieses Prinzip stellt lediglich einen allgemeinen Grundsatz dar, der offen ist für die verschiedensten verfassungsrechtlichen Ausgestaltungen[716]. Man würde Artikel 2 Abs. 2 Satz 2 BV überstrapazieren, wollte man aus ihm heraus interpretatorisch die konkreten Mehrheitsanforderungen an den verfassungsändernden Volksentscheid herleiten.

e) Zwischenergebnis

Die Argumente der Quorumstheorie überzeugen nicht. Eine quorenlose verfassungsändernde Volksgesetzgebung wäre mit dem Vorrang der Verfassung zu vereinbaren und die Funktionsfähigkeit der repräsentativen Demokratie würde keinen nennenswerten Schaden erleiden. Erhöhte Mehrheitsanforderungen können zudem nicht als Allheilmittel für die praktischen Schwierigkeiten angesehen werden, die bei der Durchführung einer plebiszitären Verfassungsrevision häufig auftauchen. Schließlich lassen sich auch aus dem allgemeinen Mehrheitsprinzip und dem Grundsatz der demokratischen Legitimation der Staatsgewalt keine Erkenntnisse gewinnen, die auf die verfassungsrechtliche Notwendigkeit eines Quorums hindeuten. Die Quorumstheorie ist folglich abzulehnen.

C) Zwischenergebnis zur teleologischen Auslegung

Die teleologische Interpretation der Artikel 2 Abs. 2 Satz 2, 72 Abs. 1, 74 Abs. 1, 5 und 75 Abs. 1 Satz 1 BV erbringt kein sicheres Ergebnis. Sinn und Zweck dieser Verfassungsnormen erfordern nicht die (einfachgesetzliche) Festlegung erhöhter Mehrheitsanforderungen für die verfassungsändernde Volksgesetzgebung. Umgekehrt sind keine Gesichtspunkte erkennbar, die für die Unzulässigkeit eines Quorums sprechen würden. Die hohe Wertschätzung der Bayerischen Verfassung gegenüber der direkten Demokratie verbietet lediglich die Einführung prohibitiv überhöhter Hürden. Beteiligungs- oder Zustimmungsquoren bis 30% oder interne Qualifizierungen wären dagegen problemlos mit dem Telos der Verfassung zu vereinbaren.

---

716 Siehe auch S. 158ff.

VI. Gesamtergebnis zu Kapitel 5

Die Auslegung der Artikel 2 Abs. 2 Satz 2, 72 Abs. 1, 74 Abs. 1, 5 und 75 Abs. 1 Satz 1 BV gibt keine Antwort auf die Frage, mit welcher Mehrheit eine Verfassungsinitiative durch Volksentscheid angenommen werden kann. Wortlaut, Entstehungsgeschichte, Systematik und Teleologie der Bayerischen Verfassungsnormen unterstützen weder die Theorie der abschließenden Regelung noch die Quorumstheorie; keine der beiden Auffassungen trifft zu. Die Verfassung ist in diesem Punkt unvollständig, es klafft eine Lücke im Verfassungsrecht des Freistaates. Ein solches Ergebnis deckt sich mit den Aussagen der Lückentheorie[717]. Es bleibt noch zu untersuchen, welche Möglichkeiten zur Ausfüllung der verfassungsrechtlichen Unvollständigkeit bestehen.

---

717 Vgl. *Nawiasky/Leusser*, Die Verfassung des Freistaates Bayern, 1948, S. 154 zu Art. 74 BV und S. 156 zu Art. 75 BV; siehe dazu auch S. 57.

Kapitel 6:
Die Lückenschließung

I. Allgemeines zur Lückenschließung

Mit Lücken im Gesetz wird man vor allem im Zivilrecht konfrontiert[718]. Im Verfassungsrecht tauchen sie eher selten auf[719], was daran liegt, dass mit Hilfe der Auslegung Unvollständigkeiten vermieden werden können. Eine Vorschrift bleibt lückenlos, soweit ihre Interpretation noch möglich ist[720]. Die Schließung einer verfassungsrechtlichen Lücke erfolgt gemeinhin mit dem Mittel der Analogie[721]. Existieren keine analogiefähigen Verfassungsnormen, so obliegt dem einfachen Gesetzgeber die Beseitigung der Lücke.

Für Verwirrung sorgte in diesem Zusammenhang das Urteil des Bayerischen Verfassungsgerichtshofes vom 17. September 1999[722]. Nicht bloß der Umstand, dass sich das oberste bayerische Gericht zur Quorumstheorie bekannte[723], sondern auch seine dogmatische Vorgehensweise riefen in der Literatur scharfe Kritik hervor.
Der Verfassungsgerichtshof stellte nach einer umfassenden Auslegung der Bayerischen Verfassung zunächst eine Lücke fest[724], die er dann im Wege einer "lückenfüllenden Auslegung"[725] wieder schloss. Auslegungsfähige Normen sind aber von vornherein eben nicht lückenhaft. Die (Verfassungs-) Interpretation kann, wie im vorliegenden Fall, die Existenz einer Lücke beweisen; eine anschließende erneute Auslegung zur Lückenfüllung ist jedoch ausgeschlossen[726].

---

718 Die Tatsache, dass Gesetzeslücken existieren, wird mittlerweile nicht mehr bestritten. Die früher vertretene Ansicht von der Lückenlosigkeit des Rechtssystems (siehe beispielsweise *K. Pribram*, in: Festschrift für Franz Klein, 1914, S. 473ff) hat heute praktisch keine Anhänger mehr.

719 Vgl. nur *K. Hesse*, Grundzüge des Verfassungsrechts der Bundesrepublik Deutschland, 19. Aufl., 1993, §1 Rn. 19ff.

720 Zutreffend *J. Lege*, DÖV 2000, S. 286; zur genauen Abgrenzung zwischen Auslegung und Lückenfüllung siehe insbesondere *C.-W. Canaris*, Die Feststellung von Lücken im Gesetz, 1983, S. 19ff.

721 Siehe *C. Pestalozza*, JöR n.F. 51 (2003), S. 129.

722 BayVerfGH BayVBl. 1999, S. 719ff.

723 Vgl. S. 52f.

724 Siehe BayVerfGH BayVBl. 1999, S. 724.

725 BayVerfGH BayVBl. 1999, S. 724.

726 Zutreffende Kritik bei *C. Pestalozza*, JöR n.F. 51 (2003), S. 129 und *J. Lege*, DÖV 2000, S. 286.

Bei genauerem Hinsehen entpuppt sich die ominöse "lückenfüllende Auslegung" jedoch nicht als dogmatischer Fehler, sondern als bloßer terminologischer Lapsus des Verfassungsgerichtshofes. Dieser bezog seine so genannte "Lücke" nämlich nicht auf das gesamte Verfassungsrecht, sondern lediglich auf den "Verfassungstext". Eine Unvollständigkeit des Wortlauts einer Verfassung kann selbstverständlich mit Hilfe der Verfassungsauslegung bereinigt werden. Letztendlich folgte der Bayerische Verfassungsgerichtshof nur den herkömmlichen Argumentationslinien der Quorumstheorie. Aus systematischen und teleologischen Überlegungen leitete er ab, dass im Rahmen der verfassungsändernden Volksgesetzgebung ein Quorum geboten sei und der einfache Gesetzgeber diese Hürde näher auszugestalten habe. Der Begriff "lückenfüllende Auslegung" war unglücklich gewählt; er deutete aber nicht auf ein neuartiges Verständnis vom Verhältnis zwischen Lückenfüllung und Auslegung hin[727].

Nach der hier vertretenen Auffassung ist die Bayerische Verfassung (und zwar nicht nur der formelle Verfassungstext) in Bezug auf ihre Änderung durch Volksbegehren und Volksentscheid lückenhaft. Artikel 2 Abs. 2 Satz 2, Artikel 72 Abs. 1, Artikel 74 Abs. 1 und 5 und Artikel 75 Abs. 1 Satz 1 BV sagen nichts über die konkrete Mehrheitshöhe aus, die für die Annahme einer Verfassungsinitiative benötigt wird. Die Auslegung dieser Normen führt ebenfalls zu keinem brauchbaren Ergebnis. Da ohne eine entsprechende Regelung die verfassungsändernde Volksgesetzgebung undurchführbar bleibt, muss diese verfassungsrechtliche Lücke ausgefüllt werden. Das kann entweder über einen Analogieschluss oder durch ein Tätigwerden des einfachen Gesetzgebers geschehen.

II. Mögliche Analogieschlüsse

Die analoge Anwendung einer Norm setzt nicht nur eine Lücke im (Verfassungs-) Gesetz voraus[728] [729], sie verlangt auch eine hinreichende Ähnlichkeit

[727] Ganz ähnlich liegt der Fall bei *J. Isensee*, Verfassungsreferendum mit einfacher Mehrheit, 1999, S. 39ff. *J. Isensee* spricht ebenfalls missverständlich von einer „Regelungslücke im Verfassungsgesetz", die der einfache Gesetzgeber durch die Schaffung eines Quorums auszufüllen habe (S. 68f). Die verfassungsrechtliche Erforderlichkeit erhöhter Mehrheitsanforderungen leitet *J. Isensee* aber, wie auch der Bayerische Verfassungsgerichtshof, aus der Interpretation der Bayerischen Verfassung ab (S. 62ff). Möglicherweise entstand die kritisierte Terminologie in BayVerfGH BayVBl. 1999, S. 719ff wegen einer (zu starken) Anlehnung des Bayerischen Verfassungsgerichtshofes an das Isensee-Gutachten.

[728] Vgl. *C.-W. Canaris*, Die Feststellung von Lücken im Gesetz, 1983, S. 25.

zwischen einem geregelten und einem ungeregelten Tatbestand[730]. Bei Volksentscheiden gemäß Artikel 74 BV wird das Volk als Gesetzgebungsorgan tätig[731], seine Entscheidungen ähneln deshalb den parlamentarischen Gesetzesbeschlüssen. Folglich kommen Artikel 23 Abs. 2 und Artikel 75 Abs. 2 Satz 1 BV für eine analoge Anwendung auf die Annahme einer Verfassungsinitiative durch das Volk in Frage[732]. Die beiden Vorschriften sind jedoch ausschließlich auf die repräsentative Demokratie gemünzt, die sich ihrerseits erheblich von der unmittelbaren Demokratie unterscheidet[733]. Allein schon aus diesem Grund verbietet sich eine analoge Anwendung.

Ganz ähnlich verhält es sich mit den Verfassungsnormen über das Wahlrecht. Man könnte diesbezüglich an eine analoge Anwendung des Artikels 14 Abs. 1 Satz 1 BV denken, der gerade keine Mindestbeteiligung für die Rechtsgültigkeit einer Wahlentscheidung des Volkes kennt. Es wurde aber schon nachgewiesen, dass Wahlen und Volksentscheide nicht miteinander vergleichbar sind[734], was einen Analogieschluss unmöglich macht.

Andere Vorschriften, die sich für eine analoge Anwendung eignen würden, sind nicht ersichtlich; folglich muss der bayerische Landesgesetzgeber die Verfassungslücke durch ein einfaches Gesetz ausfüllen.

III. Vorgaben des Bundesrechts für die Lückenfüllung

Der Gestaltungsspielraum des bayerischen Gesetzgebers bei der Lückenschließung könnte durch vorrangiges Bundesrecht eingeschränkt sein. Insbesondere das Homogenitätsgebot[735] wird häufig angeführt, um darzutun, dass das

---

729 Ob es sich hierbei um eine planwidrige oder eine (vom Verfassunggeber) gewollte Lücke handelt, spielt zumindest im Öffentlichen Recht keine entscheidende Rolle, siehe *A. Gern*, DÖV 1985, S. 561.

730 Siehe *K. Larenz/C.-W. Canaris*, Methodenlehre der Rechtswissenschaft, 3. Aufl., 1995, S. 202, sowie *A. Gern*, DÖV 1985, S. 558f, 561.

731 Siehe S. 189.

732 Die beiden Vorschriften wurden bereits im Rahmen der systematischen Auslegung besprochen (siehe S. 155ff). Dieses Vorgehen ist nicht weiter problematisch, da die Analogie sowohl zur Lückenfüllung, als auch zur Auslegung einer Vorschrift herangezogen werden darf (siehe *C.-W. Canaris*, Die Feststellung von Lücken im Gesetz, 1983, 24f).

733 Siehe S. 155ff.

734 Siehe S. 152ff.

735 Zur Bedeutung des Homogenitätsprinzips für die Landesverfassungen siehe S. 117f.

Bundesrecht allen Ländern vorschreibe, die plebiszitäre Änderung ihrer Verfassung nur unter erschwerten Bedingungen zuzulassen.

A) Artikel 28 Abs. 1 Satz 1 GG

a) Der Vorrang der Verfassung

Der Vorrang der Verfassung stellt sowohl im bayerischen Verfassungsrecht als auch im Verfassungsrecht des Bundes einen fundamentalen Grundsatz dar[736]. Das bedeutet aber nicht zwangsläufig, dass sich der Vorrang des Grundgesetzes und der Vorrang der Bayerischen Verfassung inhaltlich decken. Dieser Grundsatz ist vielmehr breit angelegt und erfährt von Verfassung zu Verfassung eine unterschiedliche Ausprägung. Die Höherrangigkeit des Grundgesetzes lässt sich vor allem aus Artikel 20 Abs. 3 GG ableiten[737]. Sie drückt sich unter anderem durch die hohen Hürden bei der Verfassungsrevision (Zweidrittelmehrheit der Mitglieder des Bundestages und des Bundesrates) aus[738]; die erschwerte Änderbarkeit und damit auch der Bestandsschutz der Verfassung[739] sind somit ein fester Bestandteil des Verfassungsvorrangs im Sinne des Grundgesetzes[740].

---

[736] Zum Vorrang der Bayerischen Verfassung siehe S. 85f.

[737] Vgl. *K. Stern*, Das Staatsrecht der Bundesrepublik Deutschland, Bd. 1, 2. Aufl., 1984, S. 788; *P. Unruh*, Der Verfassungsbegriff des Grundgesetzes, 2002, S. 402ff; *J. Isensee*, Verfassungsreferendum mit einfacher Mehrheit, 1999, S. 45f; *K.-P. Sommermann*, in: v.Mangoldt/Klein/Starck, Das Bonner Grundgesetz, 4. Aufl., 2000, Art. 20 Abs. 3 Rn. 243ff; *H. Schulze-Fielitz*, in: Dreier, Grundgesetz, 1998, Art. 20 Rn. 74ff; *P. Badura*, in: Handbuch des Staatsrechts der Bundesrepublik Deutschland, 1992, § 160, Rn. 3; *A. Wehr*, JuS 1997, S. 231; *H. Dreier*, JZ 1994, S. 743 und *W. Henke*, Der Staat 3 (1964), S. 444.

[738] Art. 79 Abs. 2 GG.

[739] Zum Verhältnis von verfassungsrechtlichem Bestandsschutz und Verfassungsvorrang siehe auch S. 85f und S. 173ff.

[740] Vgl. *P. Unruh*, Der Verfassungsbegriff des Grundgesetzes, 2002, S. 435, 438ff; *R. Rubel*, in: Umbach/Clemens, Grundgesetz, 2002, Art. 79 Rn. 24; *H. Dreier*, in: Dreier, Grundgesetz, 1998, Art. 79 Abs. 2 Rn. 2; *C. Starck*, in: Rangordnung der Gesetze, 1995, S. 30f; *H. Dreier*, BayVBl. 1999, S. 514; *H. Dreier*, JZ 1994, S. 745f und *P. Badura*, in: Handbuch des Staatsrechts der Bundesrepublik Deutschland, 1992, § 160 Rn. 3.

aa) Das Verhältnis von Artikel 28 Abs. 1 Satz 1 und Artikel 20 Abs. 3 GG

Teilweise wird angenommen, Artikel 20 Abs. 3 GG gelte unmittelbar in den Ländern und stelle so die normative Grundlage für den Vorrang der Landesverfassungen dar[741]. Diese Ansicht trifft aber nicht zu[742].
Artikel 20 GG legt die elementaren Strukturprinzipien des Bundes fest; folglich kann sich Absatz 3 der Vorschrift schon aus systematischen Gründen nur auf das Grundgesetz beziehen[743].
Die Fundamentalsätze des Artikels 20 GG decken sich zudem im Wesentlichen mit den Vorgaben des Artikels 28 Abs. 1 GG. Wäre Artikel 20 Abs. 3 GG tatsächlich eine so genannte Durchgriffsnorm[744], dann würde das Homogenitätsgebot zumindest teilweise leer laufen[745], bzw. einen bloß deklaratorischen Charakter aufweisen[746]. Mit dem Sinn und Zweck des Artikels 28 GG ist eine solche Sichtweise jedoch nicht zu vereinbaren. Das Grundgesetz bestimmt mit Hilfe der Homogenitätsklausel gewisse Mindestvoraussetzungen für die Landesverfassungen, erkennt aber ansonsten die Verfassungsautonomie der Länder an[747]. Artikel 20 Abs. 3 GG bindet die Länder an die höherrangige verfassungsmäßige Ordnung des Grundgesetzes, während Artikel 28 Abs. 1 GG die Strukturprinzipien des Artikels 20 Abs. 1 bis 3 GG in den Ländern durchsetzt[748]. Man muss daher Artikel 28 Abs. 1 GG im Hinblick auf die Landesverfassungen als Spezialvorschrift zu Artikel 20 Abs. 1 bis 3 GG betrachten[749].

---

[741] Vgl. *K. Stern*, Das Staatsrecht der Bundesrepublik Deutschland, Bd. 1, 2. Aufl., 1984, S. 704; *R. Herzog*, in: Maunz/Dürig/Herzog/Scholz, Grundgesetz, 2004, Art. 20 VI Rn. 9, 86f und *M. Sachs*, in: Die verfassungsrechtliche Ausgestaltung der Volksgesetzgebung, 1999, S. 147.

[742] Das Bundesverfassungsgericht hat diese Streitfrage bisher offen gelassen, vgl. BVerfGE 90, 60 (88), mit Hinweisen auf die ebenfalls unklaren Entscheidungen in BVerfGE 57, 250 (276) und BVerfGE 65, 283 (290).

[743] Zutreffend *S. Storr*, Verfassunggebung in den Ländern, 1995, S. 188.

[744] Zu diesen „Durchgriffsnormen" siehe *K. Stern*, Das Staatsrecht der Bundesrepublik Deutschland, Bd. 1, 2. Aufl., 1984, S. 704f.

[745] So *S. Storr*, Verfassunggebung in den Ländern, 1995, S. 188.

[746] Siehe *J. Kersten*, DÖV 1993, S. 901f und *H. Dreier*, in: Dreier, Grundgesetz, 1998, Art. 28 Rn. 49.

[747] Siehe S. 117f.

[748] Vgl. *J. Menzel*, Landesverfassungsrecht, 2002, S. 247.

[749] Siehe *J. Menzel*, Landesverfassungsrecht, 2002, S. 247 und *J. Kersten*, DÖV 1993, S. 901f; ähnlich auch *S. Storr*, Verfassunggebung in den Ländern, 1995, S. 188.

Die Frage, ob und inwieweit die Länder ihre Verfassungen mit einem Vorrang gegenüber dem übrigen Landesrecht auszustatten haben, betrifft eindeutig deren Verfassungshoheit; folglich ist Artikel 28 Abs. 1 Satz 1 GG als Maßstab für die Lösung dieses Problems heranzuziehen.

bb) Der Vorrang der Landesverfassung als Bestandteil des Homogenitätsprinzips?

aaa) Die Pflicht der Länder zur formellen Verfassunggebung

Artikel 28 Abs. 1 Satz 1 GG verlangt, dass die verfassungsmäßige Ordnung in den Ländern den Grundsätzen des republikanischen, demokratischen und sozialen Rechtsstaates im Sinne des Grundgesetzes entspricht. Von einem Vorrang oder einem erhöhten Bestandsschutz der Landesverfassungen ist nicht die Rede, was jedoch noch keine zwingenden Rückschlüsse auf den tatsächlichen Inhalt des Homogenitätsgebots zulässt.

Der Verfassungsvorrang setzt notwendigerweise die Existenz einer formellen Verfassung voraus[750]. Demnach muss zuerst geklärt werden, ob Artikel 28 Abs. 1 Satz 1 GG den Ländern überhaupt die Pflicht auferlegt, sich eine Verfassungsurkunde zu geben. Existiert keine derartige Pflicht, so wird die Homogenitätsklausel konsequenterweise auch keinen Verfassungsvorrang und damit auch keine erschwerte Änderung der Landesverfassungen bedingen.

bbb) Die "verfassungsmäßige Ordnung"

In seinem ersten Satz spricht Artikel 28 Abs. 1 GG nicht von den "Verfassungen", sondern bloß von der "verfassungsmäßigen Ordnung" der Länder. Diese Formulierung schließt eine Verpflichtung zur formellen Verfassunggebung noch nicht aus[751]. Sie wird an mehreren Stellen des Grundgesetzes mit jeweils unter-

---

[750] Zu dem Unterschied zwischen der formellen Verfassungsurkunde und dem materiellen Verfassungsrecht siehe *P. Unruh*, Der Verfassungsbegriff des Grundgesetzes, 2002, S. 423ff und *G. Jellinek*, Allgemeine Staatslehre, 3. Aufl., 1922, S. 532f.

[751] So aber wohl *S. Storr*, Verfassunggebung in den Ländern, 1995, S. 179.

schiedlicher Bedeutung verwendet[752] und könnte auch eine Verfassungsurkunde meinen[753].

ccc) Die Entstehungsgeschichte

Die Entstehungsgeschichte der Homogenitätsklausel ist hingegen eindeutiger. Der Parlamentarische Rat lehnte den Ausdruck "Verfassungen der Länder" ganz bewusst ab[754], zumal 1949 in einigen Ländern noch gar keine Verfassung bestand[755]. Ein später gestellter Antrag, der darauf zielte, in den heutigen Artikel 28 Abs. 1 GG die Worte "jedes Land muss sich eine Verfassung geben (...)" einzufügen, wurde vom Parlamentarischen Rat nicht einmal mehr weiter erörtert[756]. Der Verfassunggeber wollte offensichtlich nur das materielle Landesverfassungsrecht erfassen.

ddd) Die mögliche Umgehung des Artikels 28 Abs. 1 Satz 1 GG durch materielles Landesverfassungsrecht

Diese Absicht der Verfassungsschöpfer war durchaus sinnvoll. Würde die "verfassungsmäßige Ordnung" auf eine formelle Landesverfassung abstellen, dann könnten die Länder durch einfaches Gesetz materielles Verfassungsrecht schaffen und so die Vorgaben des Artikels 28 Abs. 1 Satz 1 GG recht leicht umgehen[757]. Dagegen wird das erforderliche Minimum an Übereinstimmung von Bundes- und Landesverfassungsrecht bereits durch eine gewisse Harmonisie-

---

[752] Siehe dazu beispielsweise *H. Dreier*, in: Dreier, Grundgesetz, 1998, Art. 2 Abs. 1 Rn. 54ff; *Model/Müller*, Grundgesetz, 11. Aufl., 1996, Art. 9 Rn. 11; *W. Höfling*, in: Sachs, Grundgesetz, 3. Aufl., 2003, Art. 9 Rn. 44 und *M. Sachs*, in: Sachs, Grundgesetz, 3. Aufl., 2003, Art. 20 Rn. 94.

[753] Vgl *J. Menzel*, Landesverfassungsrecht, 2002, S. 178f, der zutreffend darauf hinweist, dass sogar die Verfassung des Bundes nur „Grundgesetz" und nicht ausdrücklich „Bundesverfassung" heißt.

[754] Siehe *Parlamentarischer Rat*, JöR n.F. 1 (1951), S. 251.

[755] Vgl. *S. Storr*, Verfassunggebung in den Ländern, 1995, S. 179f und *R. Bartlsperger*, in: Handbuch des Staatsrechts der Bundesrepublik Deutschland, 1992, § 96 Rn. 9; Beispiele für die Länder ohne Verfassungsurkunde finden sich bei *B. Dennewitz*, DÖV 1949, S. 341.

[756] Siehe *Parlamentarischer Rat*, JöR n.F. 1 (1951), S. 252.

[757] Vgl *H. Dreier*, BayVBl. 1999, S. 514; *M. Sachs*, in: Die verfassungsrechtliche Ausgestaltung der Volksgesetzgebung, 1999, S. 139 und *C. Bushart*, Verfassungsänderungen in Bund und Ländern, 1989, S. 75f.

rung des materiellen Verfassungsrechts von Bund und Ländern erreicht[758]. Außerdem gehört das Vorhandensein einer Verfassungsurkunde nicht zu den Essentialia eines demokratischen Rechtsstaates, wie der Blick nach Großbritannien zeigt[759]. Die Tatsache, dass sich der Bund selbst doch für eine kodifizierte Verfassung entschieden hat, besagt nichts Gegenteiliges[760].

eee) Der Begriff der "Landesverfassungen" in Artikel 100 und 142 GG

In Artikel 100 Abs. 1 Satz 1 und Artikel 142 GG ist explizit von "Landesverfassungen" die Rede; jedoch sind auch diese Vorschriften mehrdeutig. Artikel 100 Abs. 1 Satz 1 GG enthält nur eine Aussage über die Zuständigkeitsverteilung zur Überprüfung von Staatsakten an der Landesverfassung und am Grundgesetz. Ebenso wenig wie aus der Norm geschlossen werden kann, dass die Länder Landesverfassungsgerichte haben müssen, wird damit inzident nach einer Verfassungskodifikation verlangt[761]. Artikel 142 GG erlaubt das Fortgelten von Landesgrundrechten unter bestimmten Voraussetzungen, ohne vom Vorliegen dieser Voraussetzungen auszugehen. Es wäre verfehlt anzunehmen, Artikel 142 GG erwarte von den Ländern die Schaffung eigener Grundrechte oder die Ausarbeitung einer Verfassungsurkunde[762]. Für die Interpretation des Homogenitätsprinzips sind beide Artikel nicht hilfreich.

fff) Zwischenergebnis

Letztendlich muss man der herrschenden Ansicht zustimmen: Artikel 28 Abs. 1 Satz 1 GG verpflichtet die Länder nicht zum Erlass einer geschriebenen Verfassung[763]. Wenn das Grundgesetz den Ländern gestattet, ihre gesamte staatliche

---

[758] Siehe *H. Dreier*, BayVBl. 1999, S. 515.
[759] Richtige Feststellung bei *S. Storr*, Verfassunggebung in den Ländern, 1995, S. 187.
[760] So aber *J. Menzel*, Landesverfassungsrecht, 2002, S. 178.
[761] *S. Storr*, Verfassunggebung in den Ländern, 1995, S. 182; ähnlich *M. Sachs*, in: Die verfassungsrechtliche Ausgestaltung der Volksgesetzgebung, 1999, S. 143f; anderes dagegen *J. Menzel*, Landesverfassungsrecht, 2002, S. 178 und *J. Isensee*, Verfassungsreferendum mit einfacher Mehrheit, 1999, S. 46.
[762] Siehe *S. Storr*, Verfassunggebung in den Ländern, 1995, S. 182; zustimmend *M. Sachs*, in: Die verfassungsrechtliche Ausgestaltung der Volksgesetzgebung, 1999, S. 145.
[763] Wie hier *H. Dreier*, BayVBl. 1999, S. 517f; *S. Storr*, Verfassunggebung in den Ländern, 1995, S. 181; *R. Bartlsperger*, in: Handbuch des Staatsrechts der Bundesrepublik Deutschland, 1992, § 96 Rn. 27; *P. Tettinger*, in: v.Mangoldt/Klein/Starck, Das Bonner Grundgesetz,

Ordnung auf der Ebene bzw. auf der Grundlage einfacher Gesetzgebung zu organisieren (und sie dann natürlich auf dem Gesetzgebungswege mit einfacher Mehrheit zu ändern), dann kann es den Ländern, die über eine formelle Verfassungsurkunde verfügen, nicht Standards für die Änderung ihrer Verfassung vorschreiben, die zwingend höher liegen[764]. Die Länder müssen ihre Verfassung nicht mit einem wie auch immer gearteten Vorrang oder Bestandsschutz versehen, sondern dürfen das Verfassungsrevisionsverfahren nach eigenem Ermessen regeln.

cc) Die Existenz der Landesverfassung als Anknüpfungspunkt des Artikels 28 Abs. 1 Satz 1 GG?

In der Rechtsprechung und der Literatur entwickelte sich unmittelbar nach der Abschaffung des Bayerischen Senats eine Auffassung, die das Recht der Länder, auf eine formelle Verfassung zu verzichten, zwar anerkennt, diese Befugnis für die Auslegung des Artikels 28 Abs. 1 Satz 1 GG jedoch als irrelevant betrachtet.

Die Anhänger dieser Meinung argumentieren, das Homogenitätsgebot knüpfe an die tatsächlich existierenden Landesverfassungen an und verlange sehr wohl von den Bundesländern, den Grundsatz des Verfassungsvorrangs und damit auch das Prinzip der Verfassungsstabilität zu übernehmen. Würde sich tatsächlich ein Land gegen eine kodifizierte Verfassung entscheiden, griffe Artikel 28 Abs. 1 Satz 1 GG eben ins Leere[765].

---

4. Aufl., 2000, Art. 28 Rn. 22; *B. Pieroth*, in: Jarras/Pieroth, Grundgesetz, 6. Aufl., 2002, Art. 28 Rn. 3; *H. Dreier*, in: Dreier, Grundgesetz, 1998, Art. 28 Rn. 48; *P. Neumann*, in: Die verfassungsrechtliche Ausgestaltung der Volksgesetzgebung, 1999, S. 44f und *M. Sachs*, in: Die verfassungsrechtliche Ausgestaltung der Volksgesetzgebung, 1999, S. 143, 145f. Anders dagegen *W. Löwer*, in: v.Münch/Kunig, Grundgesetz, 4. Aufl., 2001, Art. 28 Rn. 9; *J. Menzel*, Landesverfassungsrecht, 2002, S. 178 und wohl auch *A. Rinken*, in: Verfassung-Philosophie-Kirche, 2001, S. 489. Unentschieden *M. Sachs*, in: Verfassungsstaatlichkeit, 1997, S. 489f.

[764] *H. Dreier*, BayVBl. 1999, S. 514; zustimmend *P. Neumann*, in: Die verfassungsrechtliche Ausgestaltung der Volksgesetzgebung, 1999, S. 44f.

[765] Siehe dazu *H.-D. Horn*, BayVBl. 1999, S. 432; BremStGH BayVBl. 2000, S. 344; *J. Isensee*, DVBl. 2001, S. 1169; *A. Rinken*, in: Verfassung-Philosophie-Kirche, 2001, S. 420f und *K. Herrmann*, BayVBl. 2004, S. 515 Fn. 33.

Ein solch strenges "Alles-oder-Nichts-Prinzip" verträgt sich aber nicht mit dem Regelungszweck des Artikels 28 GG, der auf die weitgehende Erhaltung der Verfassungsautonomie der Länder gerichtet ist[766]. Die Übereinstimmung der verfassungsrechtlichen Strukturelemente auf Bundes- und Landesebene kann auch bereits durch Vorgaben des Grundgesetzes an das materielle Landesverfassungsrecht erreicht werden; Homogenitätsanforderungen an die Verfassungsurkunden der Länder sind gar nicht nötig[767].

Im Übrigen kennt das Grundgesetz keine plebiszitäre Verfassungsänderung. Der grundgesetzliche Verfassungsvorrang hat in Artikel 79 Abs. 2 GG ausschließlich hinsichtlich der parlamentarischen Verfassungsrevision eine erkennbare Ausformung erfahren. Wieso sollte die Bundesverfassung den Ländern über die Homogenitätsklausel detaillierte Bedingungen für die Ausgestaltung des Verfassungsvorrangs auferlegen, wenn sie selbst diesen Grundsatz nur in begrenztem Umfang beinhaltet?[768] Das Grundgesetz hat nur für die Verfassungsänderung durch Bundestag und Bundesrat besondere Hürden errichtet. Aus diesem Umstand lassen sich aber keine ausreichenden Rückschlüsse auf seine Einstellung gegenüber direktdemokratischen Verfassungsrevisionen ziehen.

Selbst wenn man annähme, das Grundgesetz ordne über Artikel 28 Abs. 1 Satz 1 GG die Höherrangigkeit der Landesverfassungen und damit die Errichtung besonderer Hürden für alle Formen der Verfassungsänderung an, so würde eine quorenlose verfassungsändernde Volksgesetzgebung dennoch nicht gegen das Homogenitätsgebot verstoßen. Die Änderung der Verfassung unmittelbar durch das Volk stellt nämlich ohnehin bereits ein erschwertes Verfahren dar[769]. Außerdem fanden in Bayern von 1949 bis 2002 lediglich neun Verfassungsänderungen statt, während das Grundgesetz im selben Zeitraum 51 Änderungen erfuhr. Das zeigt, dass die Hürde des Artikels 79 Abs. 2 GG doch relativ leicht zu überspringen ist und demnach der Vorrang und die Stabilität der Bayerischen Verfassung deutlich wirkungsvoller sind als der Verfassungsvorrang und der verfassungsrechtliche Bestandsschutz auf Bundesebene[770] [771].

---

766 Siehe S. 117f.

767 Siehe auch S. 201f.

768 In diese Richtung geht auch *M. Sachs*, in: Die verfassungsrechtliche Ausgestaltung der Volksgesetzgebung, 1999, S. 154.

769 Siehe S. 176-180.

770 Dieses Argument kann man auch jenen entgegenhalten, die Artikel 20 Abs. 3 GG als normative Grundlage für den Vorrang der Landesverfassung erachten (siehe S. 199f).

771 Zur Schwäche des grundgesetzlichen Verfassungsvorrangs siehe *H. Dreier*, JZ 1994, S. 744ff und *H. Dreier*, BayVBl. 1999, S. 517.

dd) Zwischenergebnis

Das Grundgesetz verlangt von den Ländern nicht, Änderungen der Landesverfassungen nur unter erschwerten Voraussetzungen zuzulassen. Der Verfassungsvorrang und mit ihm der verfassungsrechtliche Bestandsschutz sind zwar Grundsätze der Bundesverfassung; sie stellen jedoch keine unabdingbaren Vorgaben des Grundgesetzes für die Verfassunggebung der Bundesländer dar. Artikel 20 Abs. 3 GG gilt als normative Grundlage dieser beiden Prinzipien nur auf Bundesebene. Artikel 28 Abs. 1 Satz 1 GG setzt noch nicht einmal eine kodifizierte Landesverfassung, geschweige denn einen wie auch immer gearteten Verfassungsvorrang voraus.

Höherrangigkeit und Stabilität der Bayerischen Verfassung sind zudem in ausreichendem Maße sichergestellt. Daher wäre eine quorenlose verfassungsändernde Volksgesetzgebung auf Landesebene auch dann grundgesetzkonform, wenn die Bundesverfassung tatsächlich einen Vorrang der Landesverfassungen anordnete.

b) Das Rechtsstaatsprinzip

Die Verfassung des Freistaates Bayern hat dem Landtag spürbare Schranken bei der Vornahme einer Verfassungsrevision auferlegt. Insbesondere die in Artikel 75 Abs. 2 BV vorgesehene Zweidrittelmehrheit mit anschließendem Verfassungsreferendum erschwert eine parlamentarische Verfassungsänderung. Ein durch einfaches Landesgesetz angeordnetes plebiszitäres Verfassungsrevisionsverfahren ohne besondere Mehrheitsanforderungen beim Volksentscheid könnte daher einen Systembruch innerhalb des materiellen bayerischen Verfassungsrechts darstellen[772] und damit gegen das grundgesetzliche Willkürverbot verstoßen[773]. Dieses nicht-grundrechtliche Willkürverbot[774] gilt als Bestandteil des in Artikel 28 Abs. 1 Satz 1 GG verankerten Rechtsstaatsprinzips auch für die Länder[775].

---

[772] So *J. Isensee*, Verfassungsreferendum mit einfacher Mehrheit, 1999, S. 67.

[773] Siehe die Überlegungen bei *M. Sachs*, in: Die verfassungsrechtliche Ausgestaltung der Volksgesetzgebung, 1999, S. 155ff.

[774] *M. Sachs*, in: Die verfassungsrechtliche Ausgestaltung der Volksgesetzgebung, 1999, S. 155.

[775] Siehe dazu BVerfGE 84, 90 (120f); BVerfGE 86, 148 (251) und BVerfGE 94, 12 (34).

Der bayerische Gesetzgeber würde durch den Verzicht auf ein Quorum jedoch nur dann willkürlich handeln, wenn sich für seinen Entschluss kein irgendwie einleuchtender Grund anführen ließe[776]. Solche Gründe existieren aber durchaus. Die Stabilität der Landesverfassung hängt nicht von den Mehrheitsanforderungen beim Volksentscheid ab[777], sondern wird durch andere Verfahrenskautelen bereits garantiert[778]. Der Wunsch, eine funktionierende direkte Demokratie zu gewährleisten, wäre bereits ein ausreichender Grund für eine gesetzgeberische Entscheidung zu Gunsten einer quorenfreien plebiszitären Verfassungsrevision[779]. Ein Verstoß gegen das Rechtsstaatsprinzip und damit eine Verletzung des Artikels 28 Abs. 1 Satz 1 GG scheidet somit aus[780].

c) Das Demokratieprinzip

Neben dem Rechtsstaatsgebot kommt auch das Demokratieprinzip im Sinne des Artikels 28 Abs. 1 Satz 1 GG als Maßstab für die Ausgestaltung der verfassungsändernden Volksgesetzgebung in Bayern in Betracht. Dieses Prinzip könnte die Länder dazu verpflichten, sämtliche Volksentscheide erhöhten Mehrheitsanforderungen zu unterwerfen[781]. Das Grundgesetz zeichnet sich jedoch durch eine sehr neutrale Einstellung zur direkten Demokratie aus[782]. Es erscheint deshalb angebracht, jeder Auslegung der Homogenitätsklausel, die eine Einschränkung der Verfassungsautonomie der Länder auf diesem Gebiet mit sich bringt, mit größter Zurückhaltung zu begegnen[783].

---

776 Vgl. dazu *M. Sachs*, in: Die verfassungsrechtliche Ausgestaltung der Volksgesetzgebung, 1999, S. 156f und BVerfGE 86, 148 (252).

777 Diesem Irrtum erliegt *J. Isensee*, Verfassungsreferendum mit einfacher Mehrheit, 1999, S. 62ff und S. 67f.

778 Siehe S. 173-180.

779 Solche Erwägungen würden der hohen Wertschätzung entsprechen, die die Bayerische Verfassung der direkten Demokratie entgegenbringt (siehe dazu S. 88ff und S. 163).

780 Im Ergebnis auch *M. Sachs*, in: Die verfassungsrechtliche Ausgestaltung der Volksgesetzgebung, 1999, S. 158.

781 Da Artikel 28 Abs. 1 Satz 1 GG keine erschwerte Änderung der Landesverfassung vorschreibt (siehe dazu S. 197-205), lassen sich aus dem Demokratieprinzip allerhöchstens qualifizierte Mehrheiten für alle Plebiszite auf Landesebene ableiten.

782 Siehe S. 116f.

783 Zutreffend *M. Sachs*, in: Die verfassungsrechtliche Ausgestaltung der Volksgesetzgebung, 1999, S. 159.

aa) Das Quorum nach Artikel 29 Abs. 6 Satz 1 und Abs. 8 Satz 5 GG

Das Grundgesetz ordnet in Artikel 29 Abs. 6 Satz 1 und Abs. 8 Satz 5 GG ein 25%iges Zustimmungsquorum für Volksentscheide über die Neugliederung des Bundesgebietes an. Schon die systematische Stellung dieser Vorschriften zeigt, dass sich ihr Geltungsanspruch ausschließlich auf die in Artikel 29 GG geregelten Fälle beschränkt. Solche Neugliederungsvorgänge sind höchst spezifischer Natur; die diesbezüglichen Verfahrensregelungen dürfen nicht als Ausdruck eines für Volksabstimmungen im Allgemeinen durchgreifenden grundgesetzlichen Prinzips der Demokratie gewertet werden[784]. Für die Interpretation des in der Homogenitätsklausel enthaltenen Demokratiebegriffs können die in Artikel 29 Abs. 6 Satz 1 und Abs. 8 Satz 5 GG festgelegten Quoren keine Rolle spielen.

bb) Das Mehrheitsprinzip

Das Mehrheitsprinzip gehört zu den fundamentalen Prinzipien der Demokratie und damit auch zum Homogenitätsgebot des Grundgesetzes. Wie bereits nachgewiesen, ist die allgemeine Mehrheitsregel jedoch ein sehr breit angelegter Grundsatz, offen für die verschiedensten Ausgestaltungen. Über die konkrete Mehrheitshöhe für einen erfolgreichen Volksentscheid sagt sie nichts aus[785]. Das in der Bayerischen Verfassung in Artikel 2 Abs. 2 Satz 2 BV festgelegte Mehrheitsprinzip unterscheidet sich insofern nicht vom Majoritätsgrundsatz der Bundesverfassung.

cc) Quoren bei Beschlüssen von Repräsentativorganen

Das Grundgesetz verlangt an mehreren Stellen für das Zustandekommen eines Bundestagsbeschlusses das Erreichen einer qualifizierten Mehrheit[786]. Dementsprechend hat das Bundesverfassungsgericht für den Erlass einer Rechtsverordnung durch die Bundesregierung ein "nicht zu niedrig anzusetzendes Quorum" gefordert[787].

---

784 So auch *M. Sachs*, in: Die verfassungsrechtliche Ausgestaltung der Volksgesetzgebung, 1999, S. 159.

785 Siehe S. 158-162 und S. 186-192.

786 Siehe beispielsweise Art. 29 Abs. 7 Satz 2, Art. 42 Abs. 1, Art. 54 Abs. 6 Satz 1, Art. 63 Abs. 2 Satz 1, Art. 67 Abs. 1 und Art. 87 Abs. 3 Satz 2 GG.

787 Vgl. BVerfGE 91, 148 (165ff).

Rückschlüsse auf das Demokratieprinzip des Grundgesetzes lassen diese Umstände aber nicht zu. Zum einen beziehen sich diese angehobenen Mehrheitserfordernisse allesamt auf Repräsentativorgane des Bundes, deren Beschlüsse kaum mit dem Resultat einer Volksabstimmung vergleichbar sind[788]. Zum anderen lässt die Bundesverfassung für ein Votum des Bundestages im Grundsatz die einfache Mehrheit der abgegebenen Stimmen ausreichen[789], während die qualifizierte Mehrheit den Ausnahmefall darstellt[790]. Das Urteil des Bundesverfassungsgerichts zum Rechtsverordnungserlass der Bundesregierung stützte sich außerdem nicht generell auf das Demokratieprinzip, sondern auf den speziellen Rahmen des Artikels 80 Abs. 1 Satz 1 GG[791].

Die unterschiedlichen Mehrheitsanforderungen des Grundgesetzes an die Beschlüsse der Bundesregierung und des Bundestages erhärten daher nicht die These, dass eine plebiszitäre Änderung der Landesverfassung mit einfacher Mehrheit gegen das Homogenitätsgebot verstoße.

dd) Zwischenergebnis

Das Demokratieprinzip des Grundgesetzes sagt über die für einen plebiszitären Entscheid notwendige Mehrheit nichts aus, was vor allem an der Zurückhaltung der Bundesverfassung in Fragen der direkten Demokratie liegt. Die in Artikel 29 Abs. 6 Satz 1 und Abs. 8 Satz 5 GG festgeschriebenen Quoren drücken keinen verallgemeinerungsfähigen Gedanken aus, sondern beinhalten Sondervorschriften für die Neugliederung des Bundesgebiets. Einige Artikel des Grundgesetzes ordnen zwar qualifizierte Mehrheiten für einzelne Beschlüsse von Körperschaften des Bundes an; Konsequenzen für volksunmittelbare Entscheidungen ergeben sich daraus aber nicht.

---

[788] Siehe dazu auch S. 155-157.

[789] Art. 42 Abs. 2 GG; auch an anderen Stellen ordnet das Grundgesetz die einfache Bundestagsmehrheit explizit an, siehe zum Beispiel Art. 54 Abs. 6 Satz 2 und Art. 63 Abs. 4 Satz 1 GG.

[790] Zutreffend *S. Storr*, Verfassunggebung in den Ländern, 1995, S. 268f; siehe auch *M. Sachs*, in: Die verfassungsrechtliche Ausgestaltung der Volksgesetzgebung, 1999, S. 161f.

[791] Dem Bundesverfassungsgericht kam es darauf an, mit Hilfe eines Quorums sicherzustellen, dass bei Übertragung von Rechtsetzungsmacht durch das Parlament „das ermächtigte Organ in einer Weise tätig wird, die es erlaubt, ihm den Verordnungsbeschluss zuzurechnen" (siehe BVerfGE 91, 148 (165f) und *M. Sachs*, in: Die verfassungsrechtliche Ausgestaltung der Volksgesetzgebung, 1999, S. 161).

d) Zwischenergebnis

Artikel 28 Abs. 1 Satz 1 GG macht dem bayerischen Landesgesetzgeber keine Vorgaben für die Ausgestaltung der verfassungsändernden Volksgesetzgebung. Das Rechtsstaats- und das Demokratieprinzip im Sinne des Grundgesetzes hindern den Freistaat nicht daran, eine plebiszitäre Verfassungsänderung mit einfacher Mehrheit zuzulassen oder hierfür eine qualifizierte Mehrheit vorauszusetzen. Es wäre auch verfehlt zu glauben, das Grundgesetz verlange von den Ländern, ihre Verfassung mit einem höheren Rang gegenüber dem übrigen Landesrecht auszustatten und diesen über besondere Quoren beim plebiszitären Verfassungsänderungsverfahren abzusichern. Eine solche Annahme würde die Artikel 20 Abs. 3 und 28 Abs. 1 Satz 1 GG interpretatorisch überspannen.

B) Artikel 28 Abs. 1 Satz 2 GG

In Artikel 28 Abs. 1 Satz 2 GG legt das Grundgesetz ein Mindestmaß an repräsentativer Herrschaft für die Länder fest. Daraus kann man ableiten, dass die Länder für ein funktionierendes Repräsentativsystem sorgen müssen[792]. Dessen Funktionsfähigkeit wird durch eine verfassungsändernde Volksgesetzgebung jedoch nicht eingeschränkt, ganz gleich, welche Mehrheit für die Annahme einer Verfassungsinitiative erforderlich ist[793]. Die Bayerische Verfassung hat ausreichende Schutzvorkehrungen zu Gunsten der parlamentarischen Demokratie getroffen, so dass ein Verstoß gegen Artikel 28 Abs. 1 Satz 2 GG nicht in Betracht kommt.

C) Zwischenergebnis

Die verfassungsändernde Volksgesetzgebung des Freistaates ist auf jeden Fall mit dem Homogenitätsgebot vereinbar. Auch andere bundesrechtliche Vorschriften, die den bayerischen Gesetzgeber verpflichten würden, eine bestimmte Mehrheitsart für den Beschluss einer plebiszitären Verfassungsrevision festzulegen, existieren nicht.

---

792 Siehe S. 122f.
793 Siehe S. 181.

IV. Gesamtergebnis zu Kapitel 6

Die Lücke, die in der Bayerischen Verfassung hinsichtlich der Mehrheitserfordernisse im Rahmen der verfassungsändernden Volksgesetzgebung klafft, kann vom Landesgesetzgeber nach eigenem Ermessen ausgefüllt werden. Es finden sich keine bayerischen Verfassungsnormen, die für eine analoge Anwendung und damit zur Lückenschließung in Frage kämen. Auch das Grundgesetz macht zur Lösung dieses Problems keine Vorgaben. Für die Vereinbarkeit des plebiszitären Verfassungsrevisionsverfahrens mit Bundesrecht spielt die beim Volksentscheid ausschlaggebende Mehrheit keine Rolle.

Zusammenfassung

I.

Die verfassungsändernde Volksgesetzgebung findet ihre verfassungsrechtliche Grundlage in Artikel 75 Abs. 1 Satz 1 i.V.m. Artikel 72 Abs. 1, Artikel 74 Abs. 1 und 5 BV. Die Unvereinbarkeitstheorie, die lediglich den in Artikel 75 Abs. 2 BV beschriebenen Weg der parlamentarischen Verfassungsrevision akzeptiert, ist mit der ganz herrschenden Meinung abzulehnen. Inhaltliche Schranken werden der verfassungsändernden Volksgesetzgebung lediglich durch Artikel 75 Abs. 1 Satz 2 und durch Artikel 73 BV gesetzt. Letzterer nimmt aber ausschließlich den formellen Haushaltsplan samt Haushaltsgesetz vom Volksbegehren aus, nicht jedoch jeden (verfassungsändernden) Gesetzentwurf mit finanzieller Wirkung. Den Initiatoren einer Verfassungsinitiative eröffnet sich dadurch in der Tat ein weiter Spielraum. Versuche, finanzpolitische Vorstellungen in die Verfassung zu schreiben, um sie so gegen Änderungswünsche des Landtags zu schützen, werden nicht ausbleiben. Das mag man bedauern oder für gefährlich halten, die Bayerische Verfassung vertraut in diesem Punkt aber letztendlich der Urteilskraft des Volkes und den Schutzmechanismen, die das Verfahren der Volksgesetzgebung beinhaltet.

II.

Die Frage, welche Mehrheit für das Zustandekommen einer plebiszitären Verfassungsrevision nötig ist, lässt sich aus der Verfassung heraus nicht beantworten. Die Auslegung der Artikel 75 Abs. 1 Satz 1, 72 Abs. 1 und 74 Abs. 1, 5 BV führt zu keinem eindeutigen Ergebnis. Sowohl die Theorie der abschließenden Regelung als auch die Quorumstheorie können keinen überzeugenden Lösungsansatz präsentieren.

Wie der Verfassungsrechtler Hans Nawiasky schon 1948 erkannte, ist die Bayerische Verfassung diesbezüglich lückenhaft. Sie überlässt die Wahl der Mehrheitshöhe dem einfachen Gesetzgeber, soweit dieser keine prohibitiv hohen Hürden errichtet.

Ein solcher Befund mag überraschen in einer Zeit, in der man nach möglichst perfekten und umfassenden Lösungsmöglichkeiten sucht und aus dem Verfassungsrecht häufig sehr weitgehende Rechtssätze herausliest. Verfassungslücken sind aber nichts Ungewöhnliches oder Spektakuläres, im Gegenteil. Sie verleihen der Verfassung eine gewisse Geschmeidigkeit und ermöglichen es, flexibel auf die Entwicklungen der Zeit zu reagieren. Nicht anders verhält es sich bei dem hier behandelten Fall. Der Gesetzgeber kann zu dem Ergebnis kommen, dass eine maßvolle Einschränkung der verfassungsändernden Volksgesetzgebung mit Hilfe eines Quorums angebracht sei oder dass eine lebendige direkte Demokratie durch einen Verzicht auf besondere Mehrheitserfordernisse gefördert werden solle. Die Bayerische Verfassung ist für beide Standpunkte offen.

III.

Der bayerische Gesetzgeber hat die bestehende Verfassungslücke ausgefüllt und sich in Artikel 79 Abs. 1 Nr. 2 LWG für ein Zustimmungsquorum von 25% entschieden. Diese Hürde kann in der Praxis durchaus übersprungen werden und legt die verfassungsändernde Volksgesetzgebung nicht von vornherein lahm. Daher bestehen gegen die getroffene Bestimmung keine verfassungsrechtlichen Bedenken.

Schlussbemerkung

Der Streit über die verfassungsändernde Volksgesetzgebung ist beinahe so alt wie die Bayerische Verfassung selbst und aller Voraussicht nach wird die Debatte über dieses Thema auch noch für eine lange Zeit weitergehen. Probleme wirft dabei die verfassungspolitische Färbung der Diskussion auf. Die direkte Demokratie erhitzt mehr denn je die Gemüter in Wissenschaft und Politik und die Versuchung ist groß, die eigenen Ansichten in die Verfassung des Freistaates hineinzuinterpretieren. Bei aller (wissenschaftlichen oder politischen) Leidenschaft sollte man den alten und ehrwürdigen Text der Bayerischen Verfassung aber mit Ruhe und Zurückhaltung auslegen und ihn nicht überstrapazieren. Dann und nur dann wird man zu einem Auslegungsergebnis kommen, das von Wortlaut, Entstehungsgeschichte, Systematik und Teleologie der Verfassung getragen wird und nicht allein vom Willen des Verfassungsinterpreten.

Literaturverzeichnis

Abelein, Manfred; Plebiszitäre Elemente in den Verfassungen der Bundesländer; ZParl 2 (1971), S.187; Zitiert: *M. Abelein*, ZParl 2 (1971), S.

Angerer, Hans; Popularklage und Normenkontrolle durch das Bundesverfassungsgericht; BayVBl. 1969, S. 274; Zitiert: *H. Angerer*, BayVBl. 1969, S.

Anschütz, Gerhard; Die Verfassung des Deutschen Reiches vom 11. August 1919 - ein Kommentar für Wissenschaft und Praxis; 14. Auflage; Berlin 1933; Stilke Verlag; Zitiert: *G. Anschütz*, Die Verfassung des Deutschen Reiches, 14. Aufl., 1933, Art. Anm.

Bachof, Otto; Verfassungswidrige Verfassungsnormen?; in: Recht und Staat in Geschichte und Gegenwart, Heft 163/164, Tübingen 1951, Verlag J.C.B. Mohr (Paul Siebeck); Zitiert: *O. Bachof,* in: Recht und Staat in Geschichte und Gegenwart, Heft 163/164, 1951, S.

Badura, Peter; Verfassungsänderung, -wandel, -gewohnheitsrecht; in: Isensee, Josef/Kirchhof, Paul (Hrsg.), Handbuch des Staatsrechts der Bundesrepublik Deutschland, Band 7, Heidelberg 1992, C.F. Müller Juristischer Verlag, § 160; Zitiert: *P. Badura*, in: Handbuch des Staatsrechts der Bundesrepublik Deutschland, 1992, §160 Rn.

Bartlsperger, Richard; Verfassung und verfassunggebende Gewalt im vereinten Deutschland; DVBl. 1990, S. 1285; Zitiert: *R. Bartlsperger*, DVBl. 1990, S.

Bartlsperger, Richard; Die Länder in der gesamtstaatlichen Verfassungsordnung; in: Isensee, Josef/Kirchhof, Paul (Hrsg.), Handbuch des Staatsrechts der Bundesrepublik Deutschland, Band 4, Heidelberg 1992, C.F. Müller Juristischer Verlag, § 96; Zitiert: *R. Bartlsperger*, in: Handbuch des Staatsrechts der Bundesrepublik Deutschland, 1992, §96 Rn.

Bayerischer Landtag; Stenographische Berichte über die Sitzungen des Landtags; Zitiert: StB Landtag, Sitzungsnummer, S. (Datum)

Becker, Ulrich/Heckmann, Dirk/Kempen, Bernhard/Manssen, Gerrit; Öffentliches Recht in Bayern - Verfassungsrecht, Kommunalrecht, Polizei- und Sicherheitsrecht, öffentliches Baurecht; eine prüfungsorientierte Darstellung; 2. Auflage; München 2001; Verlag C.H. Beck; Zitiert: *U. Becker/D. Heckmann/B. Kempen/G. Manssen*, Öffentliches Recht in Bayern, 2. Aufl., 2001, S.

Benda, Ernst; Konsens und Mehrheitsprinzip im Grundgesetz und in der Rechtsprechung des Bundesverfassungsgerichts; in: Hattenhauser, Hans/Kaltefleiter, Werner (Hrsg.), Mehrheitsprinzip, Konsens und Verfassung - Kieler Symposium 14. - 16. Juni 1984, Heidelberg 1986, C.F. Müller Juristischer Verlag, S. 61; Zitiert: *E. Benda*, in: Mehrheitsprinzip, Konsens und Verfassung, 1986, S.

Berg, Wilfried/Knemeyer, Ludwig/Papier, Hans-Jürgen/Steiner, Udo; Staats- und Verwaltungsrecht in Bayern; 6. Auflage; Stuttgart, München 1996; Richard Boorberg Verlag; Zitiert: *Bearbeiter,* in: Berg/Knemeyer/Papier/Steiner, Staats- und Verwaltungsrecht in Bayern, 6. Aufl., 1996, S.

Berger, Wolfgang; Volksbegehren und Volksentscheid - Die unmittelbare Teilnahme des Volkes an staatlichen Entscheidungen durch Volksbegehren und Volksentscheid; Freiburg i.Br. 1978; Dissertation; Zitiert: *W. Berger*, Volksbegehren und Volksentscheid, 1978, S.

Berlit, Uwe; Soll das Volk abstimmen? Zur Debatte über direktdemokratische Elemente im Grundgesetz; KritV 76 (1993), S. 318; Zitiert: *U. Berlit*, KritV 76 (1993), S.

v.Beyme, Klaus; Die verfassunggebende Gewalt des Volkes - Demokratische Doktrin und politische Wirklichkeit; in: Recht und Staat in Geschichte und Gegenwart, Heft 367/368, Tübingen 1968; Verlag J.C.B. Mohr (Paul Siebeck); Zitiert: *K. v.Beyme*, in: Recht und Staat in Geschichte und Gegenwart, Heft 367/368, 1968, S.

Blank, Michael/Fangmann, Helmut/Hammer, Ulrich; Grundgesetz - Basiskommentar; 2. Auflage; Köln 1996; Bund-Verlag GmbH; Zitiert: *Bearbeiter,* in: Blank/Fangmann/Hammer, Grundgesetz, 2. Aufl., 1996, Art. Rn.

Bleckmann, Albert; Staatsrecht I - Staatsorganisationsrecht - Grundlagen, Staatszielbestimmungen und Staatsorganisationsrecht des Bundes; Köln, München 1993; Carl Heymanns Verlag KG; Zitiert: *A. Bleckmann*, Staatsrecht I, 1993, S.

Bleckmann, Albert; Die Zulässigkeit des Volksentscheides nach dem Grundgesetz; JZ 1978; S. 217; Zitiert: *A. Bleckmann*, JZ 1978, S.

Bleckmann, Albert; Der Verfassungsvorbehalt; JR 1978, S. 221; Zitiert: *A. Bleckmann*, JR 1978, S.

Böckenförde, Ernst-Wolfgang; Die Methoden der Verfassungsinterpretation - Bestandsaufnahme und Kritik; NJW 1976, S. 2089; Zitiert: *E.-W. Böckenförde*, NJW 1976, S.

Böckenförde, Ernst-Wolfgang; Mittelbare/repräsentative Demokratie als eigentliche Form der Demokratie - Bemerkungen zu Begriff und Verwirklichungsproblem der Demokratie als Staats- und Regierungsform; in: Müller, Georg/ Rhinow, René/Schmid, Gerhard/Wildhaber, Luzius (Hrsg.), Staatsorganisation und Staatsfunktionen im Wandel - Festschrift für Kurt Eichenberger zum 60. Geburtstag, Basel/Frankfurt a.M. 1982, Hellig & Lichtenhahn Verlag AG, S. 301; Zitiert: *E.-W. Böckenförde*, in: Staatsorganisation und Staatsfunktionen im Wandel, 1982, S.

Böckenförde, Ernst-Wolfgang; Demokratische Willensbildung und Repräsentation, in: Isensee, Josef/Kirchhof, Paul (Hrsg.), Handbuch des Staatsrechts der Bundesrepublik Deutschland, Band 2, Heidelberg 1992, C.F. Müller Juristischer Verlag, § 30; Zitiert: *E.-W. Böckenförde*, in: Handbuch des Staatsrechts der Bundesrepublik Deutschland, 1992, §30 Rn.

Böckenförde, Ernst-Wolfgang; Verfassungsgerichtsbarkeit: Strukturfragen, Organisation, Legitimation; NJW 1999, S.9; Zitiert: *E.-W. Böckenförde*, NJW 1999, S.

Boettcher, Erno/Högner, Reinhard; Landeswahlgesetz, Bezirkswahlgesetz, Landeswahlordnung - Handkommentar; 14. Auflage; München 1994; Verlagsgruppe Jehl-Rehm; Zitiert: *Boettcher/Högner*, Landeswahlgesetz, 14. Aufl., 1994, Art. Rn.

Bocklet, Reinhold; Volksbegehren und Volksentscheid in Bayern - Zur Entwicklung der plebiszitären Verfassungskomponente und zu ihrer Bedeutung im politischen Leben des Freistaates Bayern; in: Bocklet, Reinhold (Hrsg.), Das Regierungssystem des Freistaates Bayern, Band 2/Beiträge, München 1979, Verlag Ernst Vogel, S.295; Zitiert: *R. Bocklet*, in: Das Regierungssystem des Freistaates Bayern, Bd. 2, 1979, S.

Bugiel, Karsten; Volkswille und repräsentative Entscheidung - Zulässigkeit und Zweckmäßigkeit von Volksabstimmungen nach dem Grundgesetz; Baden-Baden, 1991; Nomos Verlagsgesellschaft; Zitiert: *K. Bugiel*, Volkswille und repräsentative Entscheidung, 1991, S.

Busch, Eckart/Werner, Sascha; Der Buß- und Bettag: Umstrittener Spielball zur Erreichung sozialpolitischer Ziele; DÖV 1998, S. 680; Zitiert: *E. Busch/S. Werner*, DÖV 1998, S.

Bushart, Christoph; Verfassungsänderungen in Bund und Ländern; München 1989; Verlag Franz Vahlen; Zitiert: *C. Bushart*, Verfassungsänderungen in Bund und Ländern, 1989, S.

Canaris, Claus - Wilhelm; Die Feststellung von Lücken im Gesetz - eine methodologische Studie über Voraussetzungen und Grenzen richterlicher Rechtsfortbildung; 2. Auflage; Berlin 1983; Duncker & Humblot; Zitiert: *C.-W. Canaris*, Die Feststellung von Lücken im Gesetz, 2. Aufl., 1983, S.

Degenhart, Christoph; Staatsrecht I - Staatsorganisationsrecht; 20. Auflage; Heidelberg 2004; C.F. Müller Verlag; Zitiert: *C. Degenhart*, Staatsrecht I., 20. Aufl., 2004, S. Rn.

Degenhart, Christoph; Direkte Demokratie in den Ländern - Impulse für das Grundgesetz?; Der Staat 31 (1992), S. 77; Zitiert: *C. Degenhart*, Der Staat 31 (1992), S.

Dennewitz, Bodo; Das Bonner Grundgesetz und die westdeutschen Länderverfassungen; DÖV 1949, S. 341; Zitiert: *B. Dennewitz*, DÖV 1949, S.

Denninger, Erhard; Verfassung und Gesetz; KritV 1 (1986), S. 291; Zitiert: *E. Denninger*, KritV 1 (1986), S.

Deubert, Michael; Die Volksentscheide vom 8. Februar 1998 - Ein Nach-Ruf; BayVBl. 1998, S. 716; Zitiert: *M. Deubert*, BayVBl. 1998, S.

Dreier, Horst; Grundgesetz - Kommentar; Tübingen 1998; Verlag J.C.B. Mohr (Paul Siebeck); Zitiert: *Bearbeiter,* in: Dreier, Grundgesetz, 1998, Art. Rn.

Dreier, Horst; Das Majoritätsprinzip im demokratischen Verfassungsstaat; ZParl 17 (1986), S. 94; Zitiert: *H. Dreier*, ZParl 17 (1986), S.

Dreier, Horst; Einheit und Vielfalt der Verfassungsordnungen im Bundesstaat; in: Schmidt, Karsten (Hrsg.), Vielfalt des Rechts - Einheit der Rechtsordnung? Hamburger Ringvorlesung, Berlin 1994; Duncker & Humblot; Zitiert: *H. Dreier*, in: Vielfalt des Rechts - Einheit der Rechtsordnung, 1994, S.

Dreier, Horst; Grenzen demokratischer Freiheit im Verfassungsstaat; JZ 1994, S. 741; Zitiert: *H. Dreier*, JZ 1994, S.

Dreier, Horst; Landesverfassungsänderung durch quorenlosen Volksentscheid aus der Sicht des Grundgesetzes; BayVBl. 1999, S. 513; Zitiert: *H. Dreier*, BayVBl. 1999, S.

Dreier, Ralf; Zur Problematik und Situation der Verfassungsinterpretation; in: Dreier, Ralf/Schwegmann, Friedrich (Hrsg.), Probleme der Verfassungsinterpretation, Baden-Baden 1976, Nomos Verlagsgesellschaft, S. 13; Zitiert: *R. Dreier*, in: Probleme der Verfassungsinterpretation, 1976, S.

Ehmke, Horst; Grenzen der Verfassungsänderung; Berlin 1953; Duncker & Humblot; Zitiert: *H. Ehmke*, Grenzen der Verfassungsänderung, 1953, S.

Ehmke, Horst; Prinzipien der Verfassungsinterpretation; VVDStRL 20 (1963), S. 53; Zitiert: *H. Ehmke*, VVDStRL 20 (1963), S.

Engelken, Klaas; Demokratische Legitimation bei Plebisziten auf staatlicher und kommunaler Ebene - Zugleich zu neueren Entscheidungen des BayVerfGH und des BremStGH; DÖV 2000, S. 881; Zitiert: *K. Engelken*, DÖV 2000, S.

Engelken, Klaas; Plebiszitäre Instrumente auf Bundesebene? Volksinitiative als Einstieg in Volksbegehren und -entscheid oder als bloß petitionsähnliche Regelung?; BayVBl. 2005, S. 289; Zitiert: *K. Engelken*, BayVBl. 2005, S.

Engelken, Klaas; Kann ein Volksbegehren Sperrwirkung für Gesetzgebung und Regierung haben?; DVBl. 2005, S. 415; Zitiert; *K. Engelken*, DVBl. 2005, S.

Engelken, Klaas; Bayerischer Zipfel - Zugleich ein heiterer Nachklang zu BayVerfGH BayVBl. 1999, 719; BayVBl. 2005, S. 270; Zitiert: *K. Engelken*, BayVBl. 2005, S.

Engels, Ulfert; Der bayerische Staatshaushalt im Spannungsfeld zwischen unmittelbarer und mittelbarer Demokratie; BayVBl. 1976, S.201; Zitiert: *U. Engels*, BayVBl. 1976, S.

Fell, Karl; Plebiszitäre Einrichtungen im gegenwärtigen deutschen Staatsrecht; Bonn 1964; Dissertation; Zitiert: *K. Fell*, Plebiszitäre Einrichtungen im gegenwärtigen deutschen Staatsrecht, 1964, S.

Fessmann, Ingo; Volksbegehren und Volksentscheid im Verhältnis zum Verbot des Art. 73 BV; BayVBl. 1976, S. 389; Zitiert: *I. Fessmann*, BayVBl. 1976, S.

Fetzer, Max; Das Referendum im Deutschen Staatsrecht; Stuttgart 1923; Verlag W. Kohlhammer; Zitiert: *M. Fetzer*, Das Referendum im Deutschen Staatsrecht, 1923, S.

Feuchte, Paul; Verfassung des Landes Baden-Württemberg - Kommentar; Stuttgart 1987; Verlag W. Kohlhammer GmbH; Zitiert: *Bearbeiter*, in: Feuchte, Verfassung des Landes Baden-Württemberg, 1987, Art. Rn.

Fijalkowski, Jürgen; Neuer Konsens durch plebiszitäre Öffnung?; in: Randelzhofer, Albrecht/Süß, Werner (Hrsg.), Konsens und Konflikt - 35 Jahre Grundgesetz - Vorträge und Diskussion einer Veranstaltung der Freien Universität Berlin vom 6. bis 8. Dezember 1984, Berlin 1986, Walter de Gruyter, S. 236; Zitiert: *J. Fijalkowski*, in: Konsens und Konflikt, 1986, S.

Fleiner, Fritz/Giacometti, Zaccaria; Schweizerisches Bundesstaatsrecht; Zürich 1978; Schulthess Polygrapischer Verlag; Zitiert: *F. Fleiner/Z.Giacometti*, Schweizerisches Bundesstaatsrecht, 1978, S.

Fliegauf, Harald; Verfassungsgesetzgebung und Volksentscheide; LKV 1993, S. 181; Zitiert: *H. Fliegauf*, LKV 1993, S.

Funk, Otmar; Grenzen unmittelbarer Demokratie - am Beispiel der Abschaffung des Bayerischen Senats; Nürnberg 1999; Dissertation; Zitiert: *O. Funk*, Grenzen unmittelbarer Demokratie, 1999, S.

Gebhardt, Christian; Direkte Demokratie im parlamentarischen System - Bürgerbegehren und Bürgerentscheid in Bayern (insbesondere zulässige und unzulässige Gegenstände von Bürgerbegehren); Würzburg 2000; Ergo Verlag; Zitiert: *C. Gebhardt*, Direkte Demokratie im parlamentarischen System, 2000, S.

Gerhard, Günter; Plebiszitäre Scherbenhaufen - eine Veranstaltung vom 24. Juli 1997; München 1997; Bayerischer Landtag; Zitiert: *G. Gerhard*, Plebiszitäre Scherbenhaufen, 1997, S.

Gern, Alfons; Analogie im Verwaltungsrecht; DÖV 1985, S. 558; Zitiert: *A. Gern*, DÖV 1985, S.

Gern, Alfons; Die Rangfolge der Auslegungsmethoden von Rechtsnormen; VerwArch 1989, S. 415; Zitiert: *A. Gern*, VerwArch 1989, S.

Giehl, Friedrich/v. Scheurl, Guntram; Volksgesetzgebung und Staatshaushalt, BayVBl. 1976, S. 486; Zitiert: *F. Giehl/G. v.Scheurl*, BayVBl. 1976, S.

Giese, Friedrich; Die Verfassung des Deutschen Reiches; 8. Auflage; Berlin 1931; Carl Heymanns Verlag; Zitiert: *F. Giese*, Die Verfassung des Deutschen Reiches, 8. Aufl., 1931, Art. Anm.

Glum, Friedrich; Die Grenzen der Volksgesetzgebung nach Art. 73 der Reichsverfassung; JW 1929, S. 1099; Zitiert: *F. Glum*, JW 1929, S.

Grawert, Rolf; Zur Verfassungsreform; Der Staat 18 (1979), S. 229; Zitiert: *R. Grawert*, Der Staat 18 (1979), S.

Gremer, Reinhard; Das Mehrheitsprinzip im Volksentscheid zu Volksbegehren und Gegenentwurf - Zur Regelung gemäß der Änderung des Bayerischen Landeswahlgesetzes (LWG) vom 24. 12. 1993 (GVBl. S. 1059); BayVBl. 1999, S. 363; Zitiert: *R. Gremer*, BayVBl. 1999, S.

Gusy, Christoph; Mehrheitsprinzip im demokratischen Staat; AöR 106 (1981), S. 329; Zitiert: *C. Gusy*, AöR 106 (1981), S.

Hahnzog, Klaus; Auch in Bayerns Kommunen: Weg von der Zuschauerdemokratie - hin zur lebendigen Mitmachdemokratie; in: Bayerische Landeszentrale für politische Bildungsarbeit (Hrsg.), Alternativen - Bürgerbegehren und Bürgerentscheid vor der Neufassung, München 1998, Verlag Ernst Vogel, S. 35; Zitiert: *K. Hahnzog*, in: Alternativen - Bürgerbegehren und Bürgerentscheid vor der Neufassung, 1998, S.

Hahnzog, Klaus; Bayern als Motor für unmittelbare Demokratie; in: Heußner, Hermann K./Jung, Otmar (Hrsg.), Mehr direkte Demokratie wagen - Volksbegehren und Volksentscheid: Geschichte/Praxis/Vorschläge, München 1999, Olzog - Verlag, S. 159; Zitiert: *K. Hahnzog,* in: Mehr direkte Demokratie wagen, 1999, S.

Hanning, Olaf; Die Stellung des Bayerischen Landtags in dem durch Volksbegehren eingeleiteten Gesetzgebungsverfahren; München 1975; Dissertation; Zitiert: *O. Hanning*, Die Stellung des Bayerischen Landtags in dem durch Volksbegehren eingeleiteten Gesetzgebungsverfahren, 1975, S.

Harbich, Jürgen; Unmittelbare Demokratie am Beispiel der Bundesrepublik Deutschland und des Freistaates Bayern; in: Banaszak, Boguslaw (Hrsg.), Aktuelle Probleme des Rechtsstaates, Frankfurt (Oder), Slubice, Pozman 2003, Collegium Polonicum, S. 11; Zitiert: *J. Harbich*, in: Aktuelle Probleme des Rechtsstaates, 2003, S.

Hendler, Reinhard; Zu den Vorzügen und Nachteilen verstärkter Bürgerbeteiligung auf kommunaler Ebene; Der Landkreis 65 (1995), S. 321; Zitiert: *R. Hendler*, Der Landkreis 65 (1995), S.

Henke, Wilhelm; Verfassung, Gesetz und Richter; Der Staat 3 (1964), S. 433; Zitiert: *W. Henke*, Der Staat 3 (1964), S.

Hernekamp, Karl; Formen und Verfahren direkter Demokratie - Dargestellt anhand ihrer Rechtsgrundlagen in der Schweiz und in Deutschland; Frankfurt a.M. 1979; Alfred Metzner Verlag; Zitiert: *K. Hernekamp*, Formen und Verfahren direkter Demokratie, 1979, S.

Herrmann, Klaus; Volksgesetzgebungsverfahren - verfassungstheoretische Untersuchung der Rechtsstellung der Stimmberechtigten sowie der Zuständigkeiten der Abstimmungsorgane und Abstimmungsbehörden; Frankfurt a.M. 2002; Verlag Peter Lang/Europäischer Verlag der Wissenschaften; Zitiert: *K. Herrmann*, Volksgesetzgebungsverfahren, 2002, S.

Herrmann, Klaus; Die außerparlamentarische Verfassungsänderung in Bayern; BayVBl. 2004, S.513; Zitiert: *K. Herrmann*, BayVBl. 2004, S.

Herzog, Roman; Allgemeine Staatslehre; Frankfurt a.M. 1971; Verlag Athenäum; Zitiert: *R. Herzog*, Allgemeine Staatslehre, 1971, S.

Hesse, Konrad; Grundzüge des Verfassungsrechts der Bundesrepublik Deutschland; 19. Auflage; Heidelberg 1993; C.F. Müller Juristischer Verlag; Zitiert: *K. Hesse*, Grundzüge des Verfassungsrechts der Bundesrepublik Deutschland, 19. Aufl., 1993, § Rn.

Hesselberger, Dieter; Das Grundgesetz - Kommentar für die politische Bildung; 12. Auflage; Neuwied, Kriftel 2001; Hermann Luchterhand Verlag GmbH; Zitiert: *D. Hesselberger*, Das Grundgesetz, 12. Aufl., 2001, Art. Rn.

Heun, Werner; Das Mehrheitsprinzip in der Demokratie - Grundlagen, Strukturen, Begrenzungen; Berlin 1983; Duncker & Humblot; Zitiert: *W. Heun*, Das Mehrheitsprinzip in der Demokratie, 1983, S.

Heußner, Hermann; Volksgesetzgebung in den USA und in Deutschland - ein Vergleich der Normen, Funktionen, Probleme und Erfahrungen; Köln/München 1994; Carl Heymanns Verlag KG; Zitiert: *H. Heußner*, Volksgesetzgebung in den USA und in Deutschland, 1994, S.

v.*Hippel, Ernst;* Ungeschriebenes Verfassungsrecht; VVDStRL 10 (1952), S. 1; Zitiert: *E. v.Hippel*, VVDStRL 10 (1952), S.

Hoegner, Wilhelm; Lehrbuch des Bayerischen Verfassungsrechts; München 1949; Bayerischer-Schulbuch-Verlag; Zitiert: *W. Hoegner*, Lehrbuch des Bayerischen Verfassungsrechts, 1949, S.

Hoegner, Wilhelm; Besatzungsmacht und bayerische Verfassung von 1946 - Zum zehnjährigen Bestehen der bayerischen Verfassung; BayVBl. 1956, S. 353; Zitiert: *W. Hoegner*, BayVBl. 1956, S.

Hoegner, Wilhelm; Die Verhandlungen des Vorbereitenden Verfassungsausschusses von 1946; BayVBl. 1963, S. 97; Zitiert: *W. Hoegner*, BayVBl. 1963, S.

Hoegner, Wilhelm; Verfassungsänderung in Bayern; BayVBl. 1970, S. 125; Zitiert: *W. Hoegner*, BayVBl. 1970, S.

Hoffmann, Hasso; Bundesstaatliche Spaltung des Demokratiebegriffs?; in: Barfuß, Werner/Dutoit, Bernhard/Forkel, Hans/Immenga, Ulrich/Majoros, Ferenc (Hrsg.), Festschrift für Karl H. Neumayer zum 65. Geburtstag, Baden-Baden 1985, Nomos Verlagsgesellschaft, S. 281; Zitiert: *H. Hoffmann,* in: Festschrift für Karl. H. Neumayer, 1985, S.

Holzheid, Hildegund; Maßgebliche Verfassungsgrundsätze bei Wahlen und Volksentscheiden - aufgezeigt anhand der Rechtsprechung des Bayerischen Verfassungsgerichtshofes - Vortrag gehalten vor der Juristischen Studiengesellschaft Regensburg am 4. Mai 1995; München 1995; Verlag C.H. Beck; Zitiert: *H. Holzheid*, Maßgeblich Verfassungsgrundsätze bei Wahlen und Volksentscheiden, 1995, S.

Horn, Hans-Detlef; Die Volksinitiative als Gesetzesinitiative; BayVBl. 1995, S. 609; Zitiert: *H.-D. Horn*, BayVBl. 1995, S.

Horn, Hans-Detlef; Die Bayerische Verfassung, der Senat und der Volksentscheid; BayVBl. 1999, S. 430; Zitiert: *H.-D. Horn*, BayVBl. 1999, S.

Horn, Hans-Detlef; Mehrheit im Plebiszit - Zur Voraussetzung eines Zustimmungsquorums bei Volks- und Bürgerentscheiden; Der Staat 38 (1999), S. 399; Zitiert: *H.-D. Horn*, Der Staat 38 (1999), S.

Horn, Hans-Detlef; Anmerkung zu BayVerfGH BayVBl. 1999, S. 719; BayVBl. 1999, S. 727; Zitiert: *H.-D. Horn*, BayVBl. 1999, S.

Horn, Hans-Detlef; Mehr Demokratie ohne Repräsentation?; Die politische Meinung, 2001 Nr. 379, S. 59, Zitiert: *H.-D. Horn*, Die politische Meinung 2001 Nr. 379, S.

Huber, Berthold; Formen direktdemokratischer Staatswillensbildung - eine Herausforderung an das parlamentarische System der Bundesrepublik Deutschland?; ZRP 1984, S. 245; Zitiert: *B. Huber*, ZRP 1984, S.

Huber, Peter; Volksgesetzgebung und Ewigkeitsgarantie - zur Verfassungsmäßigkeit des Volksbegehrens "Mehr Demokratie in Thüringen"; Stuttgart, München 2003; Richard Boorberg Verlag; Zitiert: *P. Huber*, Volksgesetzgebung und Ewigkeitsgarantie, 2003, S.

Hüllen, Georg; Rechtsschutzprobleme beim Bürgerbegehren; Würzburg 1999; Dissertation; Zitiert: *G. Hüllen*, Rechtsschutzprobleme beim Bürgerbegehren, 1999, S.

Isensee, Josef; Das Volk als Grund der Verfassung - Mythos und Relevanz der Lehre von der verfassunggebenden Gewalt; Opladen 1992; Westdeutscher Verlag; Zitiert: *J. Isensee*, Das Volk als Grund der Verfassung, 1992, S.

Isensee, Josef; Verfassungsreferendum mit einfacher Mehrheit - Der Volksentscheid zur Abschaffung des Bayerischen Senats als Paradigma; Heidelberg 1999; C.F. Müller Verlag; Zitiert: *J. Isensee*, Verfassungsreferendum mit einfacher Mehrheit, 1999, S.

Isensee, Josef; Demokratie - verfassungsrechtlich gezähmte Utopie; in: Matz, Ulrich (Hrsg.), Aktuelle Herausforderungen der repräsentativen Demokratie, München 1985, Carl Heymanns Verlag KG, S. 43; Zitiert: *J. Isensee,* in: Aktuelle Herausforderungen der repräsentativen Demokratie, 1985, S.

Isensee, Josef; Volksgesetzgebung - Vitalisierung oder Störung der parlamentarischen Demokratie? - Zu den Grenzen der Weiterung des plebiszitären Potentials in der Thüringer Verfassung; DVBl. 2001, S. 1161; Zitiert: *J. Isensee*, DVBl. 2001, S.

v.Jan, Heinrich; Verfassung und Verwaltung in Bayern 1919 - 1926; JöR 15 (1927), S. 1; Zitiert: *H. v.Jan*, JöR 15 (1927), S.

Jarras, Hans/Pieroth, Bodo; Grundgesetz für die Bundesrepublik Deutschland - Kommentar; 6. Auflage; München 2002; Verlag C. H. Beck; Zitiert: *Bearbeiter,* in: Jarras/Pieroth, Grundgesetz, 6. Aufl., 2002, Art. Rn.

Jellinek, Georg; Allgemeine Staatslehre; 3. Auflage; Berlin 1922; Verlag Julius Springer; Zitiert: *G. Jellinek*, Allgemeine Staatslehre, 3. Aufl., 1922, S.

Jellinek, Walter; Die Verfassung des Landes Hessen; DRZ 1947, S. 4; Zitiert: *W. Jellinek*, DRZ 1947, S.

Jung, Otmar; Direkte Demokratie in der Weimarer Republik; Frankfurt a.M. 1989; Campus-Verlag; Zitiert: *O. Jung*, Direkte Demokratie in der Weimarer Republik, 1989, S.

Jung, Otmar; Grundgesetz und Volksentscheid - Gründe und Reichweite der Entscheidung des Parlamentarischen Rates gegen Formen direkter Demokratie; Opladen 1994; Westdeutscher Verlag GmbH; Zitiert: *O. Jung*, Grundgesetz und Volksentscheid, 1994, S.

Jung, Otmar; Daten zu Volksentscheiden in Deutschland auf Landesebene (1946-1992); ZParl 24 (1993), S. 5; Zitiert: *O. Jung*, ZParl 24 (1993), S.

Jung, Otmar; Jüngste plebiszitäre Entwicklungstendenzen in Deutschland auf Landesebene; JöR n.F. 41 (1993), S. 29; Zitiert: *O. Jung*, JöR n.F. 41 (1993), S.

Jung, Otmar; Weniger Demokratie wagen? - Seltsames aus der Berliner Verfassungsrevision; JR 1996, S. 1; Zitiert: *O. Jung*, JR 1996, S.

Jung, Otmar; Kommunale Direktdemokratie mit Argusaugen gesehen - Zeithistorische, verfassungsrechtliche und rechtspolitische Bemerkungen zu der Entscheidung des Bayerischen Verfassungsgerichtshofes vom 29. 8. 1997; BayVBl. 1998, S. 225; Zitiert: *O. Jung*, BayVBl. 1998, S.

Jung, Otmar; 50 Jahre verfassungswidrige Praxis der Volksgesetzgebung in Bayern? - Zu dem Isensee-Gutachten betr. das Gesetz zur Abschaffung des Bayerischen Senats; BayVBl. 1999, S. 417; Zitiert: *O. Jung*, BayVBl. 1999,S.

Jung, Otmar; Das Quorenproblem beim Volksentscheid - Legitimität und Effizienz beim Abschluss des Verfahrens der Volksgesetzgebung; ZPol 9 (1999), S. 863; Zitiert: *O. Jung*, ZPol 9 (1999), S.

Jung, Otmar; Abschluss und Bilanz der jüngsten plebiszitären Entwicklungen in Deutschland auf Landesebene; JöR n.F. 48 (2000), S. 39; Zitiert: *O. Jung*, JöR n.F. 48 (2000), S.

Jung, Otmar; Direkte Demokratie nach Schweizer Art in Deutschland verfassungswidrig? Zu einer Grundgesetzauslegung des Staatsgerichtshofs der Freien Hansestadt Bremen; KritV 84 (2001), S. 24; Zitiert: *O. Jung*, KritV 84 (2001), S.

Jung, Otmar; Direkte Demokratie - vom Kopf auf die Füße gestellt - Ein Urteil des Verfassungsgerichtshofes des Freistaates Sachsen eröffnet die Debatte neu; LKV 2003, S. 309; Zitiert: *O. Jung*, LKV 2003, S.

Jürgens, Gunther; Direkte Demokratie in den Bundesländern - Gemeinsamkeiten-Unterschiede-Erfahrungen, Vorbildfunktion für den Bund?; Stuttgart, München 1993; Richard Boorberg Verlag; Zitiert: *G. Jürgens*, Direkte Demokratie in den Bundesländern, 1993, S.

Kelsen, Hans; Allgemeine Staatslehre; Bad Homburg 1966; Verlag Dr. Max Gehlen; Zitiert: *H. Kelsen*, Allgemeine Staatslehre, 1966, S.

Kadel, Werner; Mindestwahlbeteiligung als demokratisches Legitimationserfordernis?; JR 1988, S. 54; Zitiert: *W. Kadel*, JR 1988, S.

Kahl, Wolfgang; Buchbesprechung: Peter Häberle, Jahrbuch des öffentlichen Rechts der Gegenwart, Neue Folge/Band 51, 2003; BayVBl. 2003, S. 734; Zitiert: *W. Kahl*, BayVBl. 2003, S.

Kaisenberg, Georg; Insbesondere: Die formelle Ordnung des Volksbegehrens und des Volksentscheids in Reich und Ländern; in: Anschütz, Gerhard/Thoma, Richard (Hrsg.), Handbuch des deutschen Staatsrechts, Band II, Tübingen 1932, Verlag J.C.B. Mohr (Paul Siebeck), § 75, Zitiert: *G. Kaisenberg*, in: Handbuch des deutschen Staatsrechts, 1932, § 75, S.

Kampwirth, Ralph; Bremen: Die Angst der Parteien vor dem "entfesselten" Volk, in: Heußner, Hermann K./Jung, Otmar (Hrsg.), Mehr direkte Demokratie wagen - Volksbegehren und Volksentscheid: Geschichte/Praxis/Vorschläge, München 1999, Olzog - Verlag, S. 159; Zitiert: *R. Kampwirth,* in: Mehr direkte Demokratie wagen, 1999, S.

Kersten, Jens; Homogenitätsgebot und Landesverfassungsrecht; DÖV 1993, S. 896; Zitiert: *J. Kersten*, DÖV 1993, S.

Knemeyer, Franz Ludwig; Wird mehr Demokratie weniger?; in: Bayerische Landeszentrale für politische Bildungsarbeit (Hrsg.), Alternativen - Bürgerbegehren und Bürgerentscheid vor der Neufassung, München 1998, Verlag Ernst Vogel, S. 9; Zitiert: *F.L. Knemeyer,* in: Alternativen - Bürgerbegehren und Bürgerentscheid vor der Neufassung, 1998, S.

Kratzer, Jakob; Die Verfassungsurkunde des Freistaates Bayern (Kommentar) - mit einschlägigen Gesetzen, dem Konkordat und den Verträgen mit den evangelischen Kirchen; München 1925; J. Schweitzer Verlag (Arthur Gellier); Zitiert: *J. Kratzer*, Verfassungsurkunde des Freistaates Bayern, 1925, S. zu §

Krause, Peter; Verfassungsrechtliche Möglichkeiten unmittelbarer Demokratie; in: Isensee, Josef/Kirchhof, Paul (Hrsg.), Handbuch des Staatsrechts der Bundesrepublik Deutschland, Band 2, C.F. Müller Juristischer Verlag, 1992, § 39; Zitiert: *P. Krause*, in: Handbuch des Staatsrecht der Bundesrepublik Deutschland, 1992, § 39 Rn.

Kriele, Martin; Das demokratische Prinzip im Grundgesetz; VVDStRL 29 (1971), S. 46; Zitiert: *M. Kriele*, VVDStRL 29 (1971), S.

Krüger, Herbert; Subkonstitutionelle Verfassungen; DÖV 1976, S. 613; Zitiert: *H. Krüger*, DÖV 1976, S.

Kruis, Konrad; Die Stellung des Landtags in den Gesetzgebungsverfahren zur Änderung der Verfassung des Freistaates Bayern; BayVBl. 1973, S. 509; Zitiert: *K. Kruis*, BayVBl. 1973, S.

Kruis, Konrad/Kalkbrenner, Helmut; Die Stellung des Landtags im Verfassungsänderungsverfahren; BayVBl. 1975, S. 354; Zitiert: *K. Kruis/H. Kalkbrenner*, BayVBl. 1975; S.

Kunst, Hermann/Herzog, Roman/Schnellmelcher, Wilhelm; Evangelisches Staatslexikon; 2. Auflage; Stuttgart, Berlin 1975; Kreuz Verlag; Zitiert: *Bearbeiter*, in: Evangelisches Staatslexikon, 2. Aufl., 1975, Sp.

Larenz, Karl/Canaris, Claus - Wilhelm; Methodenlehre der Rechtswissenschaft; 3. Auflage; Berlin/Heidelberg 1995; Springer - Verlag; Zitiert: *K. Larenz/C.-W. Canaris,* Methodenlehre der Rechtswissenschaft, 3. Aufl., 1995, S.

Lauer, Gisela; Die Entstehung der Bayerischen Verfassung von 1946; BayVBl. 1990, S. 737; Zitiert: *G. Lauer*, BayVBl. 1990, S.

Lerche, Peter; "Funktionsfähigkeit" - Richtschnur verfassungsrechtlicher Auslegung; BayVBl. 1991, S. 517; Zitiert: *P. Lerche*, BayVBl. 1991, S.

Lege, Joachim; Verfassungsänderung oder Verfassungsinterpretation? - Der Methodenstreit um die Abschaffung des Bayerischen Senats; DÖV 2000 S. 283; Zitiert: *J. Lege*, DÖV 2000, S.

Leusser, Claus, Die Verfassung des Freistaates Bayern vom 2. Dezember 1946; JöR n.F. 3 (1954), S. 149 Zitiert: *C. Leusser*, JöR n.F. 3 (1954), S.

Lhotta, Roland; Verfassungsreform und Verfassungstheorie: Ein Diskurs unter Abwesenden?; ZParl 29 (1998), S. 158; Zitiert: *R. Lhotta*, ZParl 29 (1998), S.

Lindner, Josef Franz; Die Koppelungsproblematik im Rahmen des Verfassungsreferendums nach Art. 75 Abs. 2 Satz 2 der Bayerischen Verfassung; BayVBl. 1999, S. 485; Zitiert: *J.F. Lindner*, BayVBl. 1999, S.

Loewenstein, Karl; Über Wesen, Technik und Grenzen der Verfassungsänderung - Vortrag gehalten vor der Berliner Juristischen Gesellschaft am 30. Juni 1960; Berlin 1961; Walter de Gruyter & Co; Zitiert: *K. Loewenstein*, Über Wesen, Technik und Grenzen der Verfassungsänderung, 1961, S.

v.Mangoldt, Hermann/Klein, Friedrich/Achterberg, Norbert/Schulte, Martin; Das Bonner Grundgesetz - Kommentar; Band 4; 3. Auflage; München 1991; Verlag Franz Vahlen; Zitiert: *v.Mangoldt/Klein/Achterberg/Schulte*, Das Bonner Grundgesetz, 3. Aufl., 1991, Art. Rn.

v.Mangoldt, Hermann/Klein, Friedrich/Starck, Christian; Das Bonner Grundgesetz - Kommentar; Band 2; 4. Auflage; München 2000; Verlag Franz Vahlen; Zitiert: *Bearbeiter,* in: v.Mangoldt/Klein/Starck, Das Bonner Grundgsetz, 4. Aufl., 2000, Art. Rn.

Maasen, Hermann; Die Freiheit des Bürgers in einer Zeit ausufernder Gesetzgebung; NJW 1979, S. 1473: Zitiert: *H. Maasen*, NJW 1979, S.

Maunz, Theodor/Dürig, Günther/Herzog, Roman/Scholz, Rupert; Grundgesetz - Kommentar; Loseblatt; München 2004; Verlag C. H. Beck; Zitiert: *Bearbeiter,* in: Maunz/Dürig/Herzog/Scholz, Grundgesetz, 2004, Art. Rn.

Maunz, Theodor/Schmidt-Bleibtreu, Bruno/Klein, Franz/Bethge, Herbert; Bundesverfassungsgerichtsgesetz (Kommentar); Loseblatt; München 2004; Verlag C.H.Beck; Zitiert: *Bearbeiter,* in: Maunz/Schmidt-Bleibtreu/Klein/Bethge, Bundesverfassungsgerichtsgesetz, Bd., § Rn.

Maunz, Theodor; Fundamentalsätze der Bayerischen Verfassung; in: Bayerischer Verfassungsgerichtshof (Hrsg.), Verfassung und Verfassungsrechtsprechung - Festschrift zum 25-jährigen Bestehen des Bayerischen Verfassungsgerichtshofes, Stuttgart/München 1972, Richard Boorberg Verlag, S. 21; Zitiert: *T. Maunz,* in: Verfassung und Verfassungsrechtsprechung, 1972, S.

Maurer, Hartmut; Staatsrecht I - Grundlagen, Staatsorgane, Staatsfunktionen; 4. Auflage; München 2005; Verlag C.H. Beck; Zitiert: *H. Maurer*, Staatsrecht I, 4. Aufl., 2005, S.

Meder, Theodor; Handkommentar zur Verfassung des Freistaates Bayern; München 1971; Richard Boorberg Verlag; Zitiert: *T. Meder*, Handkommentar zur Verfassung des Freistaates Bayern, 1971, Art. Rn.

Meder, Theodor; Die Verfassung des Freistaates Bayern - Handkommentar; 2. Auflage; München 1978; Richard Boorberg Verlag; Zitiert: *T. Meder*, Die Verfassung des Freistaates Bayern, 2. Aufl., 1978, Art. Rn.

Meder, Theodor; Die Verfassung des Freistaates Bayern - Handkommentar; 4. Auflage; München 1992; Richard Boorberg Verlag; Zitiert: *T. Meder*, Die Verfassung des Freistaates Bayern, 4. Aufl., 1992, Art. Rn.

Meinzolt, Friedrich, Die Stellung des Landtags in den Gesetzgebungsverfahren zur Änderung der Verfassung des Freistaates Bayern; BayVBl. 1974, S. 41; Zitiert: *F. Meinzolt*, BayVBl. 1974, S.

Meißner, Otto; Das Staatsrecht des Reichs und seiner Länder, 2. Auflage; Berlin 1923; Hobbing Verlag; Zitiert: *O. Meißner*, Das Staatsrecht des Reichs und seiner Länder, 2. Aufl., 1923, S.

Mengel, Hans - Joachim; Die Verfassung der V. Republik Frankreichs - Beispiel einer stillschweigenden Verfassungstransformation? JöR n.F. 30 (1981), S. 21; Zitiert: *H.-J. Mengel*, JöR n.F. 30 (1981), S.

Menzel, Eberhard; Rechtsformen der formalen Verfassungsänderung; in: Festschrift für Friedrich Giese zum 70. Geburtstag (17. August 1952), dargebracht von Freunden, Schülern und Fachkollegen, Frankfurt a.M. 1952, Verlag Kommentator GmbH, S. 153; Zitiert: *E. Menzel,* in: Rechtsformen der formalen Verfassungsänderung, 1952, S.

Menzel, Jörg; Landesverfassungsrecht - Verfassungshoheit und Homogenität im grundgesetzlichen Bundesstaat; Stuttgart, München 2002, Richard Boorberg Verlag; Zitiert: *J. Menzel*, Landesverfassungsrecht, 2002, S.

Merk, Wilhelm; Aus der Praxis des Staatsrechts; AöR 58 (1930), S. 83; Zitiert: *W. Merk*, AöR 58 (1930), S.

Meyer, Hans/Stolleis, Michael; Hessisches Staats- und Verwaltungsrecht; 2. Auflage; Frankfurt a. M. 1986; Alfred Metzner Verlag; Zitiert: *Bearbeiter*, in: Meyer/Stolleis, Hessisches Staats- und Verwaltungsrecht, 2. Aufl., 1986, S.

Meyers Großes Taschenlexikon; 8. Auflage; Mannheim 2001; Bibliographisches Institut-Taschenbuchverlag; Zitiert: Meyers Großes Taschenlexikon, Bd., 8. Aufl. 2001, S.

Meyers enzyklopädisches Lexikon; 9. Auflage; Mannheim 1981; Bibliographisches Institut-Lexikonverlag; Zitiert: Meyers enzyklopädisches Lexikon, Bd., 9. Aufl., 1981, S.

Mittenberger - Huber, Ariane; Das Plebiszit in Bayern - Eine rechtshistorische Bestandsaufnahme; Bayreuth 1999; Verlag P.C.O.; Zitiert: *A. Mittenberger-Huber*, Das Plebiszit in Bayern, 1999, S.

Model, Otto/Müller, Klaus; Grundgesetz für die Bundesrepublik Deutschland - Taschenkommentar für Studium und Praxis; 11. Auflage; Köln/München 1996; Carl Heymanns Verlag KG; Zitiert: *Model/Müller*, Grundgesetz, 11. Aufl., 1996, Art. Rn.

Müller-Franken, Sebastian; Unmittelbare Demokratie und Direktiven der Verfassung - Zur Frage eines nicht erfüllten Auftrags des Grundgesetzes zur Einführung unmittelbarer Demokratie; DÖV 2005, S. 489; Zitiert: *S. Müller-Franken*, DÖV 2005, S.

v.Münch, Ingo; Staatsrecht I; Band I; 6. Auflage; Stuttgart 2000; Verlag W. Kohlhammer; Zitiert: *I. v.Münch*, Staatsrecht I, Bd. 1, 6. Aufl., 2000, S.

v.Münch, Ingo/ Kunig, Philipp; Grundgesetz - Kommentar; Band 2; 4. Auflage; München 2001; Verlag C. H. Beck; Zitiert: *Bearbeiter*, in: v.Münch/Kunig, Grundgesetz, 4. Aufl., 2001, Art. Rn.

Naßmacher, Hiltrud; Keine Erneuerung der Demokratie "von unten" - Zur Bedeutung direktdemokratischer Entscheidungsformen; ZParl 28 (1997), S. 445; Zitiert: *H. Naßmacher*, ZParl 28 (1997), S.

Nawiasky, Hans; Die Grundgedanken des Grundgesetzes für die Bundesrepublik Deutschland - systematische Darstellung und kritische Würdigung; Stuttgart 1950; Verlag W. Kohlhammer; Zitiert: *H. Nawiasky*, Die Grundgedanken des Grundgesetzes für die Bundesrepublik Deutschland, 1950, S.

Nawiasky, Hans/Leusser, Claus; Die Verfassung des Freistaates Bayern - Systematischer Überblick und Handkommentar mit einer Darstellung der nationalsozialistischen Revolution vom staatsrechtlichen Blickpunkt sowie den wichtigsten Durchführungsgesetzen zur Verfassung-; München 1948; Biederstein Verlag; Zitiert: *Nawiasky/Leusser*, Die Verfassung des Freistaates Bayern, 1948, S.

Nawiasky, Hans/Leusser, Claus/Lechner, Hans; Die Verfassung des Freistaates Bayern - Ergänzungsband zum Handkommentar 1948 Nawiasky-Leusser; München 1953; Verlag C.H. Beck; Zitiert: *Nawiasky/Leusser/Lechner*, Die Verfassung des Freistaates Bayern, Ergänzungsband, 1953, S.

Nawiasky, Hans/Schweiger, Karl/Knöpfle, Franz; Die Verfassung des Freistaates Bayern; Loseblatt; München 2003; Verlag C.H. Beck; Zitiert: *Bearbeiter,* in: Nawiasky/Schweiger/Knöpfle, Die Verfassung des Freistaates Bayern, Art. Rn.

Nawiasky, Hans; Ein neuer Vorschlag zum Volksentscheid; BayVBl. 1929, S. 417; Zitiert: *H. Nawiasky*, BayVBl. 1929, S.

Nawiasky, Hans; Ein Jahrzehnt bayerischer Verfassung; BayVBl. 1956, S. 355; Zitiert: *H. Nawiasky*, BayVBl. 1956, S.

Neumann, Peter; Die zunehmende Bedeutung der Volksgesetzgebung im Verfassungsrecht - das Beispiel Nordrhein-Westfalen; in: Neumann, Peter/von Raumer, Stefan (Hrsg.), Die verfassungsrechtliche Ausgestaltung der Volksgesetzgebung - Dargestellt am Beispiel der Artikel 68, 69 der Landesverfassung von Nordrhein-Westfalen, Baden-Baden 1999, Nomos Verlagsgesellschaft, S. 17; Zitiert: *P. Neumann*, in: Die verfassungsrechtliche Ausgestaltung der Volksgesetzgebung, 1999, S.

Obst, Claus Hanning; Chancen direkter Demokratie in der Bundesrepublik Deutschland - Zulässigkeit und politische Konsequenzen; Köln 1986; Presseverlag Ralf Theurer; Zitiert: *C.H. Obst*, Chancen direkter Demokratie in der Bundesrepublik Deutschland, 1986, S.

Parlamentarischer Rat; Entstehungsgeschichte der Artikel des Grundgesetzes; JöR n.F. 1 (1951), S. 1; Zitiert: *Parlamentarischer Rat*, JöR n.F. 1 (1951), S.

Peine, Franz-Josef; Volksbeschlossene Gesetze und ihre Änderung durch den parlamentarischen Gesetzgeber; Der Staat 18 (1979), S. 375; Zitiert: *F.-J. Peine*, Der Staat 18 (1979), S.

Pestalozza, Christian; Der Popularvorbehalt - Direkte Demokratie in Deutschland, Vortrag gehalten vor der Berliner Juristischen Gesellschaft am 21. Januar 1981; Berlin 1981; Verlag Walter de Gruyter; Zitiert: *C. Pestalozza*, Der Popularvorbehalt, 1981, S.

Pestalozza, Christian; Aus dem Bayerischen Verfassungsleben 1965 bis 1988; JöR n.F. 37 (1988), S. 335; Zitiert: *C. Pestalozza*, JöR n.F. 37 (1988), S.

Pestalozza, Christian; Aus dem Bayerischen Verfassungsleben 1989 bis 2002; JöR n.F. 51 (2003), S. 121; Zitiert: *C. Pestalozza*, JöR n.F. 51 (2003) S.

Pestalozza, Christian; Die wider Willen sperrende Bundeslücke bei der Sicherungsverwahrung; JZ 2004, S. 605; Zitiert: *C. Pestalozza*, JZ 2004, S.

Pfetsch, Frank; Verfassungsreden und Verfassungsentwürfe - Länderverfassungen 1946 - 1953; Band 1; Frankfurt a.M. 1986; Verlag Peter Lang; Zitiert: *F. Pfetsch*, Verfassungsreden und Verfassungsentwürfe, Bd. 1., 1986, S.

Poetzsch-Heffter, Fritz; Handkommentar der Reichsverfassung - Ein Handbuch für Verfassungsrecht und Verfassungspolitik; 3. Auflage; Berlin 1928; Verlag Otto Liebmann; Zitiert: *F. Poetzsch-Heffter*, Handkommentar der Reichsverfassung, 3. Aufl., 1928, S. zu Art.

Preuß, Ulrich; Das Landesvolk als Gesetzgeber - Verfassungsrechtliche Anmerkungen zum Volksgesetzgebungsverfahren aus Anlass eines baden-württembergischen Volksbegehrens; DVBl. 1985, S. 710; Zitiert: *U. Preuß*, DVBl. 1985, S.

Preuß, Ulrich; Plebiszite als Formen der Bürgerbeteiligung; ZRP 1993, S. 131; Zitiert: *U. Preuß*, ZRP 1993, S.

Pribram, Karl; Der Individualismus in der neueren Rechtsphilosophie; in: Festschrift für Franz Klein zu seinem 60. Geburtstage, Wien 1914, Manzsche k.u.k. Hof-, Verlags- und Universitätsbuchhandlung, S. 473; Zitiert: *K. Pribram,* in: Festschrift für Franz Klein, 1914, S.

Pützer, Hans Jakob; Landesorganisationshoheit als Schranke der Bundeskompetenz - ein Beitrag zum Kompetenzsystem des Bundesstaates, dargestellt am Beispiel der Fusionskontrolle über Landes- und Kommunalunternehmen; Frankfurt a.M., Berlin 1988; Verlag Peter Lang; Zitiert: *H.J. Pützer*, Landesorganisationshoheit als Schranke der Bundeskompetenz, 1988, S.

Riklin, Alois/Kley, Roland; Stimmabstinenz und direkte Demokratie - Ursachen, Bewertungen,Konsequenzen - Daten zur direkten Demokratie in der Schweiz, im Kanton St. Gallen und in der Stadt St. Gallen, sowie in 19 weiteren Ländern; Bern 1981; Verlag Paul Haupt; Zitiert: *A. Riklin/R. Kley*, Stimmabstinenz und direkte Demokratie, 1981, S.

Rinken, Alfred; Volksgesetzgebung und Verfassung; in: Bohnert, Joachim/ Gramm, Christoph/Kindhäuser, Urs/Lege, Joachim/Rinken, Alfred/Robbert, Gerhard (Hrsg.), Verfassung-Philosophie-Kirche - Festschrift für Alexander Hollerbach zum 70. Geburtstag, Berlin 2001, Duncker & Humblot, S. 403; Zitiert: *A. Rinken*, in: Verfassung-Philosophie-Kirche, 2001, S.

Roellecke, Gerd; Prinzipien der Verfassungsinterpretation in der Rechtsprechung des Bundesverfassungsgerichts; in: Starck, Christian (Hrsg.), Bundesverfassungsgericht und Grundgesetz - Festgabe aus Anlass des 25-jährigen Bestehens des Bundesverfassungsgerichts, 2. Band (Verfassungsauslegung), Tübingen 1976, Verlag J.C.B. Mohr (Paul Siebeck), S. 22; Zitiert: *G. Roellecke,* in: Bundesverfassungsgericht und Grundgesetz, Bd. 2, 1976, S.

Rohr, Wolfgang; Staatsrecht - mit Grundzügen des Europarechts - Ein Basisbuch; Köln, München 2001; Carl Heymanns Verlag KG; Zitiert: *W. Rohr*, Staatsrecht, 2001, S. Rn.

Roßnagel, Alexander; Verfassungsänderung und Verfassungswandel in der Verfassungspraxis; Der Staat 22 (1983), S. 551; Zitiert: *A. Roßnagel*, Der Staat 22 (1983), S.

Rozek, Jochen; Das Grundgesetz als Prüfungs- und Entscheidungsmaßstab der Landesverfassungsgerichte - zugleich ein Beitrag zum Phänomen der in die Landesverfassung hineinwirkenden Bundesverfassung; Baden-Baden 1993; Nomos Verlagsgesellschaft; Zitiert: *J. Rozek*, Das Grundgesetz als Prüfungs- und Entscheidungsmaßstab der Landesverfassungsgerichte, 1993, S.

Rux, Johannes; Anmerkung zum Beschluss des BVerfG vom 3. 7. 2000; DVBl. 2001, S. 549; Zitiert: *J. Rux*, DVBl. 2001, S.

Sachs, Michael; Grundgesetz - Kommentar; 3. Auflage; München 2003; Verlag C.H. Beck; Zitiert: *Bearbeiter*, in: Sachs, Grundgesetz, 3. Aufl., 2003, Art. Rn.

Sachs, Michael; Das materielle Landesverfassungsrecht; in: Burmeister, Joachim (Hrsg.), Verfassungsstaatlichkeit - Festschrift für Klaus Stern zum 65. Geburtstag, München 1997, Verlag C. H. Beck, S. 475; Zitiert: *M. Sachs,* in: Verfassungsstaatlichkeit, 1997, S.

Sachs, Michael; Kann im Rahmen der Volksgesetzgebung in Nordrhein-Westfalen bei einem auf eine Verfassungsänderung gerichteten Volksentscheid auf qualifizierte Anforderungen verzichtet werden?; in: Neumann, Peter/von Raumer, Stefan (Hrsg.), Die verfassungsrechtliche Ausgestaltung der Volksgesetzgebung - Dargestellt am Beispiel der Artikel 68, 69 der Landesverfassung von Nordrhein-Westfalen, Baden-Baden 1999, Nomos Verlagsgesellschaft, S. 135; Zitiert: *M. Sachs*, in: Die verfassungsrechtliche Ausgestaltung der Volksgesetzgebung, 1999, S.

Sachs, Michael; Abschaffung des Bayerischen Senats - Urteilsanmerkung; JuS 2000, S. 705; Zitiert: *M. Sachs*, JuS 2000, S.

Sahner Heinz; Sozialer Wandel und Konsens - Zur Legitimationsproblematik des Mehrheitsprinzips; in: Hattenhauser, Hans/Kaltefleiter, Werner (Hrsg.), Mehrheitsprinzip, Konsens und Verfassung - Kieler Symposium 14.-16. Juni 1984, Heidelberg 1986, C.F. Müller Juristischer Verlag, S. 93; Zitiert: *H. Sahner*, in: Mehrheitsprinzip, Konsens und Verfassung, 1986, S.

Schaal, Diana/Habermann, Gerd; Argumente für skeptische Zeitgenossen; in: Heußner, Hermann K./Jung, Otmar (Hrsg.), Mehr direkte Demokratie wagen - Volksbegehren und Volksentscheid: Geschichte/Praxis/Vorschläge, München 1999, Olzog-Verlag, S. 333; Zitiert: *D. Schaal/G. Habermann,* in: Mehr direkte Demokratie wagen, 1999, S.

Schachtschneider, Karl Albrecht; Gesetzgebung und Verfassungsänderung durch das Volk in Berlin; JR 1975, S. 221; Zitiert: *K.A. Schachtschneider*, JR 1975, S.

Schambeck, Herbert; Das Volksbegehren; in: Recht und Staat in Geschichte und Gegenwart, Heft 400/401, Tübingen 1971, Verlag J.C.B. Mohr (Paul Siebeck); Zitiert: *H. Schambeck,* in: Recht und Staat in Geschichte und Gegenwart, Heft 400/401, 1971, S.

Scheder, Johannes; Anmerkung zur Entscheidung des BayVerGH vom 29. 8. 1997; BayVBl. 1997, S. 240; Zitiert: *J. Scheder*, BayVBl. 1997. S.

Scheuner, Ulrich; Das Mehrheitsprinzip in der Demokratie; Opladen 1973; Westdeutscher Verlag; Zitiert: *U. Scheuner*, Das Mehrheitsprinzip in der Demokratie, 1973, S.

Schmidt, Christian Hermann; Vorrang der Verfassung und konstitutionelle Monarchie - eine dogmengeschichtliche Untersuchung zum Problem der Normenhierarchie in den deutschen Staatsordnungen im frühen und mittleren 19. Jahrhundert (1818 - 1866); Berlin 2000; Duncker & Humblot; Zitiert: *C.H. Schmidt*, Vorrang der Verfassung und konstitutionelle Monarchie, 2000, S.

Schmidt, Eduard; Staatsgründung und Verfassungsgebung in Bayern. Die Entstehung der Bayerischen Verfassung vom 8. Dezember 1946; Regensburg 1993; Dissertation; Zitiert: *E. Schmidt*, Staatsgründung und Verfassungsgebung in Bayern, 1993, S.

Schmidt, Rolf; Staatsorganisationsrecht - sowie Grundzüge des Verfassungsprozessrechts; 5. Auflage; Grasberg bei Bremen 2005; Dr. Rolf Schmidt GmbH; Zitiert: *R. Schmidt*, Staatsorganisationsrecht, 5. Aufl., 2005, S.

Schmitt, Carl; Verfassungslehre; 5. Auflage; Berlin 1970; Duncker & Humblot; Zitiert: *C. Schmitt*, Verfassungslehre, 5. Aufl., 1970, S.

Schmitt Glaeser, Walter; Grenzen des Plebiszits auf kommunaler Ebene; DÖV 1998, S. 824; Zitiert: *W. Schmitt Glaeser*, DÖV 1998, S.

Schmitt Glaeser, Walter/Horn, Hans-Detlef; Die Rechtsprechung des Bayerischen Verfassungsgerichtshofes - Anmerkungen zu ausgewählten Entscheidungen aus jüngster Zeit; BayVBl. 1994, S. 289; Zitiert: *W. Schmitt Glaeser/ H.-D. Horn*; BayVBl. 1994, S.

Schneider, Hans; Gesetzgebung - ein Lehr- und Handbuch; 3. Auflage; Heidelberg 2002; C.F. Müller Juristischer Verlag; Zitiert: *H. Schneider*, Gesetzgebung, 3. Aufl., 2002, S.

Schneider, Hans; Volksabstimmungen in der rechtsstaatlichen Demokratie; in: Bachof, Otto (Hrsg.), Forschungen und Berichte aus dem öffentlichen Recht - Gedächtnisschrift für Walter Jellinek, München 1955, Günther Olzog Verlag, S. 155; Zitiert: *H. Schneider,* in: Forschungen und Berichte aus dem öffentlichen Recht, 1955, S.

Schneider Hans-Peter; Verfassungsrecht der Länder - Relikt oder Rezept?; DÖV 1987, S. 749; Zitiert: *H.-P. Schneider*, DÖV 1987, S.

Schneider, Peter; Prinzipien der Verfassungsinterpretation; VVDStRL 20 (1963), S. 1; Zitiert: *P. Schneider*, VVDStRL, 20 (1963), S.

Schönhoven, Klaus; Die Bayerische Volkspartei 1924 - 1932; Düsseldorf 1972; Droste Verlag; Zitiert: *K. Schönhoven*, Die Bayerische Volkspartei 1924-1932, 1972, S.

Schulz, Hans/Basler, Otto; Deutsches Fremdwörterbuch; Berlin 1942; Walter de Gryter; Zitiert: *H. Schulz/O. Basler*, Deutsches Fremdwörterbuch, Bd., 1942, S.

Schulze-Fielitz; Helmut; Buchbesprechung: Josef Isensee, Verfassungsreferendum mit einfacher Mehrheit - Der Volksentscheid zur Abschaffung des Bayerischen Senats als Paradigma; DÖV 1999, S. 658; Zitiert: *H. Schulze-Fielitz*, DÖV 1999, S.

Schweiger, Karl; Verfassungsgerichtshof als Verfassungsgeber?; BayVBl. 2000, S. 195; Zitiert: *K. Schweiger*, BayVBl. 2000, S.

Schweiger, Karl; Volksbegehren und "Volksinitiative" - Verfassungsgerichtliche Vorprüfung von Anträgen auf ihre Zulässigkeit - Zur jüngsten verfassungsgerichtlichen Rechtsprechung und zu ihrer Entwicklung; NVwZ 2002, S. 1471; Zitiert: *K. Schweiger*, NVwZ 2002, S.

Schweiger, Karl; Verfassungsgericht und Plebiszit; BayVBl. 2002, S. 65; Zitiert: *K. Schweiger*, BayVBl. 2002, S.

Schweiger, Karl; Weiterentwicklung der verfassungsgerichtlichen Rechtsprechung zum Plebiszit; BayVBl. 2005, S. 321; Zitiert: *K. Schweiger*, BayVBl. 2005, S.

Schweizer, Rainer; Die erneuerte schweizerische Bundesverfassung vom 18. April 1999; JöR n.F. 48 (2000), S. 263; Zitiert: *R. Schweizer*, JöR n.F. 48 (2000), S.

Schürmann, Wilhelm; Die unmittelbare Demokratie in Bayern und im Bund im Vergleich zur Schweiz; München 1961; Dissertation; Zitiert: *W. Schürmann*, Die unmittelbare Demokratie in Bayern und im Bund im Vergleich zur Schweiz, 1961, S.

Seifert, Karl-Heinz/Hömig, Dieter; Grundgesetz für die Bundesrepublik Deutschland - Taschenkommentar; 7. Auflage; Baden-Baden 2003; Nomos Verlagsgesellschaft; Zitiert: *Bearbeiter*, in: Seifert/Hömig, Grundgesetz, 7. Aufl., 2003, Art. Rn.

Siekmann, Helmut; Zur Verfassungsmäßigkeit einer Streichung von Art. 86 Abs. 1 Satz 4 der Verfassung für das Land Nordrhein-Westfalen; in: Neumann, Peter/von Raumer, Stefan (Hrsg.), Die verfassungsrechtliche Ausgestaltung der Volksgesetzgebung - Dargestellt am Beispiel der Artikel 68, 69 der Landesverfassung von Nordrhein-Westfalen, Baden-Baden 1999, Nomos Verlagsgesellschaft, S. 135; Zitiert: *H. Siekmann,* in: Die verfassungsrechtliche Ausgestaltung der Volksgesetzgebung, 1999, S.

Silagi, Michael; Direkte Demokratie in den US-Staaten; JöR n.F. 31 (1982), S. 271; Zitiert: *M. Silagi*, JöR n.F. 31 (1982), S.

Siegel, Walter; Bayerns Staatswerdung und Verfassungsentstehung 1945/1946 - ein Beitrag zur politischen und rechtlichen Problematik bei der Entstehung der Verfassung des Freistaates Bayern von 1946; Bamberg 1978; Bayerische Verlagsanstalt GmbH; Zitiert: *W. Siegel*, Bayerns Staatswerdung und Verfassungsentstehung 1945/1946, 1978, S.

Slupik, Vera; Plebiszitäre Demokratie und Minderheitenschutz in der Bundesrepublik Deutschland; KritV 70 (1987), S. 287; Zitiert: *V. Slupik*, KritV 70 (1987), S.

Starck, Christian; Vorrang der Verfassung und Verfassungsgerichtsbarkeit; in: Starck, Christian/Weber, Albrecht (Hrsg.), Verfassungsgerichtsbarkeit in Westeuropa, Band 1, (Berichte), Baden-Baden 1986, Nomos Verlagsgesellschaft, S. 11; Zitiert: *C. Starck*, in: Verfassungsgerichtsbarkeit in Westeuropa, Bd. 1, 1986, S.

Starck, Christian; Die Verfassungsauslegung; in: Isensee, Josef/Kirchhof, Paul (Hrsg.), Handbuch des Staatsrechts der Bundesrepublik Deutschland, Band 7, Heidelberg 1992, C.F. Müller Juristischer Verlag, § 164; Zitiert; *C. Starck*, in: Handbuch des Staatsrecht der Bundesrepublik Deutschland, 1992, § 164 Rn.

Starck, Christian; Die Verfassungen der neuen Länder; in: Isensee, Josef/ Kirchhof, Paul (Hrsg.), Handbuch des Staatsrechts der Bundesrepublik Deutschland, Band 9, Heidelberg 1992, C.F. Müller Juristischer Verlag, § 208; Zitiert: *C. Starck*, in: Handbuch des Staatsrechts der Bundesrepublik Deutschland, 1992, § 208 Rn.

Starck, Christian; Verfassung und Gesetz; in: Starck, Christian (Hrsg.), Rangordnung der Gesetze, Göttingen 1995, Vandenhoeck & Rupprecht, S.29; Zitiert: *C. Starck*, in: Rangordnung der Gesetze, 1995, S.

Steinberg, Rudolf; Organisation und Verfahren bei der Verfassunggebung in den Neuen Bundesländern; ZParl 23 (1992), S. 497; Zitiert: *R. Steinberg*, ZParl 23 (1992), S.

Steiner, Udo; Verfassunggebung und verfassunggebende Gewalt des Volkes; Berlin 1966; Duncker & Humblot; Zitiert: *U. Steiner*, Verfassunggebung und verfassunggebende Gewalt des Volkes, 1966, S.

Steiner, Udo; Schweizer Verhältnisse in Bayern? - Zu Bürger- und Volksbegehren im Freistaat - Vortrag gehalten vor der Juristischen Gesellschaft Mittelfranken zu Nürnberg e.V. am 3. April 2000; Regensburg 2000; Roderer Verlag; Zitiert: *U. Steiner*, Schweizer Verhältnisse in Bayern?, 2000, S.

Steiner, Udo; Revision der Bayerischen Verfassung ohne Volksentscheid?; BayVBl. 1969, S. 333; Zitiert: *U. Steiner,* BayVBl. 1969, S.

Stelzenmüller, Constanze; Direkte Demokratie in den Vereinigten Staaten von Amerika; Baden-Baden 1994; Nomos Verlagsgesellschaft; Zitiert: *C. Stelzenmüller*, Direkte Demokratie in den Vereinigten Staaten von Amerika, 1994, S.

Stern, Klaus; Das Staatsrecht der Bundesrepublik Deutschland - Band 1, Grundbegriffe und Grundlagen des Staatsrechts, Strukturprinzipien der Verfassung; 2. Auflage; München 1984; Verlag C.H. Beck; Zitiert: *K. Stern*, Das Staatsrecht der Bundesrepublik Deutschland, Bd. 1, 2. Aufl.,1984, S.

Stiens, Andrea; Chancen und Grenzen der Landesverfassungen im deutschen Bundesstaat der Gegenwart; Berlin 1997; Duncker & Humblot; Zitiert: *A. Stiens*, Chancen und Grenzen der Landesverfassungen im deutschen Bundesstaat der Gegenwart, 1997, S.

Storr, Stefan; Verfassunggebung in den Ländern - Zur Verfassunggebung unter den Rahmenbedingungen des Grundgesetzes; Stuttgart, München 1995; Richard Boorberg Verlag; Zitiert: *S. Storr*, Verfassunggebung in den Ländern, 1995, S.

Thoma, Richard; Grundbegriffe und Grundsätze; in: Anschütz, Gerhard/Thoma, Richard (Hrsg.), Handbuch des deutschen Staatsrechts, Band 2, Tübingen 1932, Verlag J.C.B. Mohr (Paul Siebeck), § 71; Zitiert: *R. Thoma,* in: Handbuch des deutschen Staatsrechts, 1932, § 71, S.

Thum, Cornelius; Bürgerbegehren und Bürgerentscheid im kommunalen Verfassungsgefüge - Zum Umgang mit dem neuen Bürgerrecht; BayVBl. 1997, S. 225; Zitiert: *C. Thum*, BayVBl. 1998, S.

Thum, Cornelius; Zur Ausgestaltung des Mehrheitsprinzips in der unmittelbaren Demokratie - Systematische Überlegungen zur Frage eines Quorums bei Bürger- und Volksentscheiden; BayVBl. 2000, S. 33; Zitiert: *C. Thum*, BayVBl. 2000, S.

Tilch, Horst; Rechtsprechung des Bayerischen Verfassungsgerichtshofes; JöR n.F. 30 (1981), S. 345; Zitiert: *H. Tilch*, JöR n.F. 30 (1981), S.

Tilch, Horst; Die Volksgesetzgebung als Gegenstand verfassungsgerichtlicher Verfahren; in: Bayerischer Verfassungsgerichtshof (Hrsg.), Verfassung als Verantwortung und Verpflichtung - Festschrift zum 50jährigen Bestehen des Bayerischen Verfassungsgerichtshofes, Stuttgart/München 1997, Richard Boorberg Verlag, S. 275; Zitiert: *H. Tilch,* in: Verfassung als Verantwortung und Verpflichtung, 1997, S.

Tomuschat, Christian; Verfassungsgewohnheitsrecht? - Eine Untersuchung zum Staatsrecht der Bundesrepublik Deutschland; Heidelberg 1979; Carl Winter Universitätsverlag; Zitiert: *C. Tomuschat*, Verfassungsgewohnheitsrecht?, 1979, S.

Triepel, Heinrich; Der Weg der Gesetzgebung nach der neuen Reichsverfassung; AöR 39 (1920), S. 456; Zitiert: *H. Triepel*, AöR 39 (1920), S.

Triepel, Heinrich; Das Abdrosselungsgesetz; DJZ 1926, Sp. 845; Zitiert: *H. Triepel*, DJZ 1926, Sp.

Troitzsch, Klaus; Volksbegehren und Volksentscheid - eine vergleichende Analyse direktdemokratischer Verfassungsinstitutionen unter besonderer Berücksichtigung der Bundesrepublik Deutschland und der Schweiz; Meisenheim am Glan 1979; Verlag Anton Hain; Zitiert: *K. Troitzsch*, Volksbegehren und Volksentscheid, 1979, S.

Umbach, Dieter/Clemens, Thomas; Grundgesetz - Mitarbeiterkommentar und Handbuch; Heidelberg 2002, C.F. Müller Verlag; Zitiert: *Bearbeiter,* in: Umbach/Clemens, Grundgesetz, 2002, Art. Rn.

Unruh, Peter; Der Verfassungsbegriff des Grundgesetzes - Eine verfassungstheoretische Rekonstruktion; Tübingen 2002; Verlag J.C.B. Mohr (Paul Siebeck); Zitiert: *P. Unruh*, Der Verfassungsbegriff des Grundgesetzes, 2002, S.

Varain, Heinz Josef; Die Bedeutung des Mehrheitsprinzips im Rahmen unserer politischen Ordnung; ZfP n.F. 11 (1964), S. 239; Zitiert: *H.J. Varain*, ZfP n.F. 11 (1964), S.

Verfassungsausschuss der Verfassunggebenden Landesversammlung; Stenographische Berichte über die Sitzungen des Verfassungsausschusses der Verfassunggebenden Landesversammlung; Zitiert: StB VerfA VerfLV, Bd., S. (Datum)

Vitzthum, Wolfgang; Die Bedeutung des gliedstaatlichen Verfassungsrechts in der Gegenwart; VVDStRL 46 (1988), S. 7; Zitiert; *W. Vitzthum*, VVDStRL 46 (1988), S.

Vogelsang, Klaus; Die Verfassungsentwicklung in den neuen Bundesländern; DÖV 1991, S. 1045; Zitiert: *K. Vogelsang*, DÖV 1991, S.

Voigt, Alfred; Ungeschriebenes Verfassungsrecht; VVDStRL 10 (1952), S. 33; Zitiert: *A. Voigt*, VVDStRL 10 (1952), S.

Wahl, Rainer; Der Vorrang der Verfassung; Der Staat 20 (1981), S. 485; Zitiert: *R. Wahl*, Der Staat 20 (1981), S.

Wahrig, Gerhard/Krämer, Hildegard/Zimmermann, Harald; Brockhaus Wahrig - Deutsches Wörterbuch; Wiesbaden/Stuttgart 1983; F.A. Brockhaus und Deutsche Verlags-Anstalt; Zitiert: Brockhaus Wahrig, Bd., 1983, S.

Weber, Albrecht; Direkte Demokratie im Landesverfassungsrecht; DÖV 1985, S. 178; Zitiert: *A. Weber*, DÖV 1985, S.

Wehr, Matthias; Grundfälle zu Vorrang und Vorbehalt des Gesetzes; JuS 1997, S. 231; Zitiert: *M. Wehr*, JuS 1997, S.

Weixner, Bärbel; Direkte Demokratie in den Bundesländern - Verfassungsrechtlicher und empirischer Befund aus politikwissenschaftlicher Sicht; Poladen 2002; Leske+Budrich Verlag; Zitiert: *B. Weixner*, Direkte Demokratie in den Bundesländern, 2002, S.

Welzel, Christian; Repräsentation alleine reicht nicht mehr - Sachabstimmungen in einer Theorie der interaktiven Demokratie; in: Schneider-Wilkes, Rainer (Hrsg.), Demokratie in Gefahr? - zum Zustand der deutschen Republik, Münster 1997, Westfälisches Dampfboot, S. 54; Zitiert: *C. Welzel,* in: Demokratie in Gefahr?, 1997, S.

Werner, Peter; Wesensmerkmale des Homogenitätsprinzips und ihre Ausgestaltung im Bonner Grundgesetz; Berlin 1967; Verlag Franz Vahlen GmbH; Zitiert: *P. Werner*, Wesensmerkmale des Homogenitätsprinzips, 1967, S.

Winkler, Heinrich August; Weimar 1918 - 1933 - Die Geschichte der ersten deutschen Demokratie; München 1993; Verlag C.H. Beck; Zitiert: *H.A. Winkler*, Weimar 1918-1933, 1993, S.

Wipfelder, Hans-Jürgen; Die Verfassungsänderung im bundesdeutschen, österreichischen, schweizerischen und bayerischen Staatsrecht; BayVBl. 1983, S. 289; Zitiert: *H.-J. Wipfelder*, BayVBl. 1983, S.

Zacher, Hans; Hans Nawiasky und das Bayerische Verfassungsrecht; in: Bayerischer Verfassungsgerichtshof (Hrsg.), Verfassung und Verfassungsrechtsprechung - Festschrift zum 25jährigen Bestehen des Bayerischen Verfassungsgerichtshofes, München 1972, Richard Boorberg Verlag, S. 307; Zitiert: *H. Zacher*, in: Verfassung und Verfassungsrechtsprechung, 1972, S.

Zacher, Hans; Plebiszitäre Elemente in der Bayerischen Verfassung. Historischer Hintergrund - Aktuelle Probleme; BayVBl. 1998, S. 737; Zitiert: *H. Zacher*, BayVBl. 1998, S.

Zimmer, Annette; Demokratiegründung und Verfassungsgebung in Bayern - Die Entstehung der Verfassung des Freistaates Bayern von 1946; Frankfurt a.M. 1987; Verlag Peter Lang; Zitiert: *A. Zimmer*, Demokratiegründung und Verfassungsgebung in Bayern, 1987, S.

Zippelius, Reinhold; Juristische Methodenlehre; 9. Auflage; München 2005; Verlag C. H. Beck; Zitiert: *R. Zippelius*, Juristische Methodenlehre, 9. Aufl., 2005, S.

Zippelius, Reinhold; Der einstige Beitrag des Bayerischen Senats zur Kultivierung demokratischer Entscheidungen; BayVBl. 2000, S. 193; Zitiert: *R. Zippelius*, BayVBl. 2000, S.

Zuck, Rüdiger; Der parlamentarische Gesetzgeber - ein Garant der Freiheit?; NJW 1979, S. 1681; Zitiert: *R. Zuck*, NJW 1979, S.

Anhang

Normen der Bayerischen Verfassung

Artikel 2

(1) Bayern ist ein Volksstaat. Träger der Staatsgewalt ist das Volk.

(2) Das Volk tut seinen Willen durch Wahlen und Abstimmung kund. Mehrheit entscheidet.

Artikel 4

Die Staatsgewalt wird ausgeübt durch die stimmberechtigten Staatsbürger selbst, durch die von ihnen gewählte Volksvertretung und durch die mittelbar oder unmittelbar von ihr bestellten Vollzugsbehörden und Richter.

Artikel 5

(1) Die gesetzgebende Gewalt steht ausschließlich dem Volk und der Volksvertretung zu.

(2) ...

(3) ...

Artikel 7

(1) ...

(2) Der Staatsbürger übt seine Rechte aus durch Teilnahme an Wahlen, Bürgerbegehren und Bürgerentscheiden, sowie Volksbegehren und Volksentscheiden.

(3) ...

Artikel 70

(1) ...

(2) Auch der Staatshaushalt muss vom Landtag durch formelles Gesetz festgestellt werden.

(3) ...

Artikel 71

Die Gesetzesvorlagen werden vom Ministerpräsidenten namens der Staatsregierung, aus der Mitte des Landtags oder vom Volk (Volksbegehren) eingebracht.

Artikel 72

(1) Die Gesetze werden vom Landtag oder vom Volk (Volksentscheid) beschlossen.

(2) ...

Artikel 73

Über den Staatshaushalt findet kein Volksentscheid statt.

Artikel 74

(1) Ein Volksentscheid ist herbeizuführen, wenn ein Zehntel der stimmberechtigten Staatsbürger das Begehren nach Schaffung eines Gesetzes stellt.

(2) Dem Volksbegehren muss ein ausgearbeiteter und mit Gründen versehener Gesetzentwurf zu Grunde liegen.

(3) Das Volksbegehren ist vom Ministerpräsidenten namens der Staatsregierung unter Darlegung ihrer Stellungnahme dem Landtag zu unterbreiten.

(4) Wenn der Landtag das Volksbegehren ablehnt, kann er dem Volk einen eigenen Gesetzentwurf zur Entscheidung mit vorlegen.

(5) Rechtsgültige Volksbegehren sind von der Volksvertretung binnen drei Monaten nach Unterbreitung zu behandeln und binnen weiterer drei Monate dem Volk zur Entscheidung vorzulegen. Der Ablauf dieser Fristen wird durch die Auflösung des Landtags gehemmt.

(6) Die Volksentscheide über Volksbegehren finden gewöhnlich im Frühjahr oder Herbst statt.

(7) Jeder dem Volk zur Entscheidung vorgelegte Gesetzentwurf ist mit einer Weisung der Staatsregierung zu begleiten, die bündig und sachlich sowohl die Begründung der Antragssteller wie die Auffassung der Staatsregierung über den Gegenstand darlegen soll.

Artikel 75

(1) Die Verfassung kann im Wege der Gesetzgebung geändert werden. Anträge auf Verfassungsänderungen, die dem demokratischen Grundgedanken der Verfassung widersprechen, sind unzulässig.

(2) Beschlüsse des Landtags auf Änderung der Verfassung bedürfen einer Zweidrittelmehrheit der Mitgliederzahl. Sie müssen dem Volk zur Entscheidung vorgelegt werden.

(3) Meinungsverschiedenheiten darüber, ob durch ein Gesetz die Verfassung geändert wird oder ob ein Antrag auf unzulässige Verfassungsänderung vorliegt, entscheidet der Bayerische Verfassungsgerichtshof.

(4) Änderungen der Verfassung sind im Text der Verfassung oder in einem Anhang aufzunehmen.

Artikel 76

(1) Die verfassungsmäßig zustandegekommenen Gesetze werden vom Ministerpräsidenten ausgefertigt und auf seine Anordnung binnen Wochenfrist im Bayerischen Gesetz- und Verordnungsblatt bekannt gemacht.

(2)...

Vorschriften aus dem Landeswahlgesetz von 1949

Artikel 86

(1) Zur Annahme eines Gesetzes im Wege des Volksentscheides ist erforderlich:

1. bei einfachen Gesetzen die Beteiligung von mehr als zwei Fünfteln der Stimmberechtigten und die Zustimmung der Mehrheit der abgegeben gültigen Stimmen,

2. bei verfassungsändernden Gesetzen die Beteiligung von mehr als der Hälfte der Stimmberechtigten und die Zustimmung der Mehrheit der abgegebenen Stimmen, die jedoch mehr als zwei Fünftel der Stimmberechtigten betragen muss.

(2) ...

Artikel 92

(1) Zur Abberufung des Landtags durch Volksentscheid ist erforderlich die Beteiligung von mehr als der Hälfte der Stimmberechtigten und die Zustimmung der Mehrheit der abgegebenen gültigen Stimmen, die jedoch mehr als zwei Fünftel der Stimmberechtigten betragen muss.

(2) ...

Vorschriften aus dem Landeswahlgesetz von 1950

Artikel 86

(1) Ein Gesetz ist durch Volksentscheid angenommen, wenn die Mehrheit der abgegebenen gültigen Stimmen auf "Ja" lautet.

(2) ...

Vorschriften aus dem Landeswahlgesetz vom 5. Juli 2002

Artikel 62

(1) ...

(2) Über den Staatshaushalt findet kein Volksentscheid statt (Art. 73 der Verfassung). Ebenso sind Volksbegehren und Volksentscheid auf Verfassungsänderungen, die dem demokratischen Grundgedanken der Verfassung widersprechen, unzulässig.

Artikel 63

(1) Der Antrag auf Zulassung eines Volksbegehrens ist schriftlich an das Staatsministerium des Innern zu richten. Ihm muss der ausgearbeitete, mit Gründen versehene Gesetzentwurf, der den Gegenstand des Volksbegehrens bilden soll, beigegeben sein. Der Antrag bedarf der Unterschrift von 25000 Stimmberechtigten; das Stimmrecht der Unterzeichner ist bei der Einrichtung des Zulassungsantrags nachzuweisen. Der Nachweis darf bei Einreichung des Zulassungsantrags nicht älter als zwei Jahre sein.

(2) ...

Artikel 64

(1) Erachtet das Staatsministerium des Innern die gesetzlichen Voraussetzungen für die Zulassung des Volksbegehrens nicht für gegeben, so hat es die Entscheidung des Verfassungsgerichtshofes herbeizuführen (Art. 67 der Verfassung). Dies gilt insbesondere dann, wenn angenommen wird, dass der Antrag eine unzulässige Verfassungsänderung (Art. 75 Abs. 1 Satz 2 der Verfassung) oder eine verfassungswidrige Einschränkung eines Grundrechts (Artikel 98 der Verfassung) enthält.

(2) ...

Artikel 65

(1) ...

(2) ...

(3) Die Eintragungsfrist beträgt 14 Tage. [...]

Artikel 68

(1) Die Unterzeichner des Zulassungsantrags haben den kreisfreien Gemeinden, für die kreisangehörigen Gemeinden den Landratsämtern die erforderliche Anzahl vorschriftsmäßiger Eintragungslisten gegen Empfangsnachweis spätestens zwei Wochen vor Beginn der Eintragungsfrist zuzuleiten. Diese müssen den vollen Inhalt des Volksbegehrens enthalten.

(2) Die Gemeinden sind verpflichtet, die Eintragungslisten für die Dauer der Eintragungsfrist zum Eintrag der Unterzeichnungserklärung bereitzuhalten. Die Eintragungsräume und -stunden sind so zu bestimmen, dass jede stimmberechtigte Person ausreichend Gelegenheit findet, sich an dem Volksbegehren zu beteiligen.

Artikel 73

(1) ...

(2) ...

(3) Nimmt der Landtag den begehrten Gesetzentwurf unverändert an, so entfällt ein Volksentscheid vorbehaltlich der Bestimmung des Art. 75 Abs. 2 der Verfassung.

(4) ...

(5) Wird durch den Landtag die Rechtsgültigkeit des Volksbegehrens bestritten, so ist der hierüber ergangene Beschluss durch das Staatsministerium des Innern öffentlich bekannt zu machen. Auf Antrag von Unterzeichnern des Volksbegehrens entscheidet hierüber der Verfassungsgerichtshof (Art. 67 der Verfassung). Art. 64 ist entsprechend anzuwenden.

Artikel 76

(1) ...

(2) ...

(3) Die abstimmende Person hat ihre Entscheidung, ob sie dem Gesetzentwurf zustimmt (Ja-Stimme) oder diesen ablehnt (Nein-Stimme), auf dem Stimmzettel durch ein Kreuz oder auf andere Weise eindeutig kenntlich zu machen.

(4) Stehen mehrere Gesetzentwürfe, die den gleichen Gegenstand betreffen, inhaltlich aber miteinander nicht vereinbar sind, zur Abstimmung, so kann die abstimmende Person zu jedem einzelnen Gesetzentwurf kenntlich machen, ob sie ihn dem geltenden Recht vorzieht (Ja-Stimme) oder nicht (Nein-Stimme). Zusätzlich kann sie kenntlich machen, welchen der Gesetzentwürfe sie vorzieht für den Fall, dass zwei oder mehr Gesetzentwürfe jeweils die erforderliche Zustimmung (Art. 79 Abs. 1) erreichen (Stichfrage).

Artikel 79

(1) Ein Gesetzentwurf erreicht die erforderliche Zustimmung durch Volksentscheid, wenn

1. er mehr Ja-Stimmen als Nein-Stimmen erhält und

2. im Fall, dass der Gesetzentwurf eine Verfassungsänderung beinhaltet, diese Ja-Stimmen mindestens 25 v. H. der Stimmberechtigten entsprechen (Quorum); beinhaltet der Gesetzentwurf sowohl eine Verfassungsänderung als auch die Schaffung oder die Änderung einfachen Rechts, so unterliegt er insgesamt dem Quorum.

(2) Steht ein einziger Gesetzentwurf zur Abstimmung, so ist er durch Volksentscheid angenommen, wenn der die erforderliche Zustimmung (Absatz 1) erreicht.

(3) Hat von mehreren nach Art. 76 Abs. 4 zur Abstimmung stehenden Gesetzentwürfen nur ein Gesetzentwurf die erforderliche Zustimmung (Absatz 1) erreicht, so ist dieser Gesetzentwurf angenommen. Haben zwei oder mehr Gesetzentwürfe die erforderliche Zustimmung (Absatz 1) erreicht, so ist von diesen der Gesetzentwurfe angenommen, der bei der Stichfrage (Art. 76 Abs. 4 Satz 2) die Mehrheit der gültigen Stimmen erhält. Ergibt sich bei der Stichfrage Stimmengleichheit, so ist der Gesetzentwurf angenommen, der die meisten gültigen Ja-Stimmen (Art. 76 Abs. 4 Satz 1) erhalten hat. Haben dabei zwei oder mehr Gesetzentwürfe die gleiche Zahl an gültigen Ja-Stimmen erhalten, so ist derjenige angenommen, der nach Abzug der auf ihn entfallenden Nein-Stimmen die größte Zahl an Ja-Stimmen auf sich vereinigt. Ergibt sich auch danach Stimmengleichheit zwischen zwei oder mehr Gesetzentwürfen, so wird über diese Gesetzentwürfe erneut abgestimmt.

Artikel 88

(1) ...

(2) ...

(3) Eine vom Landtag beschlossene Verfassungsänderung ist durch Volksentscheid angenommen, wenn sie mehr gültige Ja-Stimmen als Nein-Stimmen erhält.

Studien und Materialien zum Öffentlichen Recht

Herausgegeben von Herbert Bethge

Band 1 Hans-Georg Kamann: Die Mitwirkung der Parlamente der Mitgliedstaaten an der europäischen Gesetzgebung. National-parlamentarische Beeinflussung und Kontrolle der Regierungsvertreter im Rat der Europäischen Union im Spannungsfeld von Demokratie und Funktionsfähigkeit des gemeinschaftlichen Entscheidungsverfahrens. 1997.

Band 2 Gerhard Spieß: Der Grundrechtsverzicht. 1997.

Band 3 Stefan Hepach: Der Grundrechtsstatus der Landesmedienanstalten. 1997.

Band 4 Michael Fraas: Sicherheitsrat der Vereinten Nationen und Internationaler Gerichtshof. Die Rechtmäßigkeitsprüfung von Beschlüssen des Sicherheitsrats der Vereinten Nationen im Rahmen des VII. Kapitels der Charta durch den Internationalen Gerichtshof. 1998.

Band 5 Friedrich Loschelder: Die Durchsetzbarkeit von Weisungen in der Bundesauftragsverwaltung. 1998.

Band 6 Gunila Dieterich: Rechtsschutz der deutschen Bundesländer vor dem Bundesverfassungsgericht in Angelegenheiten der Europäischen Union. 1998.

Band 7 Wolfgang Weiß: Die Personenverkehrsfreiheiten von Staatsangehörigen assoziierter Staaten in der EU. Eine vergleichende Analyse der Assoziationsabkommen. 1998.

Band 8 Christian Bamberger: Verfassungswerte als Schranken vorbehaltloser Freiheitsgrundrechte. Vom Verfassungs- zum Gegenseitigkeitsvorbehalt. 1999.

Band 9 Andreas Rohde: Freier Kapitalverkehr in der Europäischen Gemeinschaft. 1999.

Band 10 Herbert Bethge: Rechtsberatung im privaten Rundfunk. Rechtsgutachten, erstattet auf Ansuchen von SAT 1, unter Mitwirkung von Christian von Coelln. 2000.

Band 11 Marcel Vachek: Das Religionsrecht der Europäischen Union im Spannungsfeld zwischen mitgliedstaatlichen Kompetenzreservaten und Art. 9 EMRK. 2000.

Band 12 Kerstin Ebock: Der Schutz grundlegender Menschenrechte durch kollektive Zwangsmaßnahmen der Staatengemeinschaft. Vom Interventionsverbot zur Pflicht zur humanitären Intervention? 2000.

Band 13 Christiane Gucht: Das Zensurverbot im Gefüge der grundrechtlichen Eingriffskautelen. 2000.

Band 14 Markus Ruttig: Der Einfluß des EG-Beihilferechts auf die Gebührenfinanzierung der öffentlich-rechtlichen Rundfunkanstalten. 2001.

Band 15 Jochen Murach: Die Haftung der öffentlichen Hand im Verwaltungsschuldrecht. 2002.

Band 16 Holger Schäfer: Die ungeschriebenen Freiheitsrechte in der schweizerischen Bundesverfassung von 1874 im Vergleich mit dem Grundgesetz. 2002.

Band 17 Alexander Glos: Die deutsche Berufsfreiheit und die europäischen Grundfreiheiten. Ein Strukturvergleich. 2003.

Band 18 Georg Blasberg: Verfassungsgerichte als Ersatzgesetzgeber. Entscheidungsaussprüche bei Normenkontrollen von Bundesverfassungsgericht und Corte Costituzionale. 2003.

Band 19 Artur Müller-Wewel: Souveränitätskonzepte im geltenden Völkerrecht. 2003.

Band 20 Helmut Wirner: Kommunale Wohnungsunternehmen als öffentliche Auftraggeber im Sinne der EG-Vergaberichtlinien. 2003.

Band 21 Christian Abt: Die Mitwirkung der deutschen Bundesländer bei völkervertraglichen Handlungen im Rahmen der Europäischen Union. 2003.

Band 22 Wolfram Wormuth: Die Bedeutung des Europarechts für die Entwicklung des Völkerrechts. 2004.

Band 23 Sonja Rademacher: Diskriminierungsverbot und „Gleichstellungsauftrag". Zur Auslegung des Art. 3 Abs. 2 Satz 2 GG. 2004.

Band 24 Thomas Lennarz: Die Rechtsprechung des Europäischen Gerichtshofs und des Gerichts erster Instanz zu prozessualen Fragen des Verfügungsgrundsatzes und der Fristen. 2004.

Band 25 Florian Niewöhner: Elektronische Benutzerführungssysteme und chancengerechter Zugang zum digitalen Fernsehen. Eine Untersuchung unter besonderer Berücksichtigung der Position des öffentlich-rechtlichen Rundfunks. 2004.

Band 26 Oliver Glück: § 24c KWG und das Recht auf informationelle Selbstbestimmung. Eine Untersuchung der Verfassungsmäßigkeit des automatisierten Abrufs von Kontoinformationen. 2005.

Band 27 Siegfried Kwanka: Die Einwirkungen des Europarechts auf den vorläufigen Rechtsschutz im nationalen Verwaltungsprozess. 2006.

Band 28 Christian von Coelln: Spielräume des Gesetzgebers für die Erweiterung des Zugangs der Zeitungsverlage zum Rundfunk in Bayern. Rechtsgutachten, erstattet auf Ansuchen des Verbandes Bayerischer Zeitungsverleger e.V. 2006.

Band 29 Christoph Schultes: Die verfassungsändernde Volksgesetzgebung in Bayern. Eine Untersuchung zur Revision der Bayerischen Verfassung durch Volksbegehren und Volksentscheid. 2006.

FSC
www.fsc.org
MIX
Papier | Fördert gute Waldnutzung
FSC® C083411

Kolibri 360 GmbH
Ferdinand-Jühlke-Straße 7
99095 Erfurt, Deutschland
produktsicherheit@kolibri360.de

Druck:
CPI Druckdienstleistungen GmbH
im Auftrag der
Kolibri 360 GmbH
Ferdinand-Jühlke-Str. 7
99095 Erfurt